교육논단

생각하는 학교
꿈꾸는 아이들

한준상 저

학지사

/머/리/말/

"어떻게 하면 교수님처럼 글을 쓸 수 있습니까?", "그 동안 20여 권의 저서와 수많은 논문을 쓰셨는데, 무슨 글쓰기 비법이라도 있습니까", "교수님도 사회활동을 위해 상당히 바쁜 분 중의 한 사람인데, 언제 그렇게 글을 쓰십니까?"

어떤 제자는 부러운 눈치로 내게 그 무슨 글쓰기 비법이 있는지를 물어오기도 한다. 또, 같은 학문을 하는 후배들마저도 자기들의 글쓰기 속도가 나에 비해 조금은 떨어지는 듯한 느낌에서, 그렇게들 물어보기도한다. 아예, 나와 길이 다른 어떤 사람들은 그런 글 쓰기는 흉내내기조차 어렵다는 듯이, 비판하는 시비를 걸어오기도 한다.

아무리 생각해보아도 나의 글쓰기에 있어서 그 무슨 묘방이 있는 것 같지는 않다. 특별히 숨겨 놓은 그 무슨 글쓰기 비법이 있는 것도 아니다. 비상한 글쓰기 재주가 나에게 숨겨져 있다고 볼 수도 없다. 그래서 그런 질문에는 늘 계면쩍은 얼굴로 웃어넘겨버리기 일쑤였다. 이글 저글 여러 글을 책으로 펴낸 것은 사실이기에, 나 스스로 왜 글을 쓰는지, 어떻게 빠른 글쓰기를 할 수 있는지를 곰곰히 생각해보았지만, 그 무슨 글쓰기 비법이 나에게 유별나게 숨겨져 있었던 것은 아니었다.

그저 남다르게 글을 써내려갈 수 있었다면, 그것은 아마 남들도 똑같이 가지고 있던 서너 가지 이유를 조금 더 튀게 늘어 놓았던 것 같다. 그 이유라야 별로 유별난 것은 아니다. 그래서 내 있는 그대로의 글쓰기 모습을 드러내 놓는 기분으로 이야기해본다면, 그것은 대학시절부터 하니의 습관처럼 굳어져버린 나의 글다루기 습관 때문일 게다.

4

 내가 나 스스로를 글쓰기로부터 크게 벗어나지 못하게 만들어 놓는 몇 가지 신조가 있다. 그 첫번째 신조는, 아무리 생각해보아도 엉덩이와 의자를 가깝게 하라는 내 나름대로의 규칙 같은 것이었다. 제아무리 천재라고 해도 걸어다니면서는 책 읽기가 쉽지 않다. 그런 상태에서 글을 쓰기란 더욱 쉽지 않기 때문에, 모름지기 글쟁이라면, 그는 마땅히 그의 엉덩이를 의자에 늘 붙이는 버릇을 길들여야 한다. 나는 이 신조대로, 틈만 나면 의자와 나의 엉덩이를 늘 밀착시켜 글을 쓰고 있다. 틈만 나면, 그 아무 때라도 상관없이 의자에 앉는 버릇이 나에게 글을 쓰게 만든 비법이라면 비법이었다. 강의에서 돌아온 후라도 좋고, 새벽이라도 좋고, 술을 먹은 후라도 좋고, 화장실을 다녀온 후에도 틈만 나면 의자에 앉아야 한다는 것이 나의 글쓰기 신조이다.
 두번째는 그 무엇이든 그 어느 생각이 머리를 스치면 놓치지 않고 그것을 적어 놓아야 한다는 것이 나의 또다른 글쓰기 신조이다. 내가 오래 읽는 책일수록 그 책은 온통 나의 메모로 얼룩져 있다. 그 책의 입장으로 보면, 참 재수없는 책 임자를 만나 고생을 꽤나 한 셈이다. 책이나, 수첩 중 조그만 여백이라도 있으면 절대로 그곳을 가만히 놔두지를 않는다. 그 어떤 아이디어가 떠오르면, 그것이 나중에는 아무짝에도 쓸모없는 것이 될지라도 그 어딘가에 적혀 나에게 다시 읽혀지기를 기다리게 된다. 그런 곳은 나의 발상이 아메바처럼 꿈틀대며, 그 언젠가는 공룡으로 번식해나가기를 기다리는 원시림이 된다.
 홈런을 치고 싶거든 안타부터 잘 쳐야 한다는 것이 나의 글쓰기를 이끌어나가는 세번째 신조이다. 나는 야구의 복잡한 규칙은 잘 모르지만, 안타를 잘치는 사람이 그 팀을 승리로 이끄는 선수들이며 동시에 홈런을 때리는 선수라는 야구감독들의 말에 동의한다. 홈런만을 치겠다고 폼만 잡는 선수들은 "쓰리 스트라이크, 아웃"하는 심판의 호령에 머리를 떨구고 타석을 빠져나오는 경우를 여러 번 보았다. 물론, 문명을 뒤바꾼 위인들은 단 한 권의 저서도 없는 것도 사실이다. 그러나 내가 알고 지내는 주위의 학생들이나 동료들도 당장은 그들처럼 엄청난 위인이 아니기 때문에, 글쓰기도 저들 위인이 해낸 것처럼 그대로 본받아야 한다고 이야기하는 데에는 상당히 주저하게 된다. 나 역시 문명을 뒤바꾸어 놓을 정도의 위인이 되어야 한다는 강박감에 한번도 시달린 적이 없기에, 저들 위인과는 다르게, 글쟁이는 글로 말해야 한다는 신조가 나의 글쓰기에는 아직도 유효하다.

이 책에 실린 여러 글 들은 한국교육계에서 번지고 있는 사회문제거리들에 대한 한 교육학자 나름대로의 관점과 해답들이다. 여기에 실린 짧은 글들은 내가 말한 나의 글쓰기 신조들 말하자면, 나의 엉덩이와 의자와의 높은 상관관계가 만들어낸 결과이며, 이런 여백 저런여백 위에 이렇게 저렇게 써 놓은 메모와 생각들의 꿈틀거림의 결과들이다. 나는 이 글들이 이 세상을 깜짝 놀라게 만드는 그런 글들이 되어야 한다는 생각은 해본 적이 없다. 그렇다고 엄청나게 수많은 사람들의 손에서 손으로 진해지는 한시대의 베스트 셀러가 되어야 한다는 생각도 해본 적이 없다. 사람들이 낄낄대며 읽어주는 그런 출판계의 홈런이 되어야 한다기보다는, 우리의 교육을 걱정해보고 있는 아주 적은 수의 독자들에게라도 한번쯤은 아주 진지하게 읽히는 그런 글이 되기를 바랄 뿐이다. 교육계 한쪽에서라도 제대로 호응하고 화답할 수 있는 데 조그만 도움이라도 제대로 주는 그런 안타성 글들이 되기를 바란다.

이 책이 우리 교육의 문제파악과 그 해답에 관해서 "똑 부러지게 야물찬 내용을 주고 있다고 이야기하기에는 미흡하기만 하다. 그렇기는 해도 그래 주었으면 하는 마음만큼은 간절하다. 늘 선배들이 입버릇처럼 뇌이듯이, 예리한 한편의 평론이나 시론이, 이것저것을 장황하게 베끼고 조합해서 만들어낸 수백쪽 짜리 연구보고서보다 더 중요하다는 데 거침없이 동의한다.

그런 글들이야 말로 오히려 교육계 여론주도자들에게 더 큰 영향을 끼친다라는 언론계의 대선배의 가르침을 아직도 잊을 수가 없다. 이 모두는 내가 막 연세대학교에서 학생들을 가르치려 할 때, 축하의 말씀과 술잔으로 가슴에 새겨준 선배들의 말이다. 그 당시 나는 이런 언론계의 선배들이 나에게 글쓰기 정신을 새겨준 것에 고마워한다.

사실, 무엇보다도 글쓰기에 있어서 더 중요한 것은 글쓰기 정신에 투철해야 한다는 것이다. 이것이 제대로 살아있어야 똑 부러지는 글이 될 것이 분명하다. 나는 30년 전쯤의 학부시절 때, 대학신문사에서 기자생활을 했었다. 강의를 듣는 것 못지 않게 신문만드는 일에 신명이 나 있었던 시절이었다. 그때, 매일같이 되는 글, 안 되는 글을 써서라도 대학신문을 매주 만들어내야 했기에, 글쓰기에 대한 공포감이나 두려움만큼은 없애버릴 수 있었다. 그런 시절 동안 배운 것이 바로 글모아 편집하는 그런 기술들이었다. 그러나 이런 글쓰고, 글다듬고, 글모으기보다 더 중요한 것은 글에 혼 실어주기였다. 어느 한 가지 주제에 초점을 잡아 끈질기게 물고늘어지며 핵심을 캐내는 일, 비판과 분석에 온 정신을 집중시키는 일, 같은 용어라도 독자들의 감각을 불러내는 그런 집념들이 글에 혼을 실어주는 것들이었다. 지금 돌이켜 생각해보니, 미숙한 어린 나에게 이런 그 글쓰기의 혼을 깨닫게 해줌으로써 글 쓰기가 즐거운 일임을 가르쳐준 분이 계셨다. 그 당시 연세춘추 주간이었으며 지금은 연세유업을 맡고 있는 최기준 사장님이다. 그분의 지도에 늘 고마워했으며, 아직도 그 분의 가르침을 잊을 수 없다. 그런 뜻에서 이제 이것저것 꼬집어보면, 나의 글쓰기는 이제 그저 죄송하고 송구하기 그지 없는 짓들에 지나지 않는다.

나는 아무리 생각해보아도 앞으로 여기에 실려진 글 이상으로 더 똑 부러지는 글을 제대로 써낼 수 있을 것 같지는 않다. 사정이 그렇게 딱하기는 해도, 나와 같은 길을 걷고 있는 후학들에게는 글쓰기 정신이나 그 사정만큼은 달라야 한다고 생각한다. 이제 그들이 이런 나의 짐들을 하나 둘씩 맡아, 그들 나름대로 시원시원하게 풀어내주기를 바랄 뿐이다. 여기저기 흩어져 있는 글들을 하나의 줄에 꿰어 생명을 불어넣어준 임현수 조교에게 한번 더 고마움을 전한다.

연세대 용재관에서
한 준 상

1 세계를 주도하려면 교육의 틀부터 바꿔라

2 이제는 모판을 바꿀 차례이다

1

세계를 주도하려면
교육의 틀부터
바꿔라

세계를 주도하려면 교육의 틀부터 바꿔라/ 교육의 세계화, 그 엄청난 곤욕을 벗어나기 위한 교육개혁의 방향과 일감/ 교육개혁발표, 그 후에 챙겨두어야 할 일/ 교개위의 지방교육자치제도 개혁안이 허약하다/ 미래의 사교육 활성화를 위한 개혁방안/ 교육행정, 학교, 학부모 모두 달라져야 한다/ 자립형 사립고교 허용의 파급효과와 보완대책/ 평준화 해제 문제, 차별적 지원으로 해결하라/ 사립학교 학교운영회 역할, 국·공립 학교와는 달라야 한다/ 교육감의 선출, 근본적으로 바꿔야 한다/ 교육의 성차별, 그냥 둘 문제 아니다

세계를 주도하려면 교육의 틀부터 바꿔라

우루과이 라운드 타결과 세계무역기구의 창설로부터 본격화된 무역개방은 세계 여러 나라에게 커다란 충격을 주었다. 산업경쟁력 강화와 국제화의 중요성을 알리는 시작이었기 때문이다. 선진국은 선진국대로 선진국 위상에 알맞는 경제구조, 정치구조, 사회구조의 변혁이 필요해졌고, 중진국은 중진국대로 선진국의 대열에 들 수 있는 산업구조와 사회구조, 그리고 정치구조를 이루기 위한 사회변혁이 요구되었다. 이러한 요구는 각 나라에게 그들이 맞이해야 할 21세기는 그들에게 새롭고 합당한 것이어야 한다는 그런 심리적인 강박감 같은 것으로 작용하기 시작했다.

이린 심리적 압박감을 처리하기 위해 활용하는 방법들은 나라마다 대체로 비슷비슷했다. 시장개방에 대한 압박감이나, 시장개방을 요구하기 위한 압력들을 문화적으로 풀어내야 한다는 전제 아래, 교육을 최대한 활용하게 되었다. 그 성과나 전략은 교육개혁에 대한 국민적인 요구로 집약시켰다.

이런 상황 속에서 교육 선진국들은 그동안 그들이 취한 교육개혁을 교육개량사업 정도로 인식해왔다. 즉, 그들의 교육정책에서 잘못되어 있는 것들을 부분적으로 손질해나가는 식의 입장을 취해왔던 것이다. 그러나 그런 식의 교육개량사업은 개인의 욕구나 국가의 교육경쟁력을 키우는 데 크게 성공하지 못한 것으로 드러났다. 동시에 앞으로의 미래사회를 준비하려는 사회적인 욕구에도 적절하게 대응하지 못한 것으로 평가되었다.

역사적으로 보건대 세계를 주도했던 나라들은 그들의 교육제도나 그들의 교육방법을 세계 각국에 전파시킨 나라들이었다. 강대국, 선진국, 경제대국이라는 용어들은 교육을 통해 그 나라 국민을 성장시키고, 그것을 다른 나라에 성공적으로 이식시켰을 때 얻어냈던 하나의 문화적인 칭호였다. 그러나 새로운 21세기적 문명을 맞이하는 시기에 있어서, 그런 대국지향적인 용어나 칭호들은 문화제국주의적 발상이라는 오해를 받을 수도 있기에 그런 용어사용을 자제하였다. 대신 교육경쟁력을 향한 교육개혁이라는 용어를 보다 선호하게 되었다.

21세기에 있어서 각국이 취하는 교육개혁은 그 자체가 새롭게 변모하여 사회상에 대한 미래 예측에 따라 그 정도와 모습이 달라질 수밖에 없다. 선후진국간의 차이가 있다면, 그것은 교육 선진국일수록, 21세기 사회상에 대한 예측이 보다 정교하다는 점이다. 미래사회는 정보와 교육문화혁명의 학습세계가 될 것이 분명하다. 이런 미래지향적인 흐름에 따른 사회적인 예측 아래 교육 선진국들은 교육개혁과제를 세 가지 영역에서 주로 찾고 있다.

그 첫째 영역이 '개혁의 재구조화' 작업이다. 이것은 주로 교육행정체제와 제도에 경쟁력을 불어넣는 작업이다. 시대적 요청에 제대로 부응하는 교육행정구조를 만들기 위해 과감하게 기구를 축소·개편시키고 있다. 시대감각에 뒤진 채 변화에 저항하는 고위 행정관료들을 과감히 퇴신시키고, 필요한 행정관리들을 과감하게 재교육시킴으로써 교육행정에게 융통성과 전문성을 불어넣는 작업을 추진하고 있다.

경영학 일선에서 활용되고 있는 새로운 경영학적인 개념과 기법들로써 타회사에서 성공한 방식을 자사에 도입하여 생산공정을 개선하려는 '벤치마킹', 기존의 위계구조를 고객의 입장에서 새롭게 재편성하려는 '리엔지니어링', 대량 감원을 추구하는 '디메싱(demassing)', 전통적인 생산관리의 체계를 단축시키려는 '시간기준경쟁(time-based competition)', 능력에 따른 경쟁력을 강화하기 위한 '다운사이징', 자율과 독창성을 최대한 허용하는 '엠파워링(empowering)' 같은 경영혁신 기법을 치밀하게 교육행정구조개혁의 일선에서 활용하고 있다. 이런 교육개혁의 재구조화 작업이 요청되고 있는 이유는 보다 현실적이다. 왜냐하면, 아무리 훌륭한 교육개혁안이 민간기구나 전문기구로부터 제시된다고 해도 교육행정관료들이 자기들의 집단이기주의로 방해하거나 수수방관한다면 교육개혁안은 하나의 제언으로 끝나버리기 때문이다.

　교육개혁의 두번째 영역은 '교육성과의 극대화' 작업이다. 어떤 교육개혁 작업이든지 개혁하고자 하는 교육내용과 목표달성에 있어서 얻어낼 수 있는 교육개혁의 결과와 성과가 가시화되지 않는 개혁은 개혁이라고 볼 수 없다. 이런 교육성과의 극대화를 위한 교육개혁작업은 '교육개혁의 책무성'으로 나타난다. 예를 들어 학교교육의 질을 책임지는 교상은 학교 스스로 달성해야 할 목표를 구체적으로 설정하고 그 목표에 부합하도록 학교교육의 질을 개선하고 학교교육의 성과를 가시적으로 달성해야 할 교육적 책임이 있다. 이 경우, 교육성과의 극대화는 교장이 그들의 교육적 책임을 다했는지 어떤지를 점검하고, 그 책임을 묻는 작업과 동시에 그 책임이 잘 수행되도록 조력해주는 문책과 조력의 두 가지 작업 모두를 포함한다. 또한 교육행정가는 부서별로 교육개혁의 성과가 어느 정도로 달성되어야 하는지 그 업무와 성과가 가시적으로 드러나도록 그들의 업무수행에 있어서의 책무성이 최대화되도록 조력해주며, 그에 대한 책임도 물을 수 있어야 한다.

　마지막으로, 교육개혁의 세번째 영역은 '학부모의 교육참여 활성화' 작업이다. 이것은 교육개혁의 성패는 학부모의 교육권이 어떻게, 어느 정도로 행사되며, 동시에 그들의 교육참여가 어느 정도로 활성화되어 가느냐에 따라 서로 다르게 나타난다는 교육개혁의 경험에서 비롯된 것이다. 학교교육의 질을 향상시키는 주요 개혁세력도 학부모이고, 교육행정의 개혁업무능력을 비판할 수 있는 세력도 학부모이고, 그것을 쇄신시키는 데 결정적인 힘을 보태줄 세력도 학부모이다. 동시에 그 스스로 교육소비자로서의 현명한 교육소비를 유도해내거나 교육의식개혁의 주체가 될 당사자도 학부모이다. 학부모에 대한 교육훈련이나 그들의 교육참여를 유도해내는 제안이 빠진 교육개혁안들은 끝내 실패로 돌아 갈 가능성이 높다.

학부모의 교육권 보장, 교육개혁의 책무성 제고 그리고 마지막으로 교육개혁행정의 재구조화가 교육개혁의 주요 과제로 설정된 것은 교육개혁을 교육개혁에 대한 국민적 정서와, 정치권력과 개혁의지 간의 함수관계로 이해하고 있기 때문이다. 물론 이런 교육개혁은 과학적인 계획과 효율적인 교육행정, 강력한 지도력 등 보조적인 뒷받침이 요구된다. 이런 뒷받침 아래 취해지는 교육현실에 대한 정확한 인식과 교육문제에 대한 올바른 이해는 교육개혁을 촉진시키는 결정적인 하나의 축이 된다. 그러나 교육개혁은 그것만으로는 불충분하다. 잘못되었거나 비효율적인, 혹은 시대상황에 어긋나는 교육현실을 기대되는 새로운 교육현실과 교육의 틀로 변화시키는 정치적인 의지와 실천이 교육개혁의 또 다른 축이 된다.

교육문제에 대한 국민적 인식은 대체로 미약한데 정치적 개혁의지나 실천이 높은 상태에서 치루어지는 교육개혁은 교육의 틀을 새롭게 바꾸는 개혁의 형태보다는 기존의 교육문제를 정치적 요구에 맞도록 개선하는 '교육개량' 정도로 끝나게 된다. 현실적으로, 교육현실이나 교육문제에 대한 정확한 인식이 결여된 채 정치적 의지와 실천으로 강행되는 교육개혁적인 노력은 '정치적 유린'이라는 상처로 끝나버린다. 이러한 예로 꼽을 수 있는 가장 대표적인 사례는 유신정권 시절 일군의 교육철학자들이 보조가 되어 선포된 국민교육헌장, 그리고 그것과 관련된 유신교육 같은 것이다. 교육 문제에 대한 현실적인 인식은 물론, 정치적인 개혁의지마저 약한 경우에는 제아무리 교육개혁작업을 추진한다고 해도 '현상유지'로 끝나게 된다.

성공적인 교육개혁을 위해서는 후기 산업사회, 혹은 포스트모던 사회의 문화적 특성에 대한 바른 이해, 혹은 신세대 학부모에 대한 정치적인 새로운 이해마저 필요다. 왜냐하면, 교육개혁은 지금의 '쉰' 세대인 50대 아저씨, 할아버지들이 자기들에게 이로운 교육적 이해관계를 유지하기 위한 교육개혁이 아니라, 자기들이 죽은 후에도 무럭무럭 커나갈 지금의 여섯 살박이가 필요로 하는 교육체계와 내용, 그리고 교육에 대한 새로운 비전을 제시해야 하는 혁신적인 과제이기 때문이다.

교육의 세계화, 그 엄청난 곤욕을 벗어나기 위한
교육개혁의 방향과 일감

교육부가 교육의 세계화를 우리 교육의 살 길이라고 들고 나섰다. 이에 대해 반응들도 여러 가지다. 어떤 사람들은 시골사람 서울구경놀이라는 말로 빗대고 있다. 시대조류에 어울리지 않는다는 뜻이다. 원래 이 말은 시골사람의 어정쩡한 서울식 멋내기를 비꼬는 것으로 시작된 것이다. 샛노란 넥타이에, 시뻘건 구두 그리고 번쩍이는 누런 금니를 드러내 보이는 중절모 시골사람의 모습들을 조롱하는 말이었다. 또 어떤 이들은 저들이 외치는 교육의 세계화를 알맹이 없는 정치적 언사라고 꼬집기도 한다. 그러나 시대를 미리 내다보는 어떤 사람들은 우리의 세계화가 우리 한국의 살 길이라고 절규하기도 한다. 이 모두의 혼란은 시간이 가면 정리될 것이라 그리 크게 염려할 것은 못된다.

세계화가 노리고 있는 것

세계화를 식자들이 말하는 것처럼 적어 놓으려면 턱없이 어려워진다. 그러나 쉽게 풀어쓰자면, 세계화란 외국인이 한국에서 살아가는 일과 내가 외국에서 살아가는 일이 별다른 차이가 없도록 만드는 일이다. 그러려면, 이웃사촌이라는 말처럼 이국사촌이라는 말이 지구촌 사람 모두에게 호소력 있게 들려야 한다. 영토나 인종에 기반을 둔 편가르기나 질시 대신, 평화와 관용에 기반을 둔 상호공존의 이데올로기가 모든 국가의 정치적인 지배이념이 되어야 한다. 그렇게 되어야 민족간의 자유로운 섞임과 이동이 가능해지며, 기술의 이동도 가능해지고, 금융의 이동 역시 수월해지고, 정보의 이동도 이웃사촌들이 하는 것처럼 원활해지게 된다.

세계화의 본 뜻이 무엇을 요구하든 간에, 지금 우리 사회 뿐만 아니라, 각국에서 염두에 두고 있는 세계화의 전략은 시장개방이라는 하나의 축을 중심으로 펼쳐지고 있다. 나라들 사이에서 과감하게 허용될 시장개방은 무엇보다도 먼저 무역과 금융이동을 원활하게 해준다. 그래서 '글로벌 경제'가 가능하게 된다. 이것은 다시 지금까지 통용되어 오던 자본주의를 새로운 형식으로 바꾸게 만든다는 점에서 자본의 혁명을 꾀하게 만든다. 그러나 여기에는 헌팅턴 교수가 예견했던 '문명의 충돌'이라는 함정도 도사리고 있다. 중세기 때보다도 질 나쁜 신종의 문화식민주의가 세계화의 장래에 함징을 파 놓을 수 있다.

시장개방에 우리 교육자들의 관심이 쏠리는 것은 아무래도 아이디어 개방부문이다. 아이디어의 개방과 아이디어의 자유로운 이동 문제는 문화의 뿌리를 특정 국가나 민족이라는 국소적인 일로부터 벗어나게 해준다. 아이디어의 자유로운 이동은 문화의 국적을 '세계'라는 지구국가에 둘 것을 강요한다. 그래야만, '글로벌 문화'가 가능해지기 때문이다. ˊ.

교육도 아이디어의 개방이나 문화의 이동과 관련되어 있기 때문에, 시장개방에 있어서 예외가 아니다. 물론 민족의 가치문제를 다루는 교육부문에서는 아직까지는 '글로벌 문화'의 진면목에 관한 냄새가 약하다. 그러나 교육 이외의 다른 문화 분야에서는 그 상황이나 성격이 전혀 다르다는 점은 부인하기 어렵다. 예를 들어 디자인, 영화, 음악, 컴퓨터 언어 등과 관련된 아이디어 개방 대상품목들은, 글로벌 문화의 정체가 무엇인지 보다 더 박

진감있게 보여준다. 그래서 이제는 아무리 조선사람이라도 몽달귀신 대신 드라큐라에도 놀라 자빠지게 되고, 잠실의 올림픽 공원은 쥬라기 공원 옆에 있는 이국사촌의 녹지와 같다. 그러나 여기에도 죠지 오웰이 예견한 '빅 브라더'를 탄생시키는 함정이 도사리고 있다. 지구국가의 정보를 그 누군가가 독식하며 조정하는 '新 원형감옥'의 함정이 세계화의 장래를 꼼짝도 못하게 만들어 놓을 수도 있다.

그러나 '글로벌 교육'이라는 말도 따지고 보면, 교육이라는 것 역시 국제 시장에 내 놓아야 할 한 가지 상품에 지나지 않음을 의미한다. 그렇기 때문에, 글로벌 교육에서는 교육을 더이상 고귀한 문화로 간주할 수가 없다. 교육은 더이상 인문과학과 같은 고고한 지위를 누릴 수 없게 되었다. 교육은 영화나 음반처럼 이웃나라끼리 서로서로 팔고 사는 교역과 거래가 가능한 하나의 사업품목이 될 뿐이다.

한국교육개혁방향

교육이 국제교역 대상의 한 품목으로 간주되는 '글로벌 교육'의 상황 속에서, 우리 교육이 나아갈 방향과 그것을 위한 일감은 단순하다. 이국사촌들에게 팔리는 교육을 만들어내는 일이다. 사실 교육에 있어서 '수출이 가능한'이라는 말이 아직은 귀에 익숙하지 않다. 관행상 있는 그대로 수용하기에는 어색해도, 국제간에 교역이 가능한 교육을 만들어내는 일은 교육의 국가경쟁력을 기르는 일이며, 교육의 질을 총체적으로 높이는 일이다. 교육의 생산성을 높이는 일이다.

미국과 독일교육이 놀라며, 일본에서 수입할 수밖에 없는 교육상품을 만들어내는 일은 쉬운 일이 아니다. 그런 글로벌 교육을 만들어내려면, 우리 교육의 질이 일본이나 미국의 교육과 비교하여 질적으로 차별화될 수 있어야 한다. 우리의 자동차가 세계 시장에 진출하고 있듯이, 우리 교육도 국제경쟁력을 갖춰야 한다. 이를 위해 우리 교육은 자동차나 전자제품 제조공정에서 보는 것처럼, 교육의 '질 관리', 교육행정의 '책무성' 그리고 교육봉사의 '학생만족'을 위해 '벤치마킹'도 해야 하고, '리엔지니어링'도 해야 한다. 세계를 향해 우리 교육의 간판으로 입시교육을 내세울 수는 없다.

물론 우리 교육자나 교육정책자들이 글로벌 교육이 무엇을 의미하는지에 대해 명확한 상을 갖고 있는 것은 아니다. 교육의 세계화에 대한 준비를 제대로 갖추고 있는 것 역시 아니다. 지금 당장, 외국어의 활용 하나만으로 우리 교육자들의 교육세계화 준비도를 가늠한다면, 우리 교육의 세계화는 문맹수준에 지나지 않는다. 글로벌 교육을 징지직 수식어로만 넘거놓지 않기 위해서 동시에, 우리 교육의 질적 경쟁력을 향상시키기 위해서 우리 교육이 새롭게 해야 할 일은 매우 많다.

그 중에서도 교육의 국제화를 위해 긴요한 일감을 우선적으로 골라야 한다. 첫째, 우리 교육의 질적 수준을 높이기 위한 경쟁해야 할 교육경쟁대상국을 분명히 설정해야 한다. 그 어떤 교육경쟁대상국을 설정해 놓는다고 해도, 지금과 같은 우리의 단선형 교육제도로 경쟁하면 그들에게 승산이 없다. 입시교육이나 강화시키는 단선형 학제는 당장에 헐어버리고, 다선형 교육제도를 택해야 한다. 모든 이가 능력껏 출세할 수 있는 '다선형 학제'를 택해야 한다. 둘째, 교실현장교육에 있어서 무력하기만 한 교사들을 이제는 그만 배출해야 한다. 그래서 지금과 같은 교사자격증 제도는 하루빨리 폐지되어야 한다. 아니면, 교사자격을 일정 기간만 허용하는 '교사자격증 갱신제도'를 실시해야 한다. 셋째, 교장의 학교경영능력을 촉진하는 '학교장 학교경영 책무성 평가' 제도를 도입해야 한다. 학교경영에 자신이 없는 교장은 교사로서 그의 능력을 발휘하도록 해야 한다. 마지막으로, 교실교육에서 멀티미디어와 원격교육이 가능한 교실교육 시설의 '인텔리전트화'가 필요하다. 지금처럼 칠판 하나에 분필 서너 자루로 구성되는 마굿간식 교실환경은 말을 키우는 곳이지, 사람을 길러내는 곳은 아니다. 물론, 교육의 세계화를 위한 교육개혁은 지금의 5·60대의 눈과 무지로 우기거나 할 일이 아님을 깨닫는 것 역시 무엇보다도 더 중요하다.

교육개혁 발표, 그 후에 챙겨두어야 할 일

교육개혁안이 발표된 후, 이에 대한 국민들의 표정은 가지가지였다. 우여곡절도 많았고, 기다림 또한 꽤나 길었던 교육개혁안이라 그것에 대해 크게 기대를 걸었다는 눈치는 아닌듯 싶다. 그래도 이번 교육개혁안이 교육계에 끼친 파장은 아주 컸다. 이번 교육개혁의 종합적인 성격은 세 가지로 압축된다. 첫째, 국가교육적인 차원에서는 평생학습사회의 건설을 강조했고, 둘째, 대학이나 중등교육의 차원에서는 학교운영의 자율과 교육의 생산성을 높이는 교육의 책무성을 역설했고, 마지막으로 개인적인 차원에서는 학습 당사자들에게 학습권을 최대한 보장하는 것이다.

우선 눈에 크게 들어온 교육개혁안으로는 나음의 아홉 가시었나. 1) 고교내신제 폐지와 종합생활기록부 채택, 2) 사립대학 입시의 완전자율화, 3) 고교평준화 부분해제, 4) 단설 목적대학원 설립 무제한 허용, 5) 각급 중등학교에 학교운영위원회 설치 의무화, 6) 외국어 교육강화, 7) 평생학습을 위한 국가멀티미디어 교육센터 설립, 8)교육과정평가원 설치, 9) GNP 5%에 준하는 교육재정 확충안 마련 등으로 요약된다.

일선 고등학교에서 학부모, 교사, 학생들 간에 여러 가지 잡음의 온상이 되었던 고교내신제를 폐지하고 그대신 학생들의 모든 학습활동을 대학이 평가할 수 있는 종합생활기록부로 대치하겠다는 것은 고교교육의 틀을 바꾸어보겠다는 혁신적인 노력으로 평가될 수 있다. 중등교육의 세계화를 위해 필요한 외국어 교육에 대한 강조에도 점수를 줄 만하다. 아울러 고교교육의 정상적인 활동과 관련시켜 학교장과 교사들의 학교운영능력을 교육적으로 견제하며 동시에 그것을 과학적으로 평가할 수 있는 학교운영위원회의 설치 역시 중등교육의 혁신을 위해 주목할 만한 교육개혁안이다. 특별히 그동안 학교경영에 있어서 홀대받던 학부모들과 지역인사들이 그들의 교육적 역량을 발휘하게 할 학교교육운영회 설치는 그동안 관행적으로 자행되던 학교비리문제를 억제시키는 역할을 할 것이다. 내년부터 평준화 지역 일반계 학교에서 학군내 선복수지원 후추첨배정을 시작으로 98년부터는 자립형 사립고교부터 평준화를 부분적으로 해제하겠다는 개혁방안 역시 전향적인 발상이다. 평준화 부분해제안은 무리한 평준화 적용 때문에 그동안 발목이 묶였던 일선고교의 발전을 돕게 될 것이 분명하다. 이번에 채택된 평준화 부분해제는, 당장에는 작은 논란들을 불러일으킬지 몰라도, 각급 학교 실정에 맞는 능력별 평준화 정책으로 이끌어가게 만든다는 점에서 종국적으로는 고교교육의 발전을 위해 크게 기여할 것이다.

대학에게 학사운영의 자율화와 대학설립의 자유화를 촉진하고, 사립대학에 일년 내내 학생선발권을 보장하는 학생선발의 자율화 정책 역시 이번 교육개혁안의 핵심에 속한다. 입시 당사자들에게 실질적으로 대학응시를 위한 복수의 기회를 허용하는 이번의 대학입시선발 자율화 조처는 우리의 대학교육제도를 교육선진국 수준으로 끌어올리는 효과도 얻어낼 것이다. 동시에 이번 교육개혁안이 무엇보다도 신세대지향적이고 미래지향적임을 느끼게 하는 대목은 평생학습사회를 건설하겠다는 국가통치권 차원의 결단이라고 볼 수 있다. 정보경쟁력뿐만 아니라 교육경쟁력을 평생학습차원에서 강화하기 위해 국가 멀티미디어 교육센터와 교육과정평가원의 설치를 강조한 것은 이번의 교육개혁안이 단순한 현안문제 해결용이 아님을 강하게 시사한다. 이 모든 교육개혁안을 성공적으로 실행하기 위해 교육재정을

GNP의 5%로 확충하겠다는 방안 역시 높이 평가할 만하다. 교육재정확충을 둘러싸고 그동안 일어났던 잡음을 고려한다면, 교육재정 확충을 위한 교육대통령의 결단 역시 크게 돋보이는 대목이었다.

그러나 교실개혁의 주역이 되어야 할 교사교육개혁, 교육행정개혁 등에 관한 개혁방안은 제대로 이루어진 것 같지 않아서 아쉬운 감도 있다. 그럼에도 불구하고, 이제는 교육개혁의 시행과제가 대학이나 각급학교 교장, 그리고 교육행정가의 손으로 넘어가게 되었다는 점에서, 그들이 마땅히 해야 할 일은 한두 가지가 아니다. 그들이 변하지 않으면, 교육개혁은 공염불일 뿐이다. 이제부터는 교육개혁의 실행의 우선 순위와 지원해야 할 중점부문의 교육개혁 실행순위를 면밀히 검토해나가야 할 때이다. 이를 위해, 교육부와 같은 교육행정구조에 대한 개혁과 교사양성에 대한 교육개혁은 더 이상 미루어 둘 것이 아니다. 왜냐하면, 교실교육이 바뀌려면 새로운 교사가 나와야 하고, 교육제도가 바뀌려면 교육행정가들의 교육관리능력이 바뀌어야 하기 때문이다.

교개위의 지방교육자치제도 개혁안 허약하다

　지방교육자치제도에 관한 그동안의 찬반여론을 봉합하는 식의 절충안을 제시한 교육개혁위원회의 지방교육자치제도 개혁안은 경쟁력있는 지방교육자치의 실현을 위해서는 나약하기 그지없다. 왜냐하면, 교육자치 한번 제대로 시행해본 적이 없는 처지에 불쑥 튀어나온 교개위의 절충안은 찬, 반 어느 측도 만족시키지 못한 채, 교육자치문제들을 한곳으로 봉합해 놓은 미봉책에 지나지 않는다.

　한마디로 교개위가 마련한 절충안 그 자체는 지방교육자치제도에 관한 개혁안으로서의 개혁성이 결여되어 있다. 사실 지금까지 지방교육자치제도를 둘러싼 논쟁은 지방교육자치제도를 구현하는 종국적 실체인 교육위원 및 교육감의 선출방법 그리고 그 기능과 권한에만 초점이 맞춰져왔다. 교육계에서는 교육위원회를 시·도로부터 완전히 독립시키자는 '독립형'을 주장해왔다. 즉, 조례제정권 및 예·결산 의결권까지 가진 시·도의회로부터 교육위원회를 독립시켜야 한다는 것이다. 교육위원과 교육감의 주민직선도 주장했다. 이에 반해 내무부, 지방의회, 그리고 이에 동조하는 일부 교육학자들은 교육자치가 주민자치에서 출발하는 만큼 예·결산 의결권 등은 당연히 시·도의회에 귀속되어야 한다는 〔통합형〕을 주장했다. 물론, 이렇게 통합형을 주장하는 사람들의 주장도 현실적으로 일리가 있기는 하다. 왜냐하면 교육위원회의 기능은 유명무실한 채, 국민의 세금이나 축내며 아이들의 교육을 걱정한답시고 어른들의 명예욕이나 충족시켜 왔다는 비난을 받아왔기 때문이다. 그러나 이런 일은 지방교육자치제도가 출발하는 당시부터 제기능을 발휘하기에는 불구의 신세로서 온전한 지방교육자치의 실현이 불가능하도록 되어 있었기에 불가피한 결과였다. 예를 들어, 시나 군·구에서 각각 2명씩 추천한 교육위원 후보들 중에서 시도의회가 적격자라고 판단한 사람들을 교육위원으로 선출하는 이중간선(二重間選)제였다. 이 제도는 그간 신문지상에서 폭로되었듯이 교육위원 선출과정에서 뇌물공여와 같은 엄청난 부조리를 끌어들였다. 따라서, 역량있는 교육전문가들은 교육위원으로서 봉직할 수 있는 기회를 박탈당했다. 또한 그렇게 선출된 교육위원들에게 교육적 역량과 전문성을 기대할 수도 없었다. 그래서 주민들이나 양식있는 지역인사들, 혹은 각급 학교에서는 교육위원회의 기능은 물론, 교육위원회 자체에 관심을 줄 필요조차 느끼지 못했다.

한마디로 말해, 지방교육자치에 대한 국민들의 무관심은 극에 달해 있었다고 보아야 한다. 교육개혁위원회는 이런 국민적 무관심을 제대로 이해하지 못한 채, 단지 교육에 대한 직접적인 자치를 주장하는 교육계와 간접적 자치를 주장하는 내무관료들 간에 팽팽하게 맞서고 있는 양측의 주장을 봉합하는 대안을 마련했다. 즉, 교개위는 우선 당장 교육재정을 늘리기 위해 교육위원회를 어떻게 활용하여야 하는가에 일차적인 관심이 있었던 것 같다. 한마디로 말해, 기초 광역지자제 부담 재원이 무엇보다도 교육자치에 필수적이라는 생각이었던 것 같다. 그래서 지방교육자치제도의 개혁보다는 개선에 초점을 맞추고 있는 것 같다.

교육개혁을 위해서는 재원확보가 필수적이고 재원확보를 위해서는 시와 도에게 교육재정을 부담하게 해야 한다는 상박감에 시달린 것 같다. 시울·부산이 공립교원 임금 일부를 부담할 뿐이고, 지방자치의 교육을 꾸려나가는 지방교육비 특별회계 재원을 부담하는 지방자치 단체가 없다시피한 현실 속에서, 교개위는 시·도에 교육재정을 부담케 하고 돈을 낸 이상, 그만큼의 권한은 인정할 수밖에 없다는 현실론을 수용하고 있다. 교육감 후보 추천위원회 위원 5명 중 2명을 시·도지사가 지명하고 1명은 시·도의회 의장이 지명하게 하여 교육감 선출에 시·도 그리고 시·도의회가 결정적 역할을 할 수 있도록 한 것과 조례제정권 및 예·결산의결권을 시·도의회에 부여한 부분 역시 바로 이런 맥락에서 나온 것이다.

그러나 이것은 지방교육자치의 현실을 응시한 지방교육자치의 현실부정론에 지나지 않는다. 되어주었으면 하는 기대만으로는 교육개혁이 불가능하다. 왜냐하면, 늘 보아왔듯이 세제개혁 등을 통한 교육재정에 대한 지방자치단체의 책임이나 이에 대한 정치권의 실질적인 기여는 교개위의 기대와는 달리 늘 공염불이었기 때문이다. 교육재정확충에 대한 정부 부처간의 이견만 보아도 교육에 대한 경시가 어느 정도인지를 직감하게 만든다. 게다가 현재 비난의 대상이 되고 있는 교육위원들의 교육전문성이나 자질이 어느 정도인지를 잘 알면서도 시도의원들에게 주민직선을 거부한 채 교육위원 겸직을 하게 한 것이나, 교육감을 전문직으로 한다면서 교육위원 대상에 학원강사까지를 포함시킨 것은 앞뒤가 맞지 않는다. 다시 말해서, 교육위원회의 위상을 격하시킴으로써, 사실상 교육자치를 불가능하게 만들어 놓았다. 현실적으로, 학교운영위원회로 하여금 교육위원을 추천하게 했을 경우, 각급학교의 학교운영위원회는 각기의 이해관계를 대변하는 사람으로 하여금 교육위원이 되도록 하기 위하여 불필요한 과열경쟁을 유발할 소지가 충분하다. 더군다나, 여러 가지 이유로 인해 학교운영위원회를 설치하지 못하거나, 혹은 그것의 운영을 연기할 수밖에 없는 사립학교들은 아예 교육위원을 추천할 기회마저 박탈당하게 되어 교육자치의 형평성이 깨지게 된다.

이제는 지방교육자치제도에 관한 절충형 개선안에 미련을 버리고 독립형 지방교육자치개혁안을 마련해야 하겠다.

미래의 사교육 활성화를 위한 개혁방안

우리 나라 학부모들의 자녀교육에 대한 관심은 세계 1위라고 말해도 과장이 아닐 것이다. 그러나 교육 선진국들의 교육자료에 나타나는 한국 교육의 현황은 그리 밝지 못하다. 교수학습환경이나 교육의 효율성에 있어서 그들 선진국에 비해 상당히 뒤떨어지고 있는 것으로 나타나고 있다. 반면 우리 나라 학부모들이 한 해에 지출하는 사교육비는 무려 17조원으로서 교육부 1년 예산보다도 더 많은 돈이다. 국민들은 이렇게 엄청난 돈을 자녀 과외와 대학입시준비를 위해서 쏟아붓고 있다.

자녀들을 위한 사교육비 부담으로 학부모들은 허리가 휠 정도로 고달프기만 하다. 각종 과외비를 마련하려고 길거리로 나서는 어머니들도 있고 심지어 과외비 마련이 어려워 자살을 하는 학부모까지 있다. 학부모들의 사교육비 지출과 비례해서 우리 나라 공교육이 더 발전하는 것도 아니다. 오히려 정반대이다. 학부모들의 사교육비 부담이 가중될수록 오히려, 우리 나라 교육은 더 악화되고 있다는 자조의 소리가 들리고 있다.

학부모들을 볼모로 잡고 있는 것이 바로 대학입시이다. 앞으로 2010년이 되어도 우리 나라 학부모들에게 막대한 사교육비를 강요할 장본인이 바로 유명대학의 입시전쟁일 것이다. 아무리 초급고등교육기회가 늘어난다고 해도, 한국사회에서 사회적 신분을 보장해주는 유명대학입시는 평균 2:1의 경쟁률을 유지할 것이다. 이런 유명대학의 입학과 졸업은 우리 나라 교육의 고질병인 교육의 불평등과 고용의 불평등을 심화시키는 요인으로 작용해왔다.

한국 교육문제의 세 가지 문제고리

고용불평등과 교육불평등 현상은 교육을 하나의 상품으로 만들어버린다. 그 결과 과잉교육 수요가 불필요하게 창출된다. 과잉교육현상은 노동시장이 노동인력에 대한 저렴한 고용효과를 극대화하기 위해, 학교교육을 통해 훈련받은 인력을 실업상태나 반실업상태로 방치하는 사회적 증후군을 말한다. 이것은 자본주의 사회가 갖는 이윤극대화의 원리에 의해 더욱 가속화된 하나의 경제적 부산물일 수도 있다. 학부모에 의한 막대한 교육투자를 통해 질 높은 노동인력이 양산되도록 함으로써, 노동시장에서 교육받은 인력들이 언제나 상대적 과잉인력으로 남게 되는 결과일 수도 있다. 중학교와 고등학교에서 정상적으로 훈련받은 인격들이 실업자나 반실업자 상태로 머물게 되기 때문에 그들은 실업 및 반실업상태를 벗어나기 위한 노력으로 더욱 더 과잉교육을 받아 실업상태를 벗어나고자 한다. 결국 사교육비에 의한 과잉교육열은 공교육을 방해하거나 혹은 고학력 실업자를 누적시키는 원인으로 비판이나 받게 된다.

고용의 불평등현상이 만연됨으로써 학력간 임금격차, 직종간 임금격차 그리고 산업별 임금격차가 심화되며, 그것에 의해 노동시장은 관리직, 노동직, 1차 노동시장, 2차 노동시장 등으로 계속 분할되어 노동시장의 불평등 구조가 고착된다. 노동시장의 분할로 인해 교육이 갖는 사회적 기능은 사장되고, 교육에 대한 효용성과 기능에 대한 본질적인 회의가 끊임없이 제기될 수밖에 없다. 교육은 국가수준에서는 단순히 경제성장을 위해 의미있는 투자로 인식되었으나 개인수준에서는 지위경쟁을 위한 도구로 새로운 의미와 기능을 갖게 된다.

이러한 두 가지 문제고리에 의해 나타나는 한국교육의 문제는 다음과 같은 세 가지 명제로 정리된다.

첫째, 입시교육이 악화되고 고학력 재수생이 누적될수록 교육불평등은 더욱더 일반화되어 인간교육의 회복이 어려워진다.

둘째, 교육에 대한 가수요로 과잉교육이 심화되고 고학력 실업자가 누적될수록 고용의 불평등은 더욱더 일반화되어 국제경쟁력있는 산업인력의 양성은 더욱 어려워진다.

셋째, 교육불평등이 심화되고 교육불평등이 악화될수록 학력의 상품화 현상이 일반화되어 교육의 저발전이 더욱더 지속되게 된다.

교육문제 해결을 위한 기본개혁방안

지금과 같은 우리 나라 교육의 고질적인 문제를 해결하는 데 도움을 주려면 사교육비를 국가가 대폭적으로 줄이고 공교육비를 엄청난 수준으로 늘리는 방안을 택하면 된다. 그러나 현실적으로 공교육비를 증액하는 데에는 여러 가지 문제가 있다. 지금부터 98년까지 우리 나라 교육재정의 총소요는 약 82조 6천억원 정도가 된다. 이 돈이 교육현장에 투입되어도, 교육환경이 획기적으로 나아질 수 있다는 확신을 가질 수 없는 형편이다.

초등교육 개혁방안

이런 상황이 계속된다면, 교육환경의 결손을 메꾸기 위한 학부모들의 사교육비 지출은 더 이상 호전되지 못할 것이다. 지속적으로 공교육환경이 개선된다는 전제 아래, 학부모들의 사교육비를 경감시킬 수 있는 가능한 조치는 일체의 자녀 과외를 학교가 저렴하게 제공하는 방안을 택할 수 있다. 학교가 지역사회의 일반 학원과 계약을 하든, 혹은 자원인사를 과외교사로 초빙을 하는 식으로, 지금의 과외를 학교 안으로 끌어들이는 방안을 생각해볼 수 있다. 이 경우, 학교교육의 기능과 일반 교사의 교육적 기능이 어떤 식으로 변화될지에 대해서는 불분명하다.

두번째 방안은 학부모의 사교육비 경감에 관계없이 지금과 같은 공교육을 다른 식으로 바꿈으로써 교육의 질을 향상시키는 대안교육(代案敎育: Alternative education)을 국가가 인정하고 확산시키는 일을 생각해볼 수 있다. 이런 대안교육 중의 대표적인 그리고 교육적 효과가 높은 것으로 평가되고 있는 초등교육에 있어서의 재택교육(Home schooling), 혹은 지역사회 미니학교를 지역실정에 맞게 확산시켜볼 수 있다. 학부모들은 자격있는 교사로서 아동들을 가르치고, 지도하게 된다. 재택교육도 정규 초등교육과 똑같은 교육내용, 과정을 따라야 한다. 그러나 이 경우, 재택학교나 미니학교 교육이 학부모들의 사교육비를 줄여준다고 보장할 수 있을지는 미지수이다. 초등교육의 대안교육의 정착을 주시하면서 중등교육의 대안교육 활성화를 위한 실험적인 작업을 실시한다.

대학교육 개혁방안

현실적으로 대학교육의 대중화는 피할 수 없다. 대학교육 기회를 갖는 것이 햄버거를 사먹는 일만큼이나 손쉬워진 것이다. 이런 추세와 더불어 몇몇 유명 대학의 입시가 우리 교육의 발전에 큰 멍에가 된다는 점을 부인하기 어려워진 이상, 대학입시의 효과를 무력화시키거나 상쇄시키는 것보다 적극적인 방안을 강구해볼 필요가 있다. 그런 방안 중의 하나로서 실천효과가 클 것으로 판단되는 것의 하나가 바로, 국립서울대학의 고등교육기능을 국민의 대학으로 전환시키는 것이다. 서울대학교 교육의 기능을 개혁하는 차원에서 국립서울대학을 '한국 국민의 대학'으로 바꾸는 일이다.

납세의 의무와 권리는 모든 이가 자유롭게 입학할 수 있고, 졸업이 가능한 대학으로 바꾸는 일을 택하면 된다. 이렇게 되면, 지방 국립대학은 더욱더 지역실정에 합당한 특성화 대학의 길을 택하게 됨으로써, 향토인재 양성의 고등교육기관으로 그들의 모습을 다시 정립하게 될 것이다. 앞으로는 학생정원령은 폐지되겠지만, 이것만 가지고는 대학의 수요를 충족시키기 어렵다. 새로운 정보사회가 요구하는 고등교육의 대중화를 위해 학생들에게 신학습매체와 원격매체로 교육을 시키는 국민의 대학으로 바꿀 필요가 있다. 이를 위해서는 지금과는 전혀 다른 캠퍼스 계획과 학습환경을 위한 투자가 필요하다.

동시에, 모든 대학에서 대학간의 학점교환과 상호인정제를 채택함으로써 특정 대학으로의 집중을 막아줄 필요가 있다. 학점인정제는 대학교육의 질과 형편에 따라, 부분 학점인정제나, 부분 학점이수제를 채택하게 하여 대학간의 인적교류와 연구교류를 활성화시키도록 함으로써, 대학교육의 대중화를 도모한다.

사회교육 개혁방안

교육개혁위원회가 강하게 추진하고 있는 학점은행제를 실시하면, 우리나라 교육의 고질적인 학력병은 상당한 정도 완화될 것이다. 학점은행제란 모든 국민에게 평생학습 학점계좌번호를 부여함으로써 지금까지 공인된 대학교육과정을 통해서만 취득할 수 있었던 학점이나 학위를 객관적인 일정 기준에 충족될 경우, 대학 이외의 다양한 학습경험을 통해서도 취득할 수 있도록 확대·허용하는 열린학습사회의 실현을 위한 새로운 사회교육제도이다. 개인들의 다양한 학습경험과 학점이수결과, 국가기술자격 등과 같은 공신력있는 자격획득도 하나의 학점으로 인정되기에, 대학교육에의 과소비를 줄이는 효과를 갖게 된다.

모든 사회구성원이 원하는 교육을 학교라는 제도화된 교육기관을 통해서뿐만 아니라 사회교육기관이나 개인의 자기주도적 학습경험 등을 통해 폭넓게 취할 수 있도록 독려하기 위해 다양한 학습의 결과를 학점이나 학위 또는 자격 등과 연계하여 제도적으로 인정하려는 제도이다. 누적된 학습의 결과들은 엄격한 학점 및 학위 인정기준에 기초한 평가인정 시스템을 통해 평가됨으로써 소정의 기준에 부합될 경우 제도적으로 학점이나 학위 또는 공신력있는 국가기술자격으로 전체가 인정되거나 또는 부분적인 인정을 받게 된다. 대학은 학점은행제의 실시 주체가 되어 별도의 국가적 수준의 전담기구 없이 대학단위로 학점은행제가 실시되어야 한다. 대학에서 학점은행제를 실시하여 대학교육과정에 의거하지 않은 학습경험을 학점이나 학위로 인정하고자 할 경우에는, 개인들의 다양한 학습경험을 학점으로 평가, 인정하기 위한 각 대학 단위의 '대학 학점은행 심의위원회(가칭)'를 구성하여 자율적으로 소정의 기준에 의거하여 인정·관리하도록 하면 대학에의 새로운 수요와 대학교육의 내용이 지금과는 전혀 다른 방식으로 발전되어, 학부모들에게 지금과 같은 식의 맹목적인 대학교육 수요를 피하게 만들어 줄 것이 분명하다.

교육행정, 학교, 학부모 모두 달라져야 한다

우리 교육 믿을만한가? 믿을 수 없다. 바로 이 대답이 우리의 교육을 바라보는 학부모들의 일그러진 모습이다. 의심(疑心)과 불신(不信)의 악순환, 돈봉투, 잡부금, 내신조작, 투기 입시부정, 뇌물, 이 모두는 교사에 대한 의시(疑視), 교장에 대한 의심(疑心), 일선 교육행정가에 대한 의혹(疑惑)을 불러일으킨 것들로서 한동안 언론을 통해 보도된 교육관계 사건의 성질을 하나로 관통시켜주는 단어들이다.

학부모와 교사, 교육행정가, 학교당국간에 번지고 있는 그 불신, 이제는 그 골이 너무 깊고 넓기만 하다. 교육문제에 관한 토론회나 모임에서 흔히 발견되는 일 중의 하나가 교육행정가를 향한 집중 성토 장면이다. 한 예로 과거 상문고 내신조작 비리를 보아도 그렇다. 교육행정 당국자가 학부모들한테 당한 수모는 낯 뜨거울 정도로 민망하기까지 하다. 자기 개인의 잘못이나 본인의 죄도 아닌데 그렇게 당하고도 그 일을 다시 해야 할 그분들을 보면 측은하기도 하다.

학부모와 교육당국자 간의 대화는 사람과 사람 사이의 존경과 신뢰로 이루어져야 비로소 만남의 의미가 생기고 교육정책의 효과도 커진다. 그래야 교육정책자들과 학부모들 간에 사람 사이의 의사소통과 믿음(信)이 가능한 것인데, 요즈음 학부모와 교육행정가들 간에는 사람간의 믿음이라기보다는 사람과 동물, 짐승과 사람 간의 소리교환 같은 것만이 공허하게 교환되고 있을 뿐이다. 마치 이들간의 믿음관계는, 억지로 말을 만들어낸다면, '새소리 믿을 신, 말소리 믿을 신, 돼지소리 믿을 신, 강아지소리 믿을 신과 같은 이상한 의사소통현상이 일어나고 있다. 우리는 이런 대화를 나누면서, 교육이 잘 되기를 기다리고 있다.

학부모는 왜 분노하는가

학부모나 교육행정 당국이나 모두가 인간교육을 원한다. 그러나 이미 출세한 교육당국자나 교육전문가들이 내세우는 인간교육과 자식하나 잘 되기만을 바라는 보통 학부모들의 인간교육은 그 출발부터가 다르다. 실패와 성공이라는 두 길 중 그 어느 하나를 강요받는 이 교육구조를 그대로 둔 채, 말로만 행해지는 인간교육은 공허하기만 하다. 30년 전부터 그들에 의해 부르짖어졌고 또 그것을 추진하기 위한 방안들을 수없이 만들어냈던 그들 자신들의 연구결과를 외면해가면서 또다시 교육개혁의 구호를 만들어 그것을 '신한국의 기치'에 실려보내는 이 몰골 흉한 교육계의 상황을 학부모들이 모를 리 없다.

우리의 학부모들은 영악한 사람들이다. 그들은 12년짜리 자녀양육 교육관만 갖고 있으면 된다. 큰 모임에 나가서는 다른 집 아이의 교육문제까지 걱정해야 한다. 그러나 그것은 그때만의 일일 뿐이다. 내 집 아이의 입시문제가 더 급하다. 집칸을 줄여서라도 과외를 더 시켜야 한다. 어차피 그 목적으로 큰 집을 투기했던 것이 아닌가. 자녀들이 대학에 입학할 그때까지 12년 간을 학교선생과 갈등은 피해야 한다. 자존심이 상하더라도 머리를 굽혀야 하는 것이다. 이런 미움을 하나 가득 품고 자식들이 반에서 일등하는 것을 보고 즐기고 있는 소수의 배운 자들로서의 오늘의 학부모들이 있기에, 우리의 학부모들은 자식사랑에는 일등이지만, 교육사랑에는 낙제감이라고 모욕을 당하고 있다. 학부모들이 어째서 교육사랑에는 그다지도 허약한 것인가. 그럴 이유가 아주 없는 것도 아니다.

학교 육성회의 문제가 일부 깨어 있는 학부모들에 의해 사회문제로 부각되자 당혹해진 교육부가 내린 조처, 말하자면 잡부금 걷지 말고 자율학습도 학교 보충수업도 하고, 특별활동도 하고, 인간교육도 제대로 하라는 교육부다운 명령이 일선 학교에 하달되자, 일선 교장단은 힘을 모아 코웃음쳤다. '학교는 교육의 정상화를 찾기 위해 학교교육과정에만 충실하고 그 나머지 교육은 학원 같은 사회교육기관에 일임해야 한다'라고 간결하게 정리해버렸다. 인간교육하자고 했더니 고작 과외 같은 사회교육 분담론을 제시한 일선 교장단의 그 탈교육론의 의미를 보통 학부모들은 결코 잊을 수가 없기 때문에, 학부모들은 학교사랑에도 빈약하고 교육사랑에도 허약한 모습으로 남게 되었다. 이제는 모든 교육을 학교 밖으로 내몰아버리는 교육행정을 더 이상 믿지 않게 되는 이상한 지경에까지 이르러 있다.

무엇을 해야 하는가

'교육은 개인의 출세를 위해 유용하게 사용되어야 한다.' 교육이 출세를 위한 제일 유용한 도구이어야 한다고 주장하는 일부 학부모들의 오도된 교육의 사설화와 그에 터한 교육 도구주의는 비난받아 마땅하다. 물론, 해마다 입시생의 30%만을 출세시키고 나머지 70%를 의도적으로 낙오시켜 실패하게 만드는 우리의 입시교육제도는 개선되어야 한다. 우리에게 진정으로 필요한 것이 있다면 그것은 우리 자녀 모두가 다같이 출세할 수 있는 그런 교육제도를 만드는 일뿐이다. 또 그것을 사회경제적으로 뒷받침해주기 위한 사회정책, 즉 만인 고용증대 대책이 필요할 뿐이다.

인간의 지능이나 능력을 수학적 능력과 언어적 능력이라는 두 가지 요소로 단순하게 규정하는 현재의 선발장치는 대학의 학문발전이나 영재육성을 위해서도 바람직하지 못하다. 인간의 지능이나 능력구조에 관한 연구결과들은 인간의 지능이 수학적 능력이나 언어적 능력뿐만 아니라 대인관계나 음악적 능력, 체육적 노력 등 여러 가지 능력요소로 구성되어 있음을 알려주고 있다. 인간의 능력구조가 다양하기 때문에 학생선발방법이나 진로선택 지도방법 역시 그에 걸맞게 다양해야만 한다. 더구나 국제화와 정예화 그리고 다품종 소량생산의 산업화 시대에 살게 될 새로운 세대의 장래와 그들의 진로는 복수지능의 논리에 합당하게 선택되어야 한다.

학생선발과 진로선택이 지금과 같은 식으로 강요되는 한, 어떤 시대의 어떤 학생들이라 한지라도 그들 중이 70%는 언제나 낙오지기 될 수밖에 없다. 이렇게 매년 70%의 낙오자가 제도적으로 누적되면 그것은 끝내 국력의 낭비를 초래하게 될 것이다. 실패없는 교육과 우리 모두의 자녀를 출세하게 만드는 교육의 시대를 맞기 위해서는 오늘날과 같이 강요되는 진로지도와 입시제도는 이 사회에서 제거되어야 한다. 현재의 입시제도와 진로지도방법은 현재 2만여개에 달하는 우리 산업사회의 직종에 필요한 인력의 30%조차도 제대로 배출해낼 수 없는 낡은 방식이다. 그러나 '교육제도 개선이 곧 교육문제 해결'이라는 식의 제도개선 만능주의만을 고집하는 일부 중산층 부모들의 근거없는 비교육적인 편협한 태도 또한 철저히 경계되어야 한다. 점수 치이에 따라 일생을 한 순간에 결정하게 만드는 진로제도에 대한 개혁과 아울러 우리 학부모에게 필요한 것은 교육에 대한 민주화된 의식이다.

자녀에 대한 일순간의 욕심에서 벗어나 자녀들의 능력과 소질에 합당한 진로를 찾아주는 정제된 교육의식과 절제된 용기가 우리 학부모 모두에게 필요하다. 우리 학부모 모두가 지금과 같은 탈교육적인 입시교육중심 진로 지도방법에 대한 개선뿐만 아니라 선진교육에 합당하지 못한 학부모들의 교육사설화(敎育私說化)와 교육투기는 공해척결의 차원에서 추방하는 학부모 교육운동에 참여할 때, 우리 교육은 비로소 정상화될 기미를 갖게 될 것이다. 바로 지금 이 순간에도 우리의 입시교육은 그 스스로의 해체를 위해 선진교육에 합당한 학부모 그리고 교육행정자들의 교육공해 추방운동을 애타게 기다리고 있다.

자립형 사립고교 허용의 파급효과와 보완대책

新교육개혁조치가 밝힌 자립형 사립고교 허용과 고교평준화 해제조치는 이렇게 시작된다.

　학생들에게 선택권을 부여하기 위하여, 평준화 지역의 일반계 고등학교는 1996년부터 학군내 선복수지원 후추첨 방식에 따라 학생을 선발한다. 시·도 교육감은 학생의 선택권을 넓히는 방향으로 학군을 광역화한다. 1998년 이후 대학교육의 다양화와 특성화가 어느 정도 정착되어 대학입학전형제도가 다양화되었다고 시·도 교육감이 판단하면, 건학이념이 분명하고 정부의 재정지원 없이 재단전입금 및 학생 납입금으로 운영·유지할 수 있는 '자립형 사립고등학교'에 등록금 자율 정책권을 부여한다. 그리고 '자립형 사립고등학교'에 대한 학교 선택권을 부여한다. 단, '자립형 사립고등학교'가 학생을 선발함에 있어서는 중학교 '종합생활기록부'와 면접 또는 실기시험을 기준으로 우선 입학정원의 1.5배수를 뽑은 후 추첨에 의해 최종 선발해야 한다. 이때 학생지원 범위는 시·도 수준으로 한다.

　자립형 사립고교 육성방안에 관한 新교육개혁조치는 한국 중등교육의 방향을 획기적으로 뒤바꿔놓을 만한 중등교육정책이라고 볼 수 있다. 동시에 20여년 동안 지원다운 지원없이 규제만 해옴으로써 중등교육의 수월성을 억제해온 고교평준화 정책을 깨뜨려버리는 야심작이다. 자립형 사립고교 육성방안은 제대로만 운영된다면, 고교현장에 적어도 서너 가지의 교육적인 충격을 줄 수 있다. 무엇보다도 자립형 사립고교의 교육생산성이 무엇인지를 국민에게 직접적으로 보여줄 것이다. 말하자면, 학생들에게 우수한

교육을 시킴으로써 외국의 사립고교들이 보여주는 것과 같은 질 높은 교육
이 무엇인지를 보여줄 것이다.

우리에게 보여줄 간접적인 효과도 있을 수 있다. 그것은 첫째로 고교교
육들간의 질적 경쟁에 불을 붙일 것이다. 고교들간의 지역간 경쟁이나, 일
반고교와 목적고교 간의 경쟁이나, 심지어는 실업계 고교와 인문계 고교
간의 경쟁을 불붙일 것이다. 둘째로, 자립형 사립고교의 육성방안은 중등
교육의 개념을 바꾸어 놓을 것이다. 툭하면 말로만 백년지대계라고 했던
고교교육의 허상을 앞으로는 교육에 있어서의 품질보증과 애프터서비스가
가능한 교육서비스로 바꾸어 놓을 것이다. 셋째로, 학생과 학부모의 교육
선택권이 실질적으로 보장받게 될 것이다. 이제부터는 학교가 학생을 선발
하는 것이 아니라 학생과 학부모가 학교와 교사를 선택하기 때문에, 학생
을 위해 노력하지 않는 고교는 운영이 어려워질 수도 있다. 마지막으로, 자
립형 사립고교의 육성은 일선 고교로 하여금 교육의 생산성과 책무성을 통
감하게 만들 것이다. 학부모들이 고교장의 교육적 책무성을 강하게 물을
수밖에 없기 때문에, 학교경영에 무능한 학교장의 세대교체는 불가피하다.
이런 교육적 효과가 우리 고교현장에 나타나지 않는다면, 자립형 사립고교
의 허용은 새로운 문제의 시발일 뿐이다.

자립형 사립고교 허용에 관한 논의는 이상하게도 부정적인 방향으로 흘
러가고 있다. 의도적인지는 몰라도 그것을 주관할 교육행정 담당자마저도
꺼리는 눈치이다. 꼭 설치해야 한다면, 시도에 1~2개 고교 정도로 제한해
서 허용하거나, 아예 실시를 연기해버릴 낌새도 있는 것 같다. 자립형 고교
허용의 문제는 이 정도로 교육계에서나 정치권에서 민감한 사안으로 등장
하고 있다. 그러나 자립형 사립고교를 외국어고나 과학고와 같은 특수 목

적고교 형식으로 시·도별로 한두 개씩 허용할 때, 이들 자립형 사립고교
는 그야말로 귀족사립학교로 등장하게 될 것이다. 그렇게 되면, 결국, 자립
형 사립고교를 통한 고교교육의 개혁을 도모하고자 하는 이번 교육개혁의
취지는 교육계의 보수주의자들에 의해 완전히 묵살되는 결과를 초래할 것
이다.

  정치적 논의야 어떻든, 교육학적 전문 식견에 따른다면, 고교교육의 개
혁을 위해 자립형 사립고교 운영은 필연적이다. 고교교육의 생산성이나 교
육의 경쟁력이 대만이나 상가포르보다 형편없이 뒤지고 있는 우리 나라 고
교의 교육개혁을 위해서 자립형 사립고교 허용은 그 수를 인위적으로 제한
할 성질의 것이 아니다. 오히려 고교교육의 민주화를 촉진시키기 위해서라
도 자립형 사립고교수는 5~600개 선으로 확대되어야 할 것이나. 이 쯤되
면 징부는 일반 고교교육을 어떻게 하면 자립형 사립학교 교육과 질적으로
차별화시킬 수 있을 것인가에 보다 신경을 써야 할 것이다.

자립형 사립고교의 문제점

  자립형 사립고교의 등장은 98년부터 시작되기 때문에, 이것에 의해 영향
을 받을 학생들은 1995년 현재 중학교 1학년 학생들이다. 사실, 이들은 고
교평준화가 부분 해제되어 가장 큰 변화를 겪게 된다. 서울의 경우, 학군의
조정은 필연적으로 뒤따라야 한다. 연합고사도 없어진다. 자립형 사립고교
에 진학하려면 정원의 1.5배수 안에 들어야 추첨대상에 포함되기에 학과성
적이 중요하다. 게다가 종합생활기록부상의 성적도 중요하다. 따라서 그들
은 학교생활을 충실히 해야 한다. 또한 특정과목의 성적이나 경시대회 입

상 등 특별활동 실적에도 신경을 써야 한다. 이 모두는 중학생의 입시가 오히려 더 까다로워지는 것처럼 보이게 만든다.

　그러나 이때부터는 이미 국영수중심의 본고사 대학입시는 사라진다. 그 대신 각 대학마다 자율화된 다양한 신입생 전형방법이 개발되어 적용될 것이다. 각 대학마다 지역할당제나 특별전형제도를 활용하기 때문에 고교교육은 그전과 같은 획일화된 입시준비를 시킬 수 없게 된다. 따라서 학생들을 위한 대학 혹은 고교입시에서 가장 중요한 것은 학과공부에 충실하면 되고, 그들의 특별활동 사항들이 잘 정리되어 있는 생활기록부의 내용을 잘 유지하면 된다. 게다가 98년쯤 되면, 생활기록부의 공정성에 대한 시비도 사라질 정도로 표준화된 생활기록부가 전산화되어 일선 학교현장에서 활용될 것이기에, 각급 학교에서 고교입시지도 때문에 골머리를 앓는 일은 상대적으로 줄어들 것이다.

　한편, 자립형 사립고교는 대학예비고교를 겨냥한 귀족학교의 허용처럼 보일 수도 있다. 이미 대기업의 계열고교가 이런 귀족형 사립고교로 인식되는 움직임도 있다. 예를 들어, 삼성그룹은 계열고교인 중동학원을 영국의 이튼과 같은 명문사립으로 발전시킨다는 계획을 수립했다. 학급당 학생수를 오는 97년까지 40명 수준으로, 99년까지는 30명 수준으로 줄이고, 학생들이 적성과 소질에 따라 수강과목을 선택할 수 있는 선택 교과제와 멀티미디어를 이용한 개인 심화학습 방안을 채택하기로 했다. 또 외국인 교사를 활용해 중학교는 2개, 고등학교는 3개의 외국어를 회화중심으로 교육하고, 기초과학 분야에 실험실습을 대폭 강화하며 음악, 미술, 체육 등 각 분야별로 1인 1기를 습득하게 하기로 했다. 삼성은 구체적으로 몇년도 중동고교의 각종 시설보수와 기자재 도입에 50억을 투자했으며 300억원을 들여 새로운 학교건물을 지을 계획이다.

현대그룹도 현대고등학교를 명문사립으로 육성하기 위해 각종 학습장비를 첨단화하고 있다. 교사 1인당 학생수, 교사의 수업시간 등 학습여건을 개선하기 위한 교과과정 개혁방안도 수립했다. 파스퇴르유업 역시, 강원도 38만평 부지에 영재교육 전문기관인 민족사관학교를 설립했다. 파스퇴르유업은 한 학년당 3학기제를 도입 2년기간의 속진교육을 시킨다는 방침아래 전교생 60명에 교사 57명을 붙여 밀착교육을 실시할 계획을 세웠고, 또 전교생에게는 기숙사를, 교사들에게 30평 이상 아파트를 무료로 제공할 계획이다. 학생들에게 주체성을 심어주기 위한 민족강좌교육도 강화하고 실내 골프장을 마련, 전교생에게 골프실습도 시킬 계획이다.

그러나 이런 재벌기업이 지원하는 고교가 자립형 사립고교의 원형이나 모형은 아니다. 오히려 그런 고교들은 자립형 사립고교에 대한 정책을 정부가 제대로 갖고 있지 못할 때 나타날 수 있는 자립형 사립고교의 변형들로 보는 것이 더 타당하다. 그렇지만 그런 자립형 고교들이 우리 고교현장에 등장하면 우리의 청소년들은 교육다운 교육을 더 많이 받게 된다는 점만큼은 부인할 수 없다. 그래서 국민들은 정부의 고교교육 지원에 대한 상대적 박탈감이나 전문성 부재를 들고 나설 것이다. 그렇기 때문에, 정부는 자립형 사립고교의 모형이나 경영정책, 혹은 그런 학교허용으로 인해 야기될 수도 있는 주요 사회문제에 대해 보다 더 충실한 전문적인 대책을 강구해야 한다. 왜냐하면, 경제적인 어려움은 참을 수 있어도, 교육에 있어서 차별받는다는 점은 참을 수 없다는 우리 특유의 문화적 감각 때문이다.

고교평준화 해제 보완대책

목적고교나 자립형 사립고교에 자녀를 입학시키겠다는 부모들이 10명 중에 8명에 이른다는 점을 잘 알고서도 강력하게 취해진 이번의 자립형 사립고교 허용과 고교평준화의 부분해제는 고교교육의 형평성을 유지해야 하겠다는 그런 구태의연한 고교개혁조치가 아님을 알 수 있다. 여기에서 일단의 고교개혁의 의지와 개혁정책의 복안이 숨어 있음이 드러난다. 그 첫째는 우리 고교교육의 문제는 교육의 질 문제라기보다는 고교경영의 취약성 문제임을 알 수 있다. 따라서 고교교육의 경영혁신을 어떻게 하느냐가 커다란 과제가 된다. 둘째는 자립형 사립고교 허용으로부터 나타날 수도 있는 국민적 위화감과 교육의 불평등 현상에 적극적으로 대처하겠다는 의지도 드러난다. 교육개혁위원회의 주장대로라면, 자립형 사립고교의 허용은 학생복지 혹은 교육복지의 관점에서 취해진 조치로서, 국민들은 고교평준화 해제 그 자체를 두려워하기보다는 평준화해제 이후에 나타날 수도 있는 사회적인 문제점에 보다 염려하고 있다. 따라서 이 문제에 대해 적극적으로 대처하면 오히려 우리의 고교교육은 새로운 발전의 계기를 맞게 될 것이다.

일반고교를 위해 역차별 지원을 강화하라

자립형 사립고교들 모두에게는 국고보조를 중단해야 한다. 굳이 그들에게도 재정적 지원이 필요하다면 고교별 프로젝트 위주로 지원방식을 바꾸어야 한다. 그들에게는 학생전형권, 등록금책정 자율권, 교육과정 운영권, 학교경영의 자율권을 갖도록 해주어야 한다. 이렇게 하여 연간 1,2천억원 정도를 절약하여 그 돈을 일반고교로 배정한다면, 자립형 사립고교의 육성은 우리 고교교육의 개혁을 위해 크게 기여한 작품이 될 것이다. 이런 효과가 확산된다면 고교교육 전반에 걸친 일대혁명을 꾀해볼 수 있는 근거를 갖게 될 것이다.

그러나 상황이 아무리 그렇게 전개된다 하더라도 고교교육은 건실한 민주시민을 키우는 국민토대교육이기에 정부는 군단위 이하 혹은 시단위 학군 고교 중에서도 학부모의 재정기여도가 빈약할 수밖에 없는 각급 고교의 학생들에게는 그들의 학습권을 실질적으로 보장해주어야 한다. 그것을 위해서는 재정적 지원에 있어서 보다 강력한 역(逆)차별 정책을 취해야 한다. 이런 일은 국민토대교육의 건실화를 위해 국가의 강력한 간섭과 국가의 적극적인 개입이 요구되는 부분이다.

어떤 고교도 손해를 원치 않은 상황 속에서, 국가는 과감하게 교육적 불평등에 시달리는 군단위 이하 혹은 교육환경이 열악한 도시 고교교육을 위해 양보해야 하고 일시적인 손해도 감내해야 한다. 정부는 경쟁할 수 있는 조건을 제대로 갖추지 못하고 있는 일선 고교들이 국민토대교육을 위해서 헌신할 수 있도록, 재정적 역차별 지원대상 고교를 공정하고도 객관적인 기준에 의해 선별해야 한다. 현실적으로 평준화 해제를 적극적으로 반대하고 있는 집단이 경제적으로 넉넉지 못한 사회계층이라는 점을 고려해본다면, 일부 자립형 사립고교가 귀족학교로 변질됨으로써 나타날 수도 있는 교육불평등과 사회적 위화감을 상쇄시킬 수 있는 역차별 지원방안은 사회계층간의 교육적 격차를 해소시키는 안전잠금장치가 될 것이다.

학비지불보증제도로 보완하라

지금까지의 고교교육정책은 고교교육의 차별화나 경쟁이 불필요한 그런 정책이었다. 그렇지만 다른 한편으로는 대학입시를 위해 농촌과 도시 간 그리고 잘사는 사람과 못사는 사람 간의 사교육비 지출의 차이를 더욱 벌려 놓는 그런 교육정책이었다. 학부모와 학생들만이 희생해야 하는 교육정책이었다. 이런 정책은 이제부터 학교와 교사가 학생의 교육을 위해 노력하는 교육정책으로 바뀌어야 한다. 이를 위해 학교운영회의 역할과 임무를 보다 더 세분화해야 한다.

고교교육의 생산성과 학교장의 책무성을 향상시키도록 만들 수 있는 한 가지 안은 자립형 사립고교나 재정적 역차별지원 대상학교가 아닌 일반고교에게 학비지불보증제도와 같은 개혁지향적인 제도를 도입하는 것이다. 지금까지는 모든 고교에게 국가보조가 의무적이었다. 그러나 이제부터는 고교 지원방식을 바꾸어야 한다. 재정적인 역차별 지원대상 학교가 아닌 일반 각급 공립고교에 지원되는 국가의 재정적 보조를 학교당국에게 조건 없이 지원하기보다는 학생 혹은 학부모 당사자에게 주고, 그들로 하여금 학교선택을 하도록 하는 식으로 고교재정을 지원하는 것이다.

이런 학비지불 보증제도는 일부 지역별로 한시적으로 그리고 실험적으로 신중하게 실시해볼 수 있다. 다시 말해서 학생들에 학교선택권과 그에 따른 학비보조권을 주기 때문에, 학생들에게 많은 선택을 받은 학교는 그 만큼의 국가보조를 더 받는다는 것을 의미한다. 따라서 그런 고교의 학교장은 학교교육의 질 향상을 위해 그만큼의 더 충분한 재정적 지원을 받게 되는 것이다.

최악의 경우 반대의 경우도 있을 수 있다. 이럴 경우 그런 학교는 기본적인 재정적 지원 이외의 후원은 정부로부터 중단된다. 그런 학교는 학교를 살리기 위해 교사나 교육운영회는 교장초빙제와 같은 특단의 자구책을 강구해야만 한다. 이런 의미에서, 교장초빙의 대상을 굳이 현직 교원으로 제한 할 필요가 없는 것이다.

고등교육의 지방교육자치를 강화하라

자립형 사립고교의 허용으로 인한 평준화의 부분해제는 필연적으로 고교 입시를 부활시키고, 이어 과열과외를 활성화시킬 것이라는 우려를 차단하기 위해서는 두 가지 조치가 필요하다. 첫째는 대학경영의 자율화가 필연적으로 뒤따라야 한다. 둘째는 지역권별 고등교육자치의 활성화가 뒤따라야 한다.

대학의 자율적 경영이 가능하기 위해서는 첫째로 각 대학들은 신입생 전형을 위한 다양한 평가도구를 개발하고 다양한 학기제를 운영함으로써 일부 자립형 고교들로 하여금 입시교육을 할 수 없도록 만들어야 한다. 학부모들로 하여금 입시교육의 무용성을 스스로 깨닫도록 해주어야 한다. 그대신 고교로 하여금 인간교육과 직업교육을 충실히 수행하도록 요구해야 한다. 이와 아울러 셋째로, 수도권 대학의 정원규제 역시 가능한 빠른 시간 내에 철폐해야 한다. 대학정원규제로 수도권 인구를 조절하겠다는 그 발상부터가 서울의 문화를 잘못 이해하고 있는 것이다. 동시에 특례입학이나 전형도 대학 스스로 객관적인 기준에 따라 실시할 수 있도록 자율화시켜야 한다. 이런 것은 고교로 하여금 입시교육의 무용성을 드러내보이는 데 상당한 영향을 줄 것이다.

지역권별 고등교육의 자치가 정착되기 위해 필요한 보조조치로서는 무엇보다도 첫째로 목적대의 신설이나 단설전문대학의 신설을 지역별로 균형있게 안배해주는 일이 필요하다. 둘째, 각급 지역대학에게는 지역출신 고교

졸업생들에게는 입학할당제와 학비보조제를 적용해야 한다. 동시에 타지역 신입생들에게는 차등화된 학비를 지불하게 함으로써, 지방권의 대학들이 대도시 주민을 위한 교육위락지로 전락하는 것을 차단해야 한다.

그러나 이런 주거지입학 및 재정지원 정책적용은 대도시권 소재 대학에서는 예외가 되어야 한다. 현실적으로 우리 나라 대학교육은 서울과 같은 대도시권을 중심으로 성장하도록 독려받은 상태에서 기형적으로 성장해왔으며, 그 결과 고등교육기회의 불평등 현상이 심화되어왔다. 따라서 이런 고등교육접근의 제한조치는 대도시권의 경우, 지역권 고등교육의 활성화가 가능할 그때까지는 한시적으로 해제시켜야 한다.

고교장들의 학교경영능력을 향상하라

교육선진국의 사례이기는 하지만, 교장의 학교경영능력이 뛰어날수록, 고교교육의 생산성도 월등히 높다는 점을 부정하지 말아야 한다. 미국의 경우 연간 학비가 2천만원 정도 필요한 유명 사립대학 예비고교도 있다. 그러나 교육의 질만큼은 그것에 떨어지지 않는 국·공립 의무교육의 고교가 더 많다. 이런 국·공립고교의 경우 교장의 학교경영능력이 결정적이다. 그들의 학교경영능력과 개혁의지가 뛰어나야만, 그들 역시 자립형 고교 못지 않은 학교를 운영할 수 있다. 학교경영능력이 뛰어난 교장일수록 교사들과 더불어 학교 안에 여러 가지 고교교육 혁신 프로그램을 투입할 수 있다. 고교 내에 소인수 학생운영 프로그램이나, 능력있는 학생들을 끌어모으는 자석학급과 같은 특별학급이나 실험학급을 운영해야 한다.

학교장들은 인근 학교간 혹은 학군내 학교간의 교육협력조치도 강구해야 한다. 즉, 고교간의 컨서시움을 형성해서 고교 경영혁신에 관한 정보교환,

학교 교육시설의 공동활용, 전문교사 교환 등을 활성화함으로써 고교교육의 생산성을 높이는 일에 그들의 역량을 발휘해야 한다. 이를 위해서는 교감 및 교장을 위한 고교경영능력 향상을 위한 조직적이고도 대규모적인 연수와 훈련은 필수적이다. 학교현장에서 교육혁신능력이 돋보이는 교장일수록 학교운영회와 마찰없이 교사들의 교육책무성이나 고교교육의 생산성을 향상시킨다. 그래서 외국의 경우 깨어 있는 학교운영회는 자녀교육의 내실과 고교교육현장의 개혁을 위해 교장초빙제를 활성화하고 있다. 이런 일은 머지 않아 우리의 현실이 되어야 할 것이다.

평준화 해제 문제, 차별적 지원으로 해결하라

고교평준화는 해제되어야 한다. 그대신 국민 토대교육만큼은 아주 건실하게 만들어 놓아야 한다는 단서가 필요하다. 각급 고교장들에게 그들의 학교운영의 역량과 교육적 책임을 묻기 위해서라도 고교평준화는 해제될 필요가 있다. 고교평준화를 부분적으로라도 해제해야 한다는 여론이 비등해지고 있는 것도 사실이고, 차제에 인천이나 대구, 대전, 부산 등지에서는 평준화를 해제할 방침을 세워 놓고 있다. 게다가 과학고, 외국어고, 예체능고교 같은 목적고교들이 입시학원으로 변질된 상태에서 일반 고교들의 자활능력을 이런 식으로 통제할 수만도 없다. 또한 고입연합고사 경쟁률이 1:1도 안 된다는 점을 고려하면, 지금과 같은 평준화 정책은 학령인구 조류를 무시하는 구태의연한 교육정책일 뿐이다. 사실 교육선진국치고 우리처럼 고교평준화 같은 정책으로 중등교육의 발전을 억제하고 있는 나라는 하나도 없다.

교육의 세계화와 고교교육의 일류화

경영학의 입장에 있어서의 정부가 추구하는 세계화는 모든 부문에서의 최정상을 의미한다. 그래서 '세계화' 라는 말은 한국적인 조건 아래 발이 묶여 세상에 내 놓을 수 없는 것은 과감히 바꾸어야 한다는 뜻도 풍기고 있다. 어떻든간에, 무한경쟁이라는 세계화의 추세 속에서 정부, 기업, 교육이 세계 최고가 되기 위한 공격의 논리는 일류화의 추구이며, 대응의 논리는 내실화로 귀착된다. 이런 관점 아래, 대통령이 밝힌 교육세계화의 방향은 아주 분명하다. 그것은 시장경쟁의 논리에 입각한 교육의 자율과 경쟁의 존중, 교육수요자의 교육선택권 보장 그리고 학습권을 보장하는 평생학습 사회 건설로 집약된다.

그렇기에 고교의 자율과 발전을 억눌렀던 평준화 정책은 재고되어야만 한다. 다행히 교육의 세계화는, 지원없이 간섭하지 않겠다는 교육선진국형 교육정책과 궤를 같이하고 있다. 그러나 이 말이 도와주지도 않을 것이며 그래서 간섭도 않겠다는 말로 악용되어서는 안 된다. 오히려 적극적으로 도와주고, 그만큼 더 적극적으로 책임을 묻겠다는 고교교육정책으로 구체화되어야 한다. 어떻든 간에 평준화 해제는 그동안 고교의 자율성을 제한하고 있던 잘못된 관행을 교정해주는 일이며, 동시에 그동안 평준화로 제한되었던 교육수요자의 학교선택권을 보완해주는 교육개혁에 속할 것이 분명하다. 사립고교의 경우에는 더욱 그러하다. 사립고교들은 원래부터 공립학교의 건학이념과는 성격을 달리하는 교육과정을 가르치도록 허가받은 목적고교들이기에 그렇다.

차별적 지원정책 채택의 중요성

평준화 해제 희망고교 그리고 고교교육의 일류를 추구하는 고교들에게는 학생선발권을 되돌려주어야 한다. 자력적인 학교경영이 가능한 일부 공립고교들도 필요하다면 특수법인화시켜야 한다. 그들 모두는 등록금도 자율적으로 책정하고, 교육과정도 독자적으로 운영하도록 학교경영의 자율권을 갖도록 해야 한다. 외국의 고교들처럼 고교간의 교환프로그램도 독자적으로 실천할 수 있게 해야 한다. 그러나 지금까지 해오던 국고보조는 그들의 자율적 성장을 위해서라도 중단시켜야 한다. 물론, 고교교육이 국민들에게 건실한 민주시민을 키우는 국민 토대교육만큼은 공·사립에 예외가 있을 수 없다.

반면, 정부는 평준화 미해제 고교들을 역(逆)차별정책으로 보호해야 한다. 무한경쟁의 시대에 있어서 중등교육기관은 오히려 이윤추구보다는 공익을 내실있게 추구해야 한다. 정부는 경쟁할 수 있는 조건을 제대로 갖추지 못하고 있는 국민토대 교육기관을 위해서 더 과감하게 개입해야 한다. 아무도 손해를 원치 않은 상황 속에서 국가는 과감하게 공익을 위해 양보해야 하고 일시적인 손해도 감내해야 한다.

그런 의미에서 정부는 평준화 해제대상이 될 수 없는 고교들을 위해 더 적극적으로 차별대우를 실시해야 한다. 그들 학부모의 사교육비를 줄여주기 위해서라도 그래야 한다. 그들에게 자녀교육비 마련 때문에 한숨을 쉬게 해서는 안 된다. 사실 21년 전부터 실시된 고교평준화는 교육환경이나 교사능력의 상향적 평준화를 도외시한, 절름발이 정책이었다. 농촌과 도시 사이, 그리고 잘사는 사람과 못사는 사람 간의 사교육비 지출 차이를 더욱 벌려 놓은 그런 교육정책이었다.

이제는 모두가 교육세계화에 동참하면서도 국민을 위한 토대교육에 충실하기 위해서는 중등교육의 경쟁조건을 평준화시킬 수 있는 교육개혁적인 정치적 결단이 필요하다. 대학에게 보조되는 7천억원이라는 돈을 짜임새있게 줄여서라도 국민을 위한 고교교육만큼은, 대학교육이 더 이상 필요없을 정도로, 탄탄하게 육성해야 한다. 공립이든 사립이든, 대학의 흥망은 교육소비자의 구매욕구에 따라 그 운명이 결정되도록 해야 한다.

고교경영 평가제도의 입법화 필요

평준화 미해제 고교들에 대한 재정적 보조의 필요성을 사정하기 위해서는 지역사회인사, 학부모, 교사, 교수, 교육행정가들로 구성되는 시·도별 고교정책평가단의 구성이 필요하다. 동시에 학교경영 평가제도도 도입되어야 한다. 평준화 해제와 사립학교의 건학이념에 상응하는 교육 프로그램 개발과 학교경영에 대한 학교장의 책무성을 지역사회와 관계행정기관이 평가할 수 있는 학교평가제도가 입법화되어야 한다.

평가단은 학교교육환경, 교원확보율, 재정투자현황, 학교시설과 기자재의 확보 정도, 교육과정운영실태, 학교장의 학교경영능력 등을 종합적으로 평가하여 각 학교가 필요로 하는 재정적 지원등급을 결정해야 한다. 지정된 고교들에겐 등록금의 자율적 책정을 제한시키고, 그대신 보조받아야 할 등급에 따라 10년 이내에 걸쳐 차등적인 국고보조를 실시할 필요가 있다. 동시에 지역 실정에 맞는 특별교육과정을 실시하도록 유도함으로써 초급산업인력의 향토화를 촉진시켜야 한다.

동시에 그런 보호기간 동안 평가단은 역차별 평준화 해제시기를 시도 교육감에게 건의하게 하여 상당수의 고교가 향후 2000년까지는 평준화 해제 대상이 되도록 유도해야 한다. 그러나 이런 지원정책과 더불어, 대입시를 둘러싼 문제를 최소화하기 위해, 대도시의 경우에는 고교지원 범위를 학군 내로 제한시켜 입시과열을 최소화시켜야 한다. 물론, 평준화 해제 고교 수험생들의 대입 내신성적은 평준화 미해제 학교의 졸업생과 같은 방식으로 실시해, 전체 고교생의 형평을 유지시켜야 한다.

현실적으로 평준화 해제를 적극적으로 반대하고 있는 집단이 경제적으로 넉넉지 못한 사회계층이라는 점을 고려해본다면, 이런 고교평준화 역차별 적용방안은 계층간의 교육격차를 해소시켜주는 데 크게 공헌하게 된다. 동시에 평준화를 원치 않는 사학에게는 자율과 학생선발권을 되돌려줌으로써 나름대로 고교교육의 질을 높이도록 도울 수 있다. 뿐만아니라 이런 역차별 평준화 정책은 농촌이나 8학군 이외의 지역으로 교육인구의 분산을 촉진시켜줌으로써 고교서열화를 막아주는 효과도 있다. 무엇보다도 이런 역차별 평준화 정책은 고교교육의 육성을 위해 지역주민의 강력한 참여를 유도함으로써, 고교 교육과정의 지역화와 인재육성의 향토화를 도모하는 데 크게 공헌할 수 있다.

사립학교 학교운영위원회 역할, 국·공립학교와는 달라야 한다.

초·중등학교교육의 개혁을 위해 신교육개혁조치에서 취해진 노력 중의 하나는 학교운영위원회의 설치와 운영에 관한 것이다. 각급 학교의 교육자치를 촉진하고, 교육자치정신에 준해 지역주민들이나 학생들의 교육적 특성과 실정에 맞게 다양한 교육을 실시하는 데 도움을 줄 수 있도록 각급학교마다 설치, 운영될 학교운영위원회의 기능은 심의, 의결 그리고 자문 등 3가지이다. 즉, 첫째로 예산 및 결산, 선택교과 및 특별활동 프로그램의 선정, 학교헌장 또는 학교규칙의 제정 등에 관한 것을 심의하고, 교장이나 일반 교사 임면, 학교발전기금의 조성 및 사용을 결정하며, 지역사회 기부금 징수 및 관리업무를 관장하며, 마지막으로는 방과 후 교육활동의 실시여부와 그 비용을 결정, 징수하는 것 같은 여러 가지 행·재정적인 사항을 의결하며, 마지막으로 학교운영에 관한 일반적인 일에는 자문해주도록 했다. 문자 그대로 제대로 되기만 하면, 학교운영위원회는 중등교육 발전의 새로운 장을 열어줄 수 있는 기구가 되는 것처럼 보였다. 그래서 여기저기서 학교운영위원회에 대한 성격규명의 토론회가 열리곤 했다.

사학 길들이기의 전초전인가

학교운영위원회의 성격규명에 그동안의 논쟁들을 보고 있노라면, 이제는 이 운영위원회의 설치에 따라 학교가 어떻게 변화될 것인지, 학교운영위원회의 교육적 역량이 어느 정도인지를 서구 교육의 사례를 따져가며 논의하는 것은 시간낭비이다. 정말로 필요한 것은 학교운영위원회의 설치 운영에 대한 구체적인 현실적 점검들, 말하자면 학교운영위를 통해 정말로 얻어내려는 것이 무엇인가를 따져보는 것이다. 교육행정부 측의 주문을 받은 어느 교육연구소가 발표한 학교운영위원회의 구성과 기능에 관한 연구물을 접한 일선 학교장들의 기분은 불쾌하기 그지 없었다. 그 연구물을 접한 교육행정당국 마저도 자기들이 의도했던 원래의 학교운영회 구성안 그 이상으로 부풀려 놓은 그 연구소의 저의에 대해 대경실색했다는 후문들이 낙수처럼 교육계에 흘러다니고 있다. 상정된 학교운영회의 역할과 기능에 대해 가장 크게 실망한 사람들은 사학측이었다. 왜냐하면, 그 연구소가 상정한 학교운영위 구성에 관한 제안은 사립학교로 하여금 학교운영위원회를 적극적으로 설치 운영하도록, 말하자면 운영 설치가 강제규정임을 암시하고 있으며, 그럴 경우 사학 역시 국·공립학교 설치원칙에 따르도록 강요했기 때문이었다. 게다가, 학교운영위원회 위원으로 교육청과 같은 교육행정기관 요원을 반드시 포함시키도록 사족까지 달았다. 이에 대해 사학은 학교운영위원회를 통해 사립학교를 행정부의 의도대로 길들여보겠다는 의도로까지 오해하기에 이르렀다.

사학의 경우, 왜 달라야 하나

원래 사학들은 학교운영위원회의 설치 운영이 교개위가 제안한 대로 학교발전의 한 계기가 될 것으로 믿고 학교운영위의 설치를 적극적으로 검토했다. 왜냐하면, 교개위는 사립학교의 경우, 학교운영위원회의 기능을 학교운영 전반에 걸친 자문에 국한시키기로 했으며, 필요하다면 학교운영위원회가 학교교육을 위해 학교발전기금을 설치 운영할 수 있게 함으로써, 사학발전의 기폭제가 될 수 있다고 믿었기 때문이다. 그러나 이런 교개위 안은 이곳 저곳을 떠돌아 다니면서 오염되기 시작했고, 잘못하다가 사학은 학교운영회 때문에 꼼짝달싹도 못하는 신세가 될 것이라는 불안감마저 주게 되었다.

사립중등학교들은 그 연구소가 강조한 학교운영위원회의 의결기능이 사학에는 절대로 적용될 수 없다는 분명한 법적인 근거들을 내세운다. 그중에서 가장 중요한 근거들로서 사립학교와 국·공립학교 간의 설립에 관한 법적인 차별성을 들고 있다. 첫째로 사립학교는 국·공립학교와는 달리 학교법인이 설립하고, 그 학교법인은 이사회가 운영한다. 법인 이사회는 사립학교의 운영수체이다. 따라서 학교법인의 행·재정과 관련된 행위는 이사회의 고유 업무가 되며, 이사회를 구성하는 이사들과 감사들은 학교 외적으로는 학교법인을 대표하는 사람들이며 학교의 내적인 일을 집행하거나 의결할 때에는 최종의 권한과 책임을 지는 사람들이다. 사립학교법 제16조, 29조 그리고 31조들은 사학의 성격을 아주 분명히 드러내보이고 있다. 즉, 사학을 대표하는 학교법인의 예산과 결산에 관한 사항은 이사회의 고유한 심의·의결기능이며(16조 1항 1호), 학교에 속하는 회계의 예산은 당해 학교의 '예산·결산 자문위원회'의 자문을 얻어 학교의 장이 편성하여 학교법인 이사회가 심의, 의결하도록 했다(29조 4항). 동시에, 회계의 결산은 매 회계년도 종료 후, 예산·결산 자문회의 자문을 거치도록 규정(31조 3항)해 놓고 있다. 결국, 첫번째 결론은, 학교재정에 관한 심의, 의결기능은 학교법인의 고유기능이라고 명시해 놓고, 동시에 학교운영위원회로 하여금 학교 예산 및 결산을 심의할 수 있게 하는 것은 사립학교법과 정면으로 대치되는 일이라는 점이다.

　둘째로, 사립학교는 사립학교 설립자의 건학이념에 따라 교육하도록 세워진 학교이다. 사립학교의 건학이념을 실천할 수 있도록 하기 위해, 사립학교법은 사립학교의 장과 임원의 임면에 관한 사항 역시 이사회가 갖는 고유의 심의, 의결사항이라고 규정하고 있다. 즉, 각급 사립학교의 장은 해당 학교를 설치한 학교법인 또는 사립학교 경영자가 임명하도록 하도록 규정했다(53조). 동시에 학교장이 아닌 일반 교사의 임명은 해당 학교장의 제청으로 이사회의 의결을 거쳐야 하며(53조 2항), 학교의 장을 제외한 교원의 인사에 관한 주요 사항은 학교에 설치된 교원인사위원회에서 심의하도록(53조 3항) 규정했다. 결국 두번째 결론은, 사립학교의 건학이념에 관한 것뿐만 아니라, 교장이나 일반교원 임면에 관한 심의, 의결기능이 학교법인의 고유기능임을 법률적으로 인정하면서도, 학교운영위원회로 하여금 학교장이나 교사들의 임면문제를 심의, 의결하도록 하는 것은 사립학교법을 휴지로 만드는 일과 별 차이가 없다는 점이다.

　상황이 이렇게 처참함에도 불구하고, 사학재단들이 일개 연구소가 제시한 사학길들이기안에 대해 강력하게 제동을 걸지 못하는 속사정이 있다. 그것은 뭐니뭐니 해도 사학재단의 영세성에서 비롯된다. 사학의 어려운 사정을 몰라서 하는 소리가 아니다. 이 세상에 공짜는 없다. 그 어떤 재정적 도움이든 그런 도움에는 간섭 그리고 통제의 고리도 같이 곁들여지게 마련이다. 현실적으로, 사학법인의 재정적 자립도는 형편없다. 법정부담금이나 학교운영비 전액을 제대로 부담하는 학교법인은 하나도 없으며, 법정부담금 전액을 부담하는 법인역시 전체 법인 중 19.6%에 지나지 않는다. 학교운영비를 일부 부담하는 법인은 고작해서 1.2%일 뿐이다. 그러니까 대부분의 사학이 말로만의 사학인 셈이다. 실제로 이들의 정부보조금 의존율은 46.8%이다. 재정적 의존규모가 3천6백억원에 이르고 있는 상황에서 사학이 정부의 통제를 벗어나려고 노력하는 그것이 가엾기만 하다.

중등교육의 개혁을 완성하려면

그래서 더욱 사학에게 자율권을 주어야 한다. 사학에게 있어서 학교운영위원회의 설치와 운영의 기본지침문제는 교육개혁위원회 정신으로 되돌아가야 한다. 왜냐하면, 이번의 교육개혁안은 교육도 살리고, 사학도 살리려는 드높은 교육개혁정신이 드러나 보이기 때문이다. 사학에 있어서 학교운영위원회 설치문제는 사학 설립자의 학교경영방침을 충분히 존중하면서 학교운영위원회의 설치를 권장하되, 학교운영 전반에 관한 자문기구로 두어야 한다는 사학의 현실을 충분히 직시한 교육개혁위원회의 제안은 진지하게 존중되어야 한다. 아니면, 사립학교의 경우, 그 설치기준이나 운영지침이 국·공립학교와는 질적으로 다르게 연구되어야 한다. 사학에 적용될 수 있는 학교운영위원회에 관한 새로운 방안은 그 얼마든지 있다. 연구하는 자세와 타성이 문제가 될 뿐이다.

사학의 교육경쟁력을 기르기 위해서는 소극적인 의미에서의 학교행정보다는 적극적인 의미에서의 학교경영이 필요하다. 이런 이유 때문에, 서구에서는 사학을 사립학교라고 부르기보다는 독립학교, 즉 인디펜던트 스쿨(Independent School)이라고 부르고 있다. 사학이 사학답게 학교경영을 제대로 하기 위해서는 자질구레한 정부 교육행정으로부터 독립되어야 한다는 뜻을 명칭에서부터 분명히 하고 있다. 그렇다고, 정부가 이들 사학에 재

정적 지원을 금지하고 있는 것은 아니다. 단지, 프로그램별로 사학을 도와
주고 있다는 그것만이 다르다. 우리 교육이 마땅히 본받아야 할 사학육성
정책이다.

교육감 선출, 근본적으로 바꿔야 한다

서울시 교육감 선출과정이 마침내 그 치부를 드러내고 말았다. 서울시 교육감 선출과정에서 역시 수억원대에 이르는 금전수수 문제가 온 교육계를 뒤흔들었다. 이런 파문에 관한 당사자들의 말에 따르면 이런 일은 어쩔 수 없는 것 같다. 즉, 교육감 선출에 있어서, "후보등록과 소견발표가 없는 선거는 물밑 접촉 이외에는 선거운동방법이 없기 때문에 여러모로 부작용이 돌출될 수밖에 없다"는 것이다. 이번에 교육감으로 당선된 당사자의 말을 곰곰이 되씹어볼 때, 교육감 선출과정에 엄청난 일들이 뒤엉켜 있음을 감지하게 만든다.

우리가 이런 치부에 대해 관심을 갖는 것은 그 무슨 특정 지역의 교육감 선출의 하자를 시시콜콜히 논하자는 것도 아니고, 문제가 되는 당사자들의 은퇴를 주장하려고 하는 것도 아니다. 이런 일은 당사자 본인들이 알아서 할 일이다. 현실적으로 정도의 차이는 있지만, 각 시도별 교육감 선출과정이 깨끗하게 끝난 적은 별로 없는 것으로 드러났다. 이런 것을 그냥 놔두었다가는 우리 교육의 꼴이 말도 안 되게 추락할까봐 우리 스스로 교육감 선거에 경계를 하고자 하는 것이다. 자라나는 어린 학생에게 귀감은 못되더라도, 교육자들이 그들을 오염시키지는 말아야 할 것이다.

교육감 선출의 과정을 가만히 살펴보면, 마치 이것은 정치권에서 보는 식의 보스중심의 선거임을 알 수 있다. 지역별로 서로 갈라져 몰표를 주는 현상이 바로 그것이다. 혹은 25명의 교육위원들이 마치 계꾼처럼 이리저리 작당하는 것도 바로 그것이다. 자기가 자기에게 자기표 찍어야 당선되는 것이 바로 현재의 교육감 선거이다. 이런 교육감 선출과정을 놓고 교육위원의 자질이 어떤지 따지는 것도 해답은 되지 못한다. 교육위원의 자질 여부에 관계없이 현행 교육감 선출방식 그 자체가 문제투성이기 때문이다.

교육감 선출 개선책을 관계기관에서 여러 가지 방식으로 내 놓고 있어 교육감과 교육위원 선출방식이 달라질 것이다. 즉, 능력의 검증도 없이 누가 누군지도 모르는 식의 교황 선출방식의 교육감선거를 입후보방식으로 바꾸는 일도 해봄직하다. 교육감 선출에 투표권을 행사하는 교육위원입후보자의 전문경력을 높이거나 혹은 현직 교사들에게도 피선거권을 보장하는 방안도 수용할 만하다. 혹은 선출된 교육감과 교육위원간의 갈등이나 마찰을 피하기 위해, 선출된 교육감에게 교육위원 겸직을 허용하는 방안도 채택해볼 만하다.

그러나 이런 방식의 부분적인 개선으로는 우리교육의 장래를 책임질 만한 교육감을 선출해내기가 어렵다. 시·도의 교육을 책임지는 교육감을 선출하기 위해서는 교육감의 역할과 권한에 합당한 선출방식으로 개선되어야 한다. 교육감을 주민직선으로 선출하는 것이 잡음을 없애는 가장 최선의 길이다. 시·도민에게 교육행정 전문가로서의 역량을 검증받을 수 있을 뿐만아니라, 주민에 의한 선출된 공인으로서의 권위를 다함께 행사하게 하는 방법이 바로 주민직선이다.

현행 방식의 교육감선출에 있어서 두번째로 진지하게 생각해보아야 하는 것은 교육위원의 자질문제이다. 교육위원의 자질과 교육전문성을 높이기 위해서는, 어느 교원단체가 주장하는 것처럼, 교육·학예분야의 사설학원 경영자 같은 사람들은 교육위원 겸직이 금지되어야 한다.

마지막으로, 현재와 같은 25명의 교육위원 중 5명 정도는 교육계 여성전

문인력으로 할당, 배정하는 일이 필요하다. 현재의 교육위원회는 남성중심
으로 운영되고 있어, 여성인력의 발전에 제대로 기여하지 못하는 것도 사
실이다. 교육현장에 실질적으로 영향력을 행사하는 여성전문인력이 실질적
으로 교육위원으로 일하거나, 교육감으로 일하게 될 때, 한국의 교육은 또
다른 새로운 전기를 맞이하게 될 것이다.

교육의 성차별, 그냥 놔 둘 문제 아니다

여성의 능력을 비하하는 교육계의 성차별 관행에 강한 제동이 걸리기 시작했다. 고교진학에 있어서 여학생 차별이 사회문제가 되었다. 사실은 벌써 해결되었어야 할 교육계 문제들이었다. 고입선발고사 점수가 남학생보다 높았지만 여학생 수용능력 때문에 불이익을 당한 경우가 올해만의 문제가 아니었다. 우리 나라에서는 이런 교육의 성차별이 일선 교육행정에서는 묵인되고 있다.

여성의 능력비하문제는 채용부터 일선 기업의 승진문제에 이르기까지 하나의 벽이다. 교육적으로 처리되어야 할 문제들이 어른들의 인습 때문에 가장 비교육적으로 처리되어왔다. 교육행정기관은 이 문제가 몰고올 사회적 파장을 잘 알고 있으면서도 그럭저럭 잘 버텨왔다. 그러나 임기응변으로 모든 게 잘 풀려나갔던 교육행정의 안일한 일처리에 마침내 꼬투리가 잡힌 것이다. 마침내, 교육적 성차별의 문제는 교육행정기관의 손을 떠나 사회문제로 확대되었다.

교육행정의 인스탄티즘 불안하다.

학부모들이 격렬하게 항의했다. 여학생들이 남학생들보다 무려 20점이나 높은데도 고등학교 입학에서 낙방한 것은 교육의 기회균등원칙에 어긋난다는 것이었다. 여성단체협의회에서도 치고 나섰다. 여학생 낙방처사는 성차별적 교육관행으로서 평등권을 저해하는 행위라는 비난이었다. 행정

쇄신위원회 역시 남녀학급 불균형문제를 위헌감이라며 거들었다. 이 일이 터진 처음, 일선 교육행정기관은 관행대로 퉁명했다. "여학생 수용능력 부족 때문에 생긴 문제인데 뭘 그리 난리냐"는 식이었다. 그러나 사태는 악화일로였다. 발빠르게 교육부가 나서서 적극적으로 해결방안을 제시해 불은 꺼진듯 했다. 그러나 여기저기서 아직 반발이 거세 불안하기마저 하다.

교육문제가 교육행정기관의 능력으로 미리미리 처리하지 못한다는 교육부의 치부이다. 이것은 별로 중요한 사안이 아니다. 아직까지도 교육행정의 인스탄티즘(Instantism), 말하자면 교육행정의 편의주의 같은 것이 한국 교육계에 통용된다는 것이 더 문제이다. 여학생 학급당 학생수를 한 명이라도 더 늘려 학생들을 받으면 될 것 않이냐 하는 식의 간편주의 교육행정은 또 다른 교육관행을 낳게 한다. 학급당 학생수를 한두 명 더 늘려서 교육문제가 해결될 양이면, 교육계는 천국처럼 편안할 것이다. 학급수를 늘리고, 학급을 신설하는 식의 약방문으로 당장은 위기를 모면한다고 해도, 교육행정의 007은 무장해제되어야 한다.

여성 교육감이나 부교육감 필요하다.

한국교육을 바라보는 교육행정가의 시각에 교정이 필요하다. 우선 먼저, 교육의 성차별정책으로 여성의 능력을 비하하는 잠재적인 생각부터 개안해야 한다. 우리 교육행정에는 평등교육에 대한 교육철학이 빈곤하다. 평등교육의 행정이 바로 서지 않고서는 성차별의 교육적 관행은 바로잡히기 어렵다. 남성인력의 능력을 발전시켜야 한다는 강박감 아래 여성인력의 능력을 저당잡히는 관행은 시정되어야 한다. 이런 일을 위해 이제는 여성 교육감의 등장이 필요하다. 당장은 각 시도위원회의 부교육감으로 여성으로 임명하는 일부터 시작해볼 만하다. 교육계에서 여성인력 비율이나 그들의 능력으로 보아 이런 결정은 빠를수록 좋다.

둘째로, 실업교육에 대한 정책을 바꾸어야 한다. 현재 우리 교육계의 실업교육정책은 아직까지도 농경사회와 산업사회 중간 그 어느 지점을 마냥 헤매고 있다. 정보사회중심의 4차산업 사회의 교육과는 거리가 멀다. 아직까지도 인문계와 사회계를 가르는 방식부터가 구태의연하다. 실업교육이나 직업교육을 인문계 낙방생들을 위한 구제교육으로 보는 인식부터가 잘못이다. 지금의 작업노동시장은 실업계와 인문계의 구분부터 거부한다. 이제부터는 학부모들이 실업계 고교에 자녀를 보내고 싶어하지 않는다는 현실부터 인정하는 실업교육정책이 필요하다. 이를 위해서는 실업계 고교에 대한 유인가를 높이는 일부터 시작해야 한다. 실업계 고교에 대한 지원을 엄청나게 증가해야 한다. 교육선진국, 직업선진국에서 취하는 실업교육정책이 바로 이렇다. 인문계고교에 진학하는 것이 실업계보다 별 이득이 없거나 심지어는 손해일 정도가 되어야 한다. 이것이 생업현장에서 드러나게 하면 된다. 이것이 바로 삶의 질을 높이는 교육정책의 일환이다.

마지막으로 우리 교육의 병폐는 점수차이 행정 혹은 편차치 행정인데, 그 모든 것을 점수차로 가르면 된다는 점수만능주의 평가정책은 이제 바꿀 때가 되었다. 여학생 고교차별입학 문제도 남녀 학생간의 총체적 능력차이보다는 점수 높낮이 차이로 학생의 능력을 갈라온 관행에서 비롯된 것이다. 우리 기업들은 점수 차이로 개인의 능력을 저울질하는 관행을 빠른 속도로 폐기하고 있다. 지금 이 시대는 점수보다는 개인의 특기를 요구하고 있기 때문이다. 외국어 시험에서 100점을 받은 사원들도 실용회화에서는 쓸모없는 0점 짜리들인 현실을 직시한 일본의 기업들은 사장 이하 전사원에게 영어시험을 새로 보는 일부터 시작하고 있다. 남의 일로 넘겨버리기에는 너무도 아까운 우리의 가슴에 와닿는 이야기이다. 늦었지만 우리 교육행정도 남녀 개인의 능력을 총체적으로 알아볼 수 있는 포트폴리오 평가를 개발해야 할 것이다.

2

이제는
모판을 바꿀
차례이다

아동교육을 잘하려면 이제는 모판을 바꿀 차례이다/ 한국인의 교육열과 과잉교육/ 노벨상을 원하거든 교실수업부터 바꿔라/ 초·중등교육환경 재개발에 집중적으로 투자하라/ 이중언어교육, 어린이에게 해될 것 없다/ 월반과 조기진학제 실시의 문제점과 과제/ 인천의 지역고교생 입학금 면제와 인재의 향토화/ 보통 학부형이라 학교가 밉소/ 교육평가의 인간화가 필요하다/ 학교마다 운동장 헐어내자/ 교장선생님! 힘내세요/ 교실에서 칠판을 떼어내자

아동교육을 잘하려면, 이제는 모판을 바꿀 차례이다

미래지향적인 아동교육의 운명은 가정교육보다는 학교교육에 달려 있다. 미래의 아동교육을 살리려면, 교육제도부터 아동의 미래에 맞게 개혁해야 한다. 이 말은 아동교육에 있어서 부모의 역할이나 가정교육이 학교교육보다 덜 중요하다거나, 그것의 교육적 힘이 아동교육에 있어서 미약하다는 뜻이 아니다. 오히려 그 반대로 보아야 한다. 이런 명제는 강문회 교수가 제시한 미래 아동교육의 과제가 성취되기 위해서는 무엇보다도 아동을 위한 학교교육이 이 지경의 빈사상태에 머물러서는 안 된다는 뜻에서 제기된 것이다.

아동학자들은 우리의 가정들이 2000년대를 앞두고 해야 할 아동교육의 과제로서 1) 창의적이고도 독립적인 인간상 길러내기, 2) 국제화에 대응하는 아동교육, 3) 자아실현을 도모하는 아동교육, 4) 민주시민의식에 투철한 아동상, 5) 통일과 미래의 안목을 구비한 인간교육을 제시하고 있다. 각 가정이 미래의 아동들을 위해 수행해야 할 과제로는 상당히 창의적인 과제들이다. 각 가정에서 아동교육 전문가들의 처방대로 따라올 수 있을지 미지수이기는 하지만, 한번 의욕적으로 해볼 만한 과제들이기는 하다. 그럼에도 불구하고, 이런 아동교육의 과제들이 효과적으로 성취되기 위해서는 가정의 힘만으로는 벅찰 것이 분명하다. 왜냐하면 신세대 학부모들은 지금의 구세대가 주장하는 식으로 아동들을 키워낼 것 같지 않기 때문이다. 자식의 수가 하나나 둘로 제한되어서 그런 것이 아니라, 살아가는 방식이 우리와는 다르기 때문이다.

첫째, 컴퓨터 정보를 소비하는 세대이기 때문에, 양육방식마저도 '전산화(computerized)' 될 것이다. 즉, '아동양육에 관한 통일된 정보 속에서도 각 가정별로 차별화된 아동교육이 각 가정 나름대로 실현될 것이다.

둘째, 가정교육의 방식은 부부의 수만큼이나 다양하고 복잡하게 나타날 것이다. 따라서 어느 특정 방식의 가정교육을 모든 가정들이 본받아야 하는 모범 가정교육으로 내세우기도 꽤나 힘이 들 것이다. 자라온 배경과 양식에 따라, 아동의 가정교육방식이 다를 수밖에 없고 또 그것이 정상적이다. 남의 가정교육은 단지 내 아이의 교육을 위해서 참고가 될 뿐이지, 모범정답은 될 수 없다. 어쩌면, 텔레비전을 통해 방영되는 가정들의 유형이 더 모범가정으로 선호될 것이다. 이런 조짐은 미국의 만화 변천사를 통해 묘사된 미국의 가정교육에서도 잘 나타나고 있다. 가정교육의 대명사로 소박한 가정을 그려주던 '블런디' 식의 가정으로부터, 신세대식의 자유분방한 가정의 대명사인 '심슨(Simpsons)' 혹은 '니켈레디온' 가정문화로 변화되고 있다.

셋째, 무엇보다도 중요한 것은 가정교육의 힘은 끝내 학교교육의 힘을 이길 수가 없기 때문이다. 한 아동이 가정에서 제아무리 잘 배워왔다고 하더라도 그것의 효과가 학교교육에 의해 얼마든지 훼손될 수도 있고, 혹은 그 반대로 더 잘 키워질 수도 있다. 예를 들어, 불교식의 창의적인 방법으로 불교가정에서 교육받은 아동이 기독교식의 창의적인 교육방법을 강조하는 교사에 의해 그 아동은 교육적으로 훼손당할 수도 있다. 그 반대 종교의 경우도 마찬가지이다. 어릴 적 천재가 유치원 학교에 다니기 시작하면서부터 조금씩 망가지고, 고교시절에는 아주 망가져버렸다는 예는 우리 주위에서 쉽게 찾아볼 수 있다.

　우리 모두가 우리의 아동교육이 잘 되기 위해서는 현재의 학부모 의식에 문제가 있으며, 그런 교육의 문제가 무엇인지도 잘 알고 있다. 그런 학부모들이라 그들 스스로 교육에 대한 의식개혁의 필요성도 절감하고 있다. 그런데도 고칠 생각은 하지 않는다. 실제로 뭐 하나 시원스럽게 고쳐지지도 않는다. 이렇게 되는 데에는 중요한 이유가 있다. 간단히 이야기하면, 학부모가 자기 자녀교육에 걸고 있는 교육관의 생명이 약 13·4년 정도에 지나지 않기 때문에 그렇다고 볼 수 있다. 자녀가 대학만 들어가면, 더이상 자녀교육은 거들떠 보지도 않는다. '이제는 대학갔으니 놀아라' 라고 그들의 교육을 끝내버린다. 의식개혁, 이미 해방 후 45년 간을 외쳐본 소리이다. 앞으로도 이런 소리에는 학부모가 귀를 기울이지 않을 것이 분명하다. 그러나 학부모의 교육의식개혁은 매우 중요하다. 그리고 아동교육을 위한 학교제도의 개혁도 중요하다.

　학부모 스스로 아동교육에 관한 학부모 의식개혁의 필요성을 절감하고 있는데도 실제에 있어서는 그 아무것도 고쳐지지 않을 때 결정적으로 의식개혁에 박차를 가하게 만드는 것이 바로 제도의 개혁이다. 학교교육제도의 개혁이 학부모의 교육의식을 개혁하는 것이다. 학교제도에 결정적으로 힘을 가하면, 학부모의 의식은 자연스럽게 개혁될 수 있다. 교육선진국의 아동교육개혁사례들, 바로 그 사례들은 우리에게 부모의 교육의식개혁에 '억지춘향이식' 으로 압력을 가하기보다는 자연스럽게 아이들이 자라나고 뒹굴고 있는 모판을 새롭게 바꿔보라고 충고하고 있다. 그렇게 한빈 해보일 때가 바로 지금이다.

한국인의 교육열과 과잉교육

　교육열은 사회진출의 힘이다. 그래서 교육열은 출세욕으로 해석해도 무방하다. 자녀들이 성인이 되었을 때 경제적으로 잘 살 수 있으며, 사회적으로 명예를 얻고, 정치적으로 권력을 잡을 수 있도록 만들어주고자 학부모들이 추구하는 교육적인 수단이며 정신적인 지원이 바로 교육열이다. 교육열의 구체적인 표현양식은 학부모들의 사회경제적 지위에 따라 서로 다르게 나타난다. 그러나 대학교육을 사회진출의 수단으로 삼고 있다는 데에는 교육열의 지향점이 서로 같다.

　상류층의 학부모일수록 자녀의 출세요건으로, 해외유학을 당연시한다. 자녀들의 석사, 박사학위 취득 역시 당연한 것이다. 중산층은 자녀들이 일류 대학에 들어가는 것이 인생의 성공을 결정한다고 본다. 그래서 일류 대학에의 입학 여부에 가정의 운을 걸어가며 조바심한다. 마지막으로 하류층은 자녀들의 교육에 막연한 기대를 갖고 있다. 2년제 전문대학이라도 자녀들이 들어가면 그것 자체가 인생에서 다행한 일이라고 여기게 된다. 상류층, 중산층, 하류층 할 것 없이 모두가 교육에 각기 서로 다른 일말의 기대를 갖고 있고, 그것이 자녀의 사회적 진출에 어떤 형식으로든 결정적인 도움을 주리라고 믿는다. 그래서 교육열의 힘은 종교보다도 뜨겁고, 소심줄보다도 질기다. 교육열이란 개인에 따라 다르기는 하지만 사회적으로는 수익성도 높다. 그런 수익성을 보장해주는 출세보장의 도구로서 학교교육, 그중에서도 일류 대학이 선호된다. 그래서 대학입시에 대한 국민적 관심은 늘 달아오르게 마련이다.

교육열은 무엇으로 형성되는가

교육열은 대체로 네 가지 이유 때문에 끓어오르고 있다. 첫째, 입신양명 적인 교육관으로 대표되는 우리 교육의 문화적 전통 때문이다. 조선조 500 년 동안 우리 교육을 지배해온 유교정신에 터한 숭문주의는 교육이 출세의 도구임을 극명하게 드러내준다. 가족구성원 중 어느 한사람의 출세는 전체 가문을 빛내는 일로 간주된다. 둘째, 자본주의 사회의 이데올로기인 전문 가 우대주의 역시, 해방 이후의 우리 사회를 학력주의 사회로 변질시키는 데 그 공이 크다. 급격한 사회적인 변동과 각 분야에서 요구되는 전문적인 지식과 기술들은 고급인력의 배출을 요구하였다. 이것은 곧바로 대학인구 의 팽창을 촉진시켰다. 학교교육을 통해 사회이동이 용이해지자, 취업시장 의 질서는 학력에 바탕을 둔 고용으로 바뀌었고 이것은 다시 개인의 능력 과 실력에 대한 객관적인 평가를 요구하게 되었다. 개인의 능력을 사회적 으로 인정해주는 증표로서 학교교육, 특히 대학교육의 졸업장이 그 진가를 인정받자, 대학교육에 대한 수요와 대학진학을 위한 교육열은 폭발적으로 가열되기 시작했다. 셋째, 전통적인 신분질서가 해체되고 그 자리에 일류 집단에의 소속의식과 집단의 사회적 위신이 새로운 사회적 신분질서로 들 어서자, 사회적 지위에 새로운 서열이 생기기 시작했다. 일류 고등학교, 일 류 대학, 일류 기업에 소속하는 일 자체가 새로운 신분을 획득하는 과정으 로 이해되었다. 일류 고교로의 진학은 일류 대학에의 입학을 보장하게 되 었다. 일류 대학의 졸업은 일류 기업으로의 취직을 보장해주는 사회적 신 분의 유통망(social network)으로 이용되었다. 이것 역시 대학교육에 대한 엄청난 수요를 창출했다.

마지막으로, 지금과 같은 출혈경쟁을 부추기는 교육구조 자체가 교육열을 부추기는 원인이 되고 말았다. 대학입시가 지금과 같이 필요이상으로 치열한 경쟁구조를 갖게 된 것은 교육열의 원인이라기보다는 결과에 속한다. 교육열이 교육으로 하여금 사회적 수요에 대응하도록 만들어 놓은 자연스런 결과이다. 교육열을 끓어오르게 만드는 데 현재의 교육구조가 기여했다는 점은 우리가 택하고 있는 학제로부터 연유된 것이다. 해방 이후 처음으로 이 땅에 이식된 단선형 학제 자체에 근본적인 문제가 있었다. 단선형 학제는 다양한 사회적 요구나 취업으로의 진출을 보장하는 학제라기보다는 상급학교로의 진학과 입학을 일차적인 목표로 삼고 있는 엘리트선발 교육체제였다. 이 단선형 학제는 우리 사회가 갖고 있는 숭문주의적인 욕구를 충족시켜주었다. 그러나 이제는 더이상 변화된 사회구조에 부합되는 학제는 아니다.

교육열, 무엇으로 치유해야 하나

교육열 그 자체가 문제일 수는 없다. 교육열이 없으면, 국가경제발전이나 사회발전은 더디게 된다. 경제적으로 어려운 나라일수록 국민들의 교육열은 식어 있기 마련이다. 그래서 교육열 그 자체를 무턱대고 단죄할 수는 없다. 교육열을 관리하는 방식이 문제가 되면 교육열 그 자체가 사회적으로 문제가 되기 마련이다. 지금까지 교육열이 문제가 되었던 것은 교육열 관리방법이 잘못되어 있었기 때문이다. 원자핵을 잘 관리하면 엄청난 에너지를 얻게 되지만, 그 반대로 그것을 잘못 관리하면 원자병에 걸리는 피해를 보는 것과 같은 그런 이치이다. 우리 사회에서는 교육열이 이미 교육병으로 변질되었다. 그래서 문제가 더욱 심각하다. 교육열 때문에 과잉교육 현상이 암세포처럼 각처로 번지고 있다. 과잉교육현상이란 '직업시장에서 요구되는 것 이상에 이르도록 교육을 쓸데없이 많이 받아 낭비하는 사회적 현상'을 말한다.

교육열 때문에 과잉교육현상이 초등교육, 중등교육, 대학교육 그리고 사회교육에 이르기까지 무차별적으로 번지고 있다는 것은 3가지 뚜렷한 사회적 징후로부터 잘 읽어낼 수 있다. 첫째는 대학을 졸업했음에도 불구하고, 투자한 대학교육비만큼의 수입을 보장받고 있지 못한 취업자들이 얼마든지 있는 현실이다. 둘째는 학력의 인플레이션 현상으로부터 찾아낼 수 있다. 고학력이라는 말 그 자체는 이미 한 직업에서 일반적으로 요구되는 기본학력보다 필요 이상으로 엄청나게 학력이 부풀어 있는 현상을 의미한다. 백화점에서 일하는 승강기 안내양의 실제 평균학력이 대졸일 경우, 이것은 학력 인플레이션의 한 예로 해석해도 무방하다. 마지막으로, 과잉교육현상은 '노동과 개인이 지닌 기술활용 간의 괴리' 현상으로부터도 잘 발견된다. 이것은 자기가 학교교육을 통해 익힌 기술이나 지식을 제대로 활용해보지도 못하고 사장시켜버리는 것이다. 대학에서 교육학을 배웠는데 실제로는 일생 동안 서비스 업종에 종사함으로써 자기의 전문지식과 기능을 사장시키는 예가 바로 이런 것에 속한다. 교육열은 과잉교육으로 이어지고, 이것은 교육낭비를 낳게 된다. 결국 우리 사회에서 들끓고 있는 교육열은 국력의 낭비로 귀착되고 있다.

교육열을 온전히 보관하는 일이 필요하다. 이것을 위해서는, 시간이 걸리더라도, 지금까지 지적한 문제원인군의 고리를 차단시키는 수밖에는 없다. 무엇보다도 귀속주의적인 사회이동보다는 개인의 능력과 재능이 인정받는 사회적인 파토스(Pathos)가 필요하다. 이것을 위해서는 기업체의 고용관행이 개인 능력선발 위주로 바뀌어야 한다. 이런 고용관행이 기업체에 정착되도록 노동관계법에도 손질을 가해야 한다. 마지막으로, 엘리트 진학을 위한 지금까지의 교육제도인 단선형 학제를 모든 사람이 자기의 능력에 따라 출세할 수 있게 만들어주는 다선형 학제로 바꾸어야 한다.

노벨상을 원하거든 교실수업부터 바꿔라

우리 중등교육이 이대로 가다가는 노벨상이고 뭐고 헛구호나 되고 말 것이다. 아직 절망할 일이 아니라고 우기는 사람도 많다. 영재들만을 가려 뽑아 교육하는 특수목적고들을 보니 그렇다는 얘기이다. 과학고의 경우 한 학년 180명 가운데 80%가 아이큐 155짜리 영재들이다. 국내 각종 경시대회의 입상자들도 수두룩하다. 그래서 21세기의 한국이 이들의 손아귀에 잡혀 있는듯한 느낌도 든다. 바야흐로 수만명의 평재보다는 1명의 영재에 국운을 거는 교육을 보는듯 하다.

정말로 하기 싫은 이야기

그러나 이런 목적고교들이 설립취지와는 어긋나게 최상급 입시교육기관으로 유명해지고 있다. 일반고 교장들은 본고사 실시를 반대하는데도 이들은 아랑곳하지 않는다. 본고사 실시가 더 유리하기 때문이다. 졸업생 전원이 일류 대학에 합격하기 때문만이 아니다. 수업방법이 입시에 적중하고 있기 때문만도 아니다. 내신성적 산출에 국가적인 혜택이 있어서만도 아니다. 이런 목적고들이 대입준비교로 떳떳하게 자리잡혀가고 있기 때문이다. 이래서 학부모와 교사들이 손가락질을 당하고 그래서 노벨상이 요원하기만 하다. 그동안의 우리 입시교육을 생각하면 노벨상을 탔어도 수십번은 탔어야 했을 것이다. 지난해 노벨상 수상 역시 미국인들이 휩쓸었다. 미국의 중등교육은 허술할 뿐만 아니라 허점도 많다. 그래도 노벨상을 받게 만든 교육적 토대가 그곳임을 누구도 부인하지 못한다. 이유는 간단하다. 교실수업이 실하기 때문이다. 학생 개개인의 능력을 최대한 발휘하도록 만드는 현장중심적인 수업을 하기 때문이다. 평재들마저도 노벨상에 도전하게 만드는 알찬 교실수업, 바로 그것이 노벨상을 타게 만든다. 한 반에서 5명의 대입준비생을 위해 60여 평재들의 교육을 엉망으로 만들도록 허가받은 우리의 교실수업, 그것으로 노벨상은 어림없는 일이다.

그런 교육 끝낼 때이다

고교교육을 회생시키는 개혁안의 하나로 5공 때의 교육개혁안을 꼽을 수 있다. 이 개혁안에서는 국가경쟁력 강화라는 용어 자체가 생소했다. 그대신 교과서 개편이나 교육과정 개편작업 같은 것들에 무게중심이 쏠려 있었다. 문민정부 이후 여러 가지 아이디어들이 만발하고 있다. 어떤 학부모들은 특수 목적고를 더 세워야 한다고도 한다. 또 어떤 입시학원장들은 국영수중심의 고난도 본고사만이 영재를 살리는 길이라 한다. 모두가 장삿속으로 하는 소리이다. 이 모두가 나름대로 논리를 내세우지만 교육경쟁력을 강화하기에는 부적합하다. 특수고교는 교육기회의 확대를 위해 더 설립되어야 할지도 모른다. 그러나 목적고 설립과 국가경쟁력 배양과는 별개의 문제일 수도 있다. 영재학교를 수없이 세웠던 소련의 교육은 국가재정의 낭비로 끝나버렸다. 고난도 본고사를 치르게 하는 일 역시 교육경쟁력과는 거리가 멀다. 본고사는 기껏해야 학생들의 합격 불합격을 위한 판정수단일 뿐이다. 대학본고사 시절 유명대학의 수석 입학생들 중 단 반 명이라도 노벨상 후보감으로 거론되었다는 말을 들어본 적이 없다. 이제 그런 도토리 키재기식 경쟁교육은 그만 둘 때이다.

어른보다 애들을 살려내라

중등교육의 개혁은 돈이 덜 들면서도 혁신의 효과가 큰 것을 택해야 한다. 그러려면 당연히 교실안 학습현장이 개혁의 과녁이 되어야 한다. 사실 우리의 중등교육현장은 창의력의 씨를 말리는 학습현장 바로 그것이다. 우스갯소리이겠지만 창의력이 풍부한 6세의 우리 아동들은 학교에 들어가면서부터 차차 멍청이들로 변신해버린다. 초등학교 때부터 조금씩 망가져서 고교 3학년이 되면 모두의 머리가 휑하니 비어버린다. 바로 교실수업이 멍텅구리식이기 때문이다. 이와 반대로 교육 선진국에서는 멍청이들도 입학한 그날부터 영재들로 틀을 잡아간다.

이제 우리도 달라져야 한다. 영재들이 둔재로 변질되는 것을 막으려면 교실 수업현장부터 달라져야 한다. 신세대를 위한 학습현장으로 변해야 한다. 컴퓨터 세대인 신세대 청소년들은 창의력이 뛰어난 감각세대이다. 앞으로는 이들이 인공위성도 만들고 세계도 제패할 터이다. 그러려니 사물을 보는 방식과 정보를 처리하는 방식이 어른들과는 달라야 한다. 청소년들의 탐구방식은 구체적이며 능동적이고 실험적이다. 노벨상 수상자들이 보여준 창의력과 탐구방식 그대로가 젊은이들의 삶살이와 비슷하다. 암기식 교수방법에 익숙해진 어른 교사들에게 이들은 성가실 뿐이다. 그래서 교실은 학생들의 창의력과 교사들의 암기력이 피나게 부딪치는 전투장이 된다. 이 전투에서 학생들은 매일같이 패잔병 신세가 된다. 의심이 나거든 교실에 나서보라. 교실에서 창의력이 부상당하고 사살당하면 교육의 미래는 캄캄

해진다. 젊은이의 미래에 관심이 있거든 케케묵은 암기교육부터 갖다 내버려야 한다. 한두 사람의 밥벌이 때문에 자라나는 천만명의 새싹을 노랗게 만들어버릴 수는 없기 때문이다.

초·중등교육환경 재개발에 집중적으로 투자하라

98년까지의 교육재정은 무려 65조8천억원이다. GNP의 5%인 교육개혁 종자 돈이다. 종전의 교육재정보다 약 9.5조원이 더 늘어났다. 물론 이 돈 역시 교육개혁완성을 위해서는 태 부족이다. 그러나 교육재정이 적어 교육개혁작업이 어렵겠다는 이야기만큼은 못하게 되었다. 국민이 수긍할 까닭이 없다. 돈 잘못 썼다가 교육부는 그 돈 다 어쨌냐는 핀잔이나 듣게 될 처지이다. 정신차리고 교육예산분배의 철학을 확립해야 할 때이다. 이번 교육개혁안은 집중적인 재정적 투자를 요구하기에 정말로 교육행정의 전문성이 요구된다. 이것 저것에 적당히 떼어주는 관행을 버리고 교육개혁 완결형으로 예산을 집행해야 한다. 늘어난 교육재정의 분배에 관한 사람들의 욕심도 각양각색이다. 어떤 대학총장은 대학을 살려야 나라가 산다고 자기들에게 더 많이 보태라고 아우성이다. 그들의 정부 설득작업이 보통도 넘는다. 모두들 이유가 있겠지만, 이번만은 국민의 토대교육부터 살려내야 하겠기에, 특정분야의 지원, 말하자면 연구를 위한 정보자료시설이나 대학 간 공동전산망 같은 특정분야를 제외한 대학 일반재정은 대학이 알아서 꾸려야 할 일이다.

교육예산 분배 잘못하면 낭패

이번의 교육개혁은 우리교육의 얼개를 새로 바꾸는 일이다. 그렇기에 교육개혁재정의 최소 40% 이상인 25조원 정도를 초·중등학교 교육시설 환경의 재개발에 투입해야 한다. 학교교육 시설의 재개발을 위해 융단폭격식으로 투자해야 한다. 우리 교육의 뿌리부터 되살려내기 위해서는 초·중등 학교교육 환경과 시설의 재개발이 필요하다. 헌 학교를 헐어버리고 새학교, 새교실, 새교육환경으로 바꾸는 일이 가장 중요하다. 우리의 교육현실에서 가장 낙후된 곳이 바로 초·중등교육의 현장이다. 건실한 민주시민과 능력있는 직업인들을 키워내는 초·중등교육환경을 저당잡히고 입시교육의 몸집을 키운 잘못을 바로잡아야 한다. 국민학교 이름을 초등학교로 바꾸듯이, 학교건물과 교육환경도 바꿔주어야 한다.

　교육개혁작업 추진과 함께 98년까지 약 3만명의 교사와 교육행정가들이 새로 증원될 계획이라는 소리도 들린다. 이 계획대로라면, 약 1조원 규모의 엄청난 교육재정이 소진될 수밖에 없다. 학교시설의 재개발과 교수학습환경의 정보화와 교육환경의 개선이 이루어지면 교육공무원의 증원은 30%선으로 동결할 수 있다. 교사의 턱없는 증원없이도 교육의 질 개선이 가능하다. 공무원의 50%나 줄이고도 행정부의 서비스를 고급화시킨 뉴질랜드의 개혁사례를 눈여겨볼 만하다. 교육 선진국 역시 교수학습환경의 개혁없이 이루어진 교사증원이 교육예산의 낭비였던 것을 실감한 바 있다. 예산 낭비덩어리였던 미국의 행정부를 6개월만에 개혁한 미국의 고어 부통령이 택한 개혁방법도 우리 교육계에 도움이 될 것이다. 그의 개혁은 돈은 덜 쓰고 생산성은 높은 정부로 바꾸는 방법과 전략이다. 그는 3만여 시민들이 보낸 조언에 힘입어, 예산낭비 요인과 그에 따른 예산동결부분을 철두철미하게 찾아내어 과감한 결단을 내렸다. 그 후 기업에서 행하는 예산집행전략대로 개혁부문에 집중포화식으로 투자해서 낙후된 교육환경을 개선했다.

초 · 중등학교 교육환경의 재개발 절실

교육시설과 교수학습환경의 개선없이 교육의 수준과 교육의 질을 높일 수 없다. 열린교육도, 원격학습, 조기외국어 교육도 말로만 되는 것이 아니다. 학생중심의 교육과정으로 우리의 초 · 중등교육을 바꾸는 작업도 교수학습환경의 개선없이는 불가능하다. 지금과 같은 낡은 교육환경으로는 어느 것 하나 어림없는 일이다. 그러려면, 지금과 같이 교사 혼자서 끙끙 앓게 놔두는 식의 노동집약적인 교수학습환경은 바뀌어야 한다. 교사들에게 정보활용적인 교수학습환경을 만들어주어야 한다.

교사에게 책임을 묻기 위해서라도 교수학습의 방법과 학습환경을 고급화시켜야 한다. 교사 한 사람당 학생수를 줄이는 것은 기계적인 일이다. 학령아동의 인구조류로 보아 곧 그렇게 될 것이나. 학급당 학생수를 줄이는 것이 학교교육의 질을 보장한다는 것도 모두 빛바랜 옛말이다. 교수학습환경의 정보화가 미약했던 시절의 이야기였을 뿐이다. 봉급인상을 가장 먼저 바라는 교사들이지만, 70% 이상은 교육환경개선과 재개발에 교육재정이 집중적으로 투자되어야 한다고 동의하고 있는 점에 정부는 용기를 내야 한다.

대학시절의 교직교육 한번으로 받아낸 교사자격증만 가지고 교직에 임하는 시대는 지났다. 그래서 교사의 자격증 갱신제도를 도입해야 한다는 교육선진국의 개혁분위기에 우리도 긴장해야 한다. 능력있는 교장, 실력있는 교사들은 더욱 우대받는 교육계가 되어야 한다. 교육행정도 교사들을 위해 열린 행정으로 달라져야 한다. 일선 교육청의 예산집행능력 역시 국민에게 검증받아야 한다. 매년마다 교육청의 예결산 내역을 국민에게 공개하고 업적을 평가받아야 한다. 그때 비로소 집중적인 교육재정지원의 효과를 국민들이 공감할 것이다.

이중언어교육, 어린이에게 해될 것 없다

어린이에게 영어를 가르치는 일이 나쁠 것은 없다. 물론, 영어를 가르칠 만한 교사나 교재가 준비되어 있어야 한다는 조건은 전제되어야 한다. 요즈음 어린이 방송을 통해 방영되는 '도레미 잉글리쉬', '신나는 ABC', 그리고 '뽀뽀뽀' 등과 같은 조기영어교육 프로그램이 비판받고 있다. 그 이유는 이 프로그램들이 영어교육의 타당성이나 교육방법에 대한 충분한 고려가 결여되어 있기 때문이다. 단순히 몇 마디의 영어단어를 가르치면서 아동의 시선을 텔레비전에 묶어두려는 식의 프로그램으로 편성되어 있기 때문이다. 이는 비판받아 마땅하다.

조기외국어 교육은 득이 더 많다

그럼에도 불구하고 외국어는 어릴 적부터 가르쳐야 효과적이라는 주장에는 이의가 없다. 이 말에 분노를 금치 못하는 교육자들도 있을 것이다. 조기영어교육은 자라나는 어린이게 사대주의를 심어 놓는다고 펄쩍 뛸 교육자들도 있음직하다. 그래도 배울 만한 것은 어릴 적에 익히게 하고, 가르칠 것은 어릴 적부터 가르쳐야 한다. 어릴 적에 외국어를 배우면 더 잘 배울 수 있다는 '이중언어 교육(二重言語敎育:Bilingual Education)' 이론은 굳이 끄집어낼 것도 없다. 단지 외국 유학을 하는 동안, 혹은 외국여행 동안 겪었던 여러 가지 어려움을 생각하면 이 말에 대해 커다란 반감이 없을 것이다.

사실, 우리 교육현장에서 가르칠 수만 있다면, 영어뿐만이 아니다. 국제화 시대에 걸맞게 5~6개의 외국어도 동시에 가르쳐야 할 것이다. 어릴 때 배워두면 나중에 써먹기가 용이해지기 때문이다. 유럽에 가면, 웬만한 공식석상의 언어는 불어이다. 불어를 몰라 곤혹스러웠던 경험을 한두 번 당하면, 그 당장이라도 불어를 배워두어야 하겠다는 생각이 들 것이다. 스페인 언어를 모르고 남미 쪽에 가면, 공항을 나서는 순간부터 이국적인 풍물에 아찔한 생각이 든다. 김포국제공항에서 한국어를 몰라 헤메는 외국인을 상상해보면 외국어 습득이 왜 필요한지를 절감하게 된다. 이런 특정 외국어를 모른다고 할지라도 영어를 어느 정도 하면, 큰 고생은 없다. 영어는 새로운 언어라기보다는 외국생활용 일상언어라고 보는 편이 더 타당할 것이다. 아니면 차라리 우리 나라 남쪽 남단에 있는 마라도보다 조금 더 먼 거리의 섬주민들이 쓰고 있는 방언 혹은 사투리 정도로 생각해버리는 것도 괜찮다.

영어든 중국어든 언어 그 자체에 사대주의가 붙어 있는 것은 아니다. 그것을 어떻게 쓰느냐에 따라 민족주의도 생기고 반대로 사대주의도 생긴다. 오히려 외국어 조기습득은 민족주의를 북돋아주는 효과적인 도구가 될 수도 있다. 영어를 가르치면서 우리 고유언어의 우월성과 민족문화의 수월성도 동시에 가르칠 수 있다. 영어는 자라나는 어린이에게는 하나의 생활도구와 같다. 이미 우리 사회에서도 가속화되고 있지만, 컴퓨터는 모든 어린이에게 필수품이다. 컴퓨터를 다루지 못하는 어린이는 컴퓨터 문맹이 된다. 컴맹의 신세는 현대 사회에서 문맹의 신세와 같다. 마찬가지로 외국어를 모르는 어린이는 끝내 '외맹(외국어 문맹)'의 신세를 면하지 못할 것이다. 앞으로, 문맹이나, 외맹 그리고 컴맹들은 기업에서 냉대받을 것이다.

그래서 사회생활이나 직장생활마저 성공적으로 할 수 없게 될 것이다. 더이상 영어나 컴퓨터 언어는 신기한 언어가 아니다. 컴퓨터 언어와 영어는 생활언어이다. 이상한 것은 컴퓨터와 영어를 이해하지도 쓸 줄도 모르는 외맹과 컴맹세대 어른들의 외고집들이다.

어른들의 외고집이 외국어교육을 더디게 만든다

어른이 되어서 외국어를 배우는 것은 시간도 많이 걸리고 서툴기 십상이다. 제대로 배우지도 못한다. 잘못하면 편견만 생기게 된다. 컴퓨터나 자동차같이 우리 일상생활에 익숙하지 않은 것을 배울 적에는 시행착오가 꼭따른다. 많이 실수해보고, 많이 연습해보는 것이 새로운 것을 배우는 데는 지름길이다. 체면을 지키다가는 배움에 낭패한다. 성인에 있어서 외국어 습득은 체면 때문에 손쉽지 않다. 외국어를 손쉽게 익히려면, 외국어 습득에 있어서의 자기 나름대로의 훈련이 필요하다. 영어도 그렇다. 지금의 학교에 가보면, 영어를 배우는 어린이에게 문제가 있는 것이 아니라, 가르치는 어른교사에게 문제가 있음을 알 수 있다. 스스로 잘못 배웠거나 엉성하게 배웠으니, 가르치는 것도 그럴 수밖에 없을 것이다. 지금 어린이에게 영어교육을 강요하는 각종 자료들은 장삿속으로 만들어 놓은 것들이라고 보아야 한다. 물론 안가르치는 것보다는 그런 외국어교육 환경에 친숙해지게 만드는 것도 필요할지 모른다. 그렇지만, 바람직한 영어조기교육을 위해서는 보다 진지하게 검토되고 여과되어야 한다. 소기영어교육의 효과가 이렇니, 어떻니하고 공허하게 빈말을 해대기보다는 그들의 언어교육을 위해 훌륭한 교재와 효과적인 교수방법을 개발하는 일이 더 필요하다.

외국어교육에 있어서 사대주의니 민족주의하는 접두어는 논쟁을 위한 논쟁이니 외국어교육 자체의 발전을 위해 언제나 긍정적인 공헌을 하는 것은 아니다. 언어는 배우고 익히고, 실용적으로 쓸 때, 그에 대한 문제점이나 개선책도 나오는 것이다. 조기 외국어교육을 실용적으로 활성화시키기 위해서는 과학적인 작업이 무엇보다도 필요하다. 우리의 조기영어교육은 이것부터 실천해보일 때이다.

월반과 조기진학제 실시의 문제점과 과제

대통령에게 보고한 교육부의 신년도 업무보고 내용 중에서 교육계의 관심을 끌게 만든 과제 중의 하나가 초·중·고 월반(越班)과 속진(速進)제 도입문제였다. 월반 및 속진제는 초·중등학교에서 학생 개인의 학업성취도에 따라, 상급반으로의 월반이나 상급학교에로의 조기진학이 가능하도록 만드는 교육제도이다. 월반과 속진제는 첫째로 학생 개개인의 실력차이를 존중하면서, 개인의 실력에 맞는 교육의 개별화를 실시해줄 수 있는 교육적인 효과가 있고, 둘째로는 실력이 우수한 학생들을 일찍 선별함으로써 영재아 교육을 조기에 실시할 수 있다는 측면에서 국가인력확보의 효과가 있다. 이런 월반, 속진제는 교육의 국가경쟁력 강화를 추구하려는 교육대통령의 교육적 야심을 뒷받침하기 위한 교육부의 교육정책과제이다. 그러나 월반과 속진제 도입에 대한 바른 이해의 부족으로 교육계와 사회의 비판도 거세지고 있다.

월반제와 속진제의 문제점

월반제와 속진제 도입을 비판하는 사람들의 입장을 정리하면 대체로 서너 가지로 정리된다. 첫째, 월반제와 속진제 도입에 대한 국민의 여론이 부정적이라는 것이다. 즉, 월반속진제에 대한 일반적인 여론을 수렴한 후, 월반제와 속진제 도입은 현재 불가하다는 결론을 내린 한국교육개발원의 정책적 제안을 제대로 검토도 하지 않은 채 월반제와 속진제를 도입하려는 교육부의 입장은 납득이 잘 안 된다는 입장이 그 하나이다. 둘째, 월반제와 속진제가 도입될 경우, 학교 안에 다시 치맛바람이 불게 되고, 이로부터 교육적 부작용이 더 커질 것이라는 비판도 있다. 셋째, 어린 나이부터 월반제와 속진제가 적용되면, 개인의 인성발달에 있어서 부작용은 물론, 원만한 교우관계도 해치게 됨으로써 전인교육 실현에 역행한다는 비판도 있다. 넷째, 월반제와 속진제를 뒷받침할 만한 교과서나 교육내용도 제대로 구비되지 않은 채 월반제와 속진제가 실시되면, 오히려 이들 제도를 통해 얻어내려던 교육적 효과가 반감될 것이라는 비판도 만만치 않다. 마지막으로 흔히 지적되는 월반제와 속진제에 대한 비판은 월반과 속진의 가능성을 바르게 갈라내줄 수 있는 '과학적'인 평가도구가 아직 개발되어 있지 않기 때문에, 월반제와 속진제 도입에는 무리가 있다는 것이다. 월반제와 속진제 도입에 대한 이러한 비판은 월반제와 속진제의 교육적 효과를 극대화시키기 위해서라도 진지하게 검토되어야 할 문제제기들이다. 그럼에도 불구하고, 이런 문제점들은 월반제와 속진제 도입에 의해 얻어낼 수 있는 교육적 효과에 비해, 지엽적인 것이라는 것도 부인하기는 어렵다. 이런 점은 외국의 성공사례에서 잘 발견된다.

외국의 성공사례

한때나마 국가가 영재교육을 계획적으로 실시하기 위해 월반제나 속진제를 실시한 공산권 국가들 이외의 나라에서 성공한 월반제나 속진제의 사례를 들어보려고 한다면, 아무래도 미국을 꼽아야 할 것이다. 미국의 초·중등학교 교육의 특성은 일반적으로 모든 학생을 위한 '평준화 교육'과 특수한 개인을 위한 '영재아 교육'을 잘 조화시키고 있는 데 있다. 빈부의 차이, 성적우열의 차이, 신체상의 차이를 구별하지 않고 '모든이를 위한 교육'을 실시하는 이른바 평준화 교육은 '소극적 차별화' 교육이라고 볼 수 있고, 능력별 차이와 재능의 차이를 개별화시키는 영재아 교육은 '적극적 차별화' 교육으로 볼 수 있다.

월반제교육이나 속진제교육은 잘 나가는 학생은 더욱 잘나게 만들어주는 적극적인 차별화 교육의 대표적인 경우이다. 능력이 뛰어난 학생 유무는 학부모의 치맛바람에 의해 결정되는 것이 아니고, 교사의 전문적 판단에 의해 판별된다. 월반해야 될 학생이나 속진해야 될 학생을 가리기 위해 유별난 평가도구가 사용되는 것도 아니다. 한학기 동안 가르쳐보면, 월반을 왜 시킬 수밖에 없는지를 피부로 느끼게 되기 때문에 월빈 가능성은 손쉽게 판별되고, 필요하다면 몇 가지 단순한 검사가 실시될 뿐이다. 월반한 학생이라고 해서 그들에게 유별난 교육과정이 부여되는 것도 아니다. 단지, 무학년제 학급인 경우에는 1학년이었던 학생어 2학년의 교과서를 배우게 되거나, 아니면, 아직도 1학년 진도를 제대로 깨우치지 못한 학생들의 학습을 도와주는 '교사조수'의 역할을 하기도 함으로써 성숙하게 만들기도 한다. 이 모두는 담임교사에 의해 판단되고 결정된다. 교사는 그런 일을 교육적으로 해내도록 훈련을 받은 능력을 갖고 있는 전문인이다. 교사가 판별해낸 우수아들은 상담교사의 전문적인 진단과 지속적인 조언을 거쳐 상급반으로 월반할 수도 있고, 상급학교로의 조기 진학도 가능하다.

물론 학생 모두가 월반이나 속진할 수 있는 가능성을 가지고 있으나, 실제로 월반을 할 수 있거나 속진함으로써 더욱더 교육적 효과를 얻을 것이라고 담임교사와 상담교사에게 추천을 받는 학생은 공립학교의 경우, 한

학급당 5명을 넘지 않는다. 특수 사립학교인 경우에는 사정이 달라진다. 대학진학 예비교로 설립된 사립학교에는, 처음부터 일류 대학으로의 진학을 위해 영재급 학생들이 모여들기 때문에, 월반이나 속진제 도입 그 자체가 거론될 수 없다. 오히려, 이런 학교에서는 예비대학생으로 필요로 하는 학문적 지식이나 교양, 그리고 생활체육을 충실하게 익히게 하는 프로그램이 충분히 제공된다.

우리 나라의 월반제와 속진제 현황

우수아동을 위한 월반제와 뒤떨어지는 아동을 위한 유급제가 한 때 우리 나라에서도 실시된 적이 있으나, 월반제는 치마바람 때문에, 유급제는 초등교육이 국가의 책임인 의무교육이 됨으로써 자동적으로 소멸되었다. 대학에서는 월반제 비슷한 성격으로 조기졸업제가 실시된 적이 있으나, 이것 역시 여러 가지 사정으로 인해 거의 중단되어 있는 형편이다.

속진제는 영재교육의 필요성 때문에 설립된 특수 목적고등학교인 '과학고'에 의해 적극적으로 활용되고 있다. 정부가 성적이 우수한 과학고교 2학년 수료자에게 1986년부터 과학기술대 입학자격을 부여함으로써, 속진제는 본 궤도에 올라 있다. 아직까지 일반대학에게는 적용이 되지 않고 있는 속진제는 그 효과가 의외로 좋아, 1990년이래, 과학기술대 입학생 중 50%이상이 과학고교 2년 수료생들로 채워지고 있다. 일반고교 2년 수료자의 경우 과기대 입학은 1% 미만에 지나지 않는다. 물론, 속진제 도입에 따른 문제도 있다. 과기대의 경우, 속진한 고교 2학년 수료자들이 대학교육에 제대로 적응하고 있지 못한다는 문제점도 발견되고 있기는 하다.

월반제와 속진제 실시 후의 지도문제

그럼에도 불구하고 월반제나 속진제가 초·중등학교에 도입되어, 빠른 시일 내에 실시될 경우, 월반제와 속진제가 의도한 교육의 개별화라는 교육적 목적을 실현하기 위해서는 몇 가지 제도적 장치가 필요하다. 첫째로, 초등학교에서는 지금과 같은 학년제를 폐지하고, 1학년부터 3학년 정도까지는 무학년제 학급을 운영하고, 4학년부터는 한두 개 학년이 하나의 학년으로 운영되는 통합학년제를 운영해야 할 것이다. 둘째, 학부모들의 적극적인 학교참여를 유도하고, 학부모 보조교사 제도가 활성화되어야 한다. 셋째, 초등학교 상급학년부터 중·고등학교에 이르기까지 선택과목의 폭을 넓혀야 한다. 예·체능 교과는 물론, 인지교과에 이르기까지 능력에 맞는 과목의 선택제도의 도입이 필요하다. 넷째, 교수의 개별화를 돕는 '컴퓨터 보조학습(CBT)'와 도서관 시설이 현대화되어야 한다. 다섯째, 각 학년별로 상담전문교사가 배치되어 이들 월반생과 속진생에 대한 특별한 지도를 강화해야 한다.

인천의 지역고교생 입학금 면제와 인재의 향토화

인천시는 대학교육에 관한 혁신적인 정책 하나를 발표했다. 그것은 인천시립대학교와 인천시립전문대학에 입학하는 인천지역 고등학교 출신 학생들에게 입학금을 전액 면제하겠다는 것이었다. 인천시민들이 낸 세금으로 운영하는 대학이 바로 인천시립대들이기에 당연히 인천시민의 자제들에게는 장학금으로 책정된 20여억원 중의 일부를 떼어내 그들의 입학금으로 면제, 지불해주겠다는 발상은 신선하기만 하다.

인천시민의 자녀들로서 인천시내 고교를 졸업한 학생들이 인천시립대학을 입학할 경우 그들에게 입학금을 면제해주겠다는 인천시 정책과 같은 지역정부의 혁신적인 정책을 강하게 지지하는 데는 여러 가지 이유가 있다. 첫째로, 인천시와 같은 노력은 다른 지역에도 교육자치제를 실현하도록 도와주는 일이며 동시에 이런 교육정책은 다른 지역에도 엄청난 파급효과를 가져올 것이 분명하기 때문이다. 둘째로 인천시가 취한 입학금 면제정책은 다른 지역의 지역주민들에게도의 근로정신을 격려함으로써, 주민 스스로 더욱더 지역사회와 자녀교육을 위해 열심히 일해볼 만한 느낌을 갖게 만들어주기 때문이다. 셋째로 인천시가 취한 이번 정책은 무엇보다도 인재육성의 지역화를 실현하는 구체적인 조치이기 때문이다.

사실 그동안 서울을 감싸고 있는 인근 도시들은 정치적으로, 경제적으로, 그리고 문화적으로 서울을 위한 시녀 역할이나 충실히 해왔다. 우리 나라 전체 인구 중 약 30%를 점유하고 있고, 우리 나라 전체 대학 인구 가운데 30% 가까이 독점하고 있는 서울시는 전국의 대학들을 마치 서울 시민을 위한 몸종 부리듯이 부리고 있다. 이번에 과감한 조치를 취한 인천의 경우, 인천시립대만 하더라도 1,580명의 전체 정원 가운데 고작해서 38%만이 인천시내 고교졸업생들이고 나머지 60%의 신입생들은 서울시 주민들의 자녀들로 채워져 있는 형편이다. 결국, 인천의 경우, 지역주민에게 고등교육의 기회를 넓혀주기 위해 시민의 대학을 세웠다는 그동안의 말은 여지껏 빈말이었음을 그 스스로 반성한 결단이라 더욱더 돋보이기마저 한다.

물론 앞으로는 고등교육 기회확대의 지역화를 위해서는 인천시가 취한 조치보다 더 혁신적인 조치가 필요하다. 각 지역별로 각 지역 국립대학이나 공립대학들은 해당지역 출신 신입생들에게 입학금은 물론 입학정원의 60% 정도를 해당 지역 출신 고교졸업생들에게 할당해주는 쿼터제를 과감하게 도입할 필요도 있다. 동시에, 외지 지역 출신 신입생들에게는 입학금이나 등록금을 더 받는 학비차등화(學費差等化) 정책도 병행해야 한다. 이런 정책의 도입에 대해 서울 주민들은 반발할지도 모른다. 심지어는 서울의 국립이나 공립대학 역시 그런 차등화 정책을 채택하여 지역 주민의 서울 진출에 제동을 걸어야 한다고 역공할지도 모른다. 그러나 그것은 잘못된 생각이다. 왜냐하면, 무엇보다도 그동안 서울민국으로 불리운 서울중심의 정치, 경제, 문화 정책 때문에 각 지역의 발전이 황폐화되어왔으며 유린되어왔기 때문이다. 오히려 서울은 서울지역 이외의 지역발전을 위해 이제는 진지하게 도와줄 때이다.

지방 국립대가 치별적으로 발전하기 위해서는 강력한 지도력이 뒷받침되어야 한다. 그런 조치들 중의 하나로서 그런 지역의 국립대나 공립대학들의 최고 행정 책임자로는 능력있는 그 지역 출신 인사들을 파격적으로 임명해볼 필요가 있다. 그 대학의 질을 향상시키고 그 대학 출신자들을 대거 그 지역사회에서 채용하여, 봉사할 수 있게 만들 수 있는 그런 정치적이고도 행정적인 지도력을 발휘할 수 있는 사람이 지역사회대학의 운영자로 임명되어야 한다. 이들이 일차적으로 해내야 할 일은 공무원 임용 개선책일 것이다. 일차적으로 지역 공무원은 지역인사가 감당한다는 원칙이 통용되는 그런 공무원 임용 개선책이 필요하다. 이런 일과 아울러 국·공립대학의 총장들이 해내야 할 또다른 일은 국립대학이나 공립대학 스스로 지역주민들에게 초급 고등교육기회를 전면적으로 확대해주는 일이다. 그렇게 함으로써 지역주민에게 실질적으로 봉사할 수 있어야 한다. 그런 일들은 어렵지 않다. 사회교육 프로그램이나 야간대학 교육과정의 설치, 운영 등으로 간단히 시작할 수 있다. 이런 조치들은 지역의 고등교육을 활성화시키며, 더 나아가 인재육성의 향토화를 위해 절대로 필요한 조치들이다. 이런 조치들은 지역대학 스스로 다른 대학들과의 비교우위 경쟁력을 갖게 만들어줄 것이기에 지역 대학별로 빠르게 채택할수록 좋다.

보통 학부형이라 학교가 밉소

급우들의 회열에 한 아이가 죽어간다

어느 고교의 교실에서 벌어진 심장병환자 급우 폭행사건을 바라보는 시선들이 꽤나 무디다. 학교에 여러 애들이 놀다보면 그런 일도 일어날 수 있는 것인데, 뭘 그렇게 경찰이나 검찰까지 나서며 야단들이냐 하는 식이다. 학교는 무슨 꼴이 되며, 교사들에게는 그 무슨 거리가 되느냐고 낭패스러워하는 모습들이 역력하다. 심장병환자라는 접두어만 없었더라면 별일 아니라는 식으로 대수롭지 않은 모양들이다. 이번 사건만 해도 그렇다. 심장병환자 장군이 교실에서 늘 주먹질 당하는 것을 뻔히 알면서도 학교와 교사는 눈을 감았다. 급우들은 얻어맞는 그를 향해 환호성을 질러대며 회열까지 느끼곤 했다. 사태가 이쯤되자 피해자 학부형의 분노는 극에 이르게 된다.

이 한국교육의 새디즘, 아니 이 집단정신폭력을 그대로 두고도 인성교육이 가능하다는 환상에서부터 벗어나야 한다. 당신의 아이가 교실 바닥에 쓰러질 때까지 얻어맞고 있는데도 태연할 수가 있겠는가. 라이터 불로 손가락을 지져도 당신 아이에게 참으라고 타이르겠는가. 점심을 뺏고 굶겨도, 칼로 당신 자녀의 목을 겨냥하고 생명을 위협을 하는데도 대수롭지 않은 급우간의 장난으로 넘겨버릴 수 있겠는가. 그래 당신은 聖人이고, 나는 쫌생이요.

가학성 교육으로 민주시민 어림없다

우리네 집단문화에 고문관 길들이기가 있다. 집단에서의 짓거리가 변변치 못한 사람을 대열 바깥으로 내놓고 표적삼아 조롱하는 집단적인 苛酷행위이다. 심약한 사람들이 자주 이 덫에 걸린다. 이 덫에 걸리면 멀쩡하던 사람도 순식간에 바보가 된다. 고문관이 집단에게 우스개 재미를 주는 어릿광대로 참아내면 그런대로 살아남지만, 그렇지 못하면 노상 천덕꾸러기나 된다. 이런 집단일수록 집단적 탁월성을 염려해서 구성원들이 고문관에게 가학적 행위를 집단적으로 자행한다. 고문관 길들이기는 옛 일본 군대 문화의 잔재이다. 군국주의의 잔재는 '이지메'라는 망령으로 되살아나 일본 아이들을 죽이고 있다. 작년 한해만 해도 약 3만여명의 학생들이 이지메 사건으로 시달림을 받고 자살까지 한 학생도 여럿이나 된다. 사태의 심각성을 깨닫고 일본의 총리까지 들고 나섰다. 이지메 문제를 사회범죄로 간주하고 일선 교육행정가와, 학교장, 교사에게 책임까지도 물은 바 있다.

우리 역시 집단 학대사건에 단호하게 대처해야 한다. 아이들이 말을 안해서 그렇지, 우리 교실 구석구석에서도 매일 같이 한국판 이지메 사건들이 발생하고 있다. 그래서 어떤 연구는 우리 학교가 멀쩡한 아이들을 데려다 비뚤어지게 만들어 놓고 있다고 힐난하고 있다. 사실 우리 교육은 처음부터 인권존중이니, 개인존엄성과는 담을 쌓은 교육이다. 약한 자일수록 무리 속에 묻혀 살며 목숨 하나라도 간직하라고 윽박지른 뒤틀린 교육이었다. 우리 중·고등학교 학생들 중 70%가 학교나 급우들로부터 이런저런 폭력에 시달리고 있다. 시험 때가 되면 아이들은 사색이된다. 모두가 불안에 떤다. 시험성적 순으로 교사한테 얻어맞을 각오도 각오지만, 급우들 앞에서 망신당할 정신적 고통 때문에 미리부터 불안스럽다.

우리 교육이 아이들에게 무엇을 가르쳐왔는지 솔직하게 되짚을 때이다. 친구간 우정의 중요성을 입이 닳도록 이야기한다지만, 오늘날의 우리 교실에는 우정이 뿌리 내릴 토양이 메말라 있다. 어차피 성적따라 제 갈길로 뿔뿔이 헤어질텐데 우정은 무슨 우정이냐고 넌지시 가르쳐 보낸 잘못이 여기 있다. '저 애 일등하면, 너 꼴찌한다' 라고 가르쳐 놓았기에, 우리 아이들은 저 홀로 살아갈 줄은 알지만, 더불어 살아갈 줄 알 리가 없다. 이런 가학성(加虐性) 교육이 계속되는 한 우리 아이들에게 민주시민을 기대하기 어렵다. 민주문화 민주정치도 어렵다. 아이들 놓고 상담 한두 번으로 풀릴 문제가 아니라 한국교육의 철학적 기반을 다져야 할 문제이다. 더불어 살며, 서로가 승자가 되게 만드는 상생(相生)과 성승(相勝)의 교육으로 거듭나야 한다.

교육평가의 인간화가 필요하다

여기, 한 학생의 대학진학을 결정짓는 수능시험이 있다. 그의 운명을 좌우하는 시험이기에 모두가 긴장한다. 교사는 학생들의 수능시험 답안지를 그의 집에서 채점한다. 논술형 답안지에 0점을 줄 수도 있고, 만점을 줄 수도 있다. 채점을 맡은 교사의 권리이며 의무이다. 교사는 그의 전문성과 교육적 책무성을 발휘하는 것으로 만족한다. 채점결과에 대해 이의를 제기하는 학부형도 없다. 그래서 시험시비도 없고, 무즙파동도 없다. 2000년대에나 있음직한 에듀토피아를 말하는 것이 아니다. 우리의 경제수준과 엇비슷한 이웃나라 뉴질랜드의 교육현장의 일이다.

교육평가의 교육철학 빈곤

수능시험 답안지를 집에 가서 채점하게 하는 뉴질랜드지만 학생평가만큼은 까다롭다. 요것 저것 꼬치꼬치 캐묻는 항목도 많다. 한 학생이 갖고 있는 능력을 정확하게 알아내기 위해서 하는 일들이다. 학생이 이룩해 놓은 업적이 어느 정도인지를 바르게 파악하기 위한 일들이다. 이런 식의 학생평가는 우리와 다를 것이 하나도 없다. 그렇다고 우리 교육처럼 시험점수로 아이들을 들들 볶지는 않는다. 교육평가에 대한 교육철학이 우리보다 단단하기 때문이다. 그들의 교육평가가 학생 개개인의 잠재력이 어떤지를 알아내려는 데 있다면, 우리 것은 학생 개개인의 점수차이를 갈라내는 데 온힘을 쏟는다. 우리네 교육평가는 아이들의 기를 꺾어 놓는데 반해, 저들의 학생평가는 아이들의 기를 살려내려고 노력한다.

우리 교육평가에는 교육철학이 빈약하다. 총점주의식 학생선발과 면피주의적인 교육정책 관행 때문이다. 평가란 절차만 공정하면 된다는 그 발상부터가 문제다. 점수 차이에 따라 학생들을 일등으로부터 꼴찌까지 객관적으로 가르자니 어쩔 수 없다는 생각 역시 딱하다. 학생들을 위해 무엇을 도와줄 것인가보다는 어떻게 떨어뜨려야 하는 것을 더 중요시하는 교육평가정책에는 장래가 없다. 90점짜리는 대학에 붙고, 89점짜리는 떨어져야 하는 교육적 근거로서 1점 차를 내세우는 교육 아래에서 학생들만 희생당한다.

평가방식이나 평가기준은 그 어느 것 못지 않게 공정해야 한다. 그러나 깨끗한 평가, 정직한 평가, 객관적인 교육평가만이 늘 교육적일 수는 없다. 공정성에만 목매인 평가는 학생에 관한 점수평가이지, 학생을 위한 교육평가는 아니다. 살아 있는 교육은 객관적인 점수평가보다는 오히려 주관적인 확신평가를 필요로 한다. 학생들의 잠재력을 부추기기 위해서는 깨끗한 점수평가보다 확신있는 교육평가가 더 요청된다.

우리 고교도 학생평가에서 종합생활기록부의 비중을 강화하였다. 학생신상에 관해 기록해야 할 12가지 항목이 들어 있다. 이 중에서도 개인학생평가의 핵심은 교과학습 발달상황에 관한 것이고, 이를 위해 학년별 석차와 교과별 특기사항에 대한 기록이 매우 중요하다. 이 모두는 담임교사 혼자서 기록해야 한다. 호주의 고교에서도 이와 비슷한 것이 있지만, 교과목 담당교사들마다 학생들이 수강한 과목 하나하나에 대해 학생 개인별 평가진술서를 쓴다. 교과목 담당교사 이외에 또 다른 개별 지도교사의 학습지도진술서, 그리고 교장의 최종확인진술이 더 들어간다. 학생 개인의 잠재력을 확인하기 위한 교육적 안전조치이다.

학생 개개인의 포트폴리오 필요

성적표니, 종합생활기록부니 하는 용어부터가 부적절하다고 판단하여 뉴질랜드 학교는 차라리 포트폴리오라고 부른다. 학생 개인별 포트폴리오에는 학교에서 배워야 할 교과학습 발달상황보다는 학교교육 이외의 활동상황에 관한 항목이 더 많다. 영화감상, 연극활동, 사회봉사 참여로부터 다이어트 경험에 이르기까지 무려 30여 항목이나 있다. 놀랄 만한 활동 중의 하나가 청소년 사회성 발달기술 익히기이다. 청소년들이 학교에 머무르는 3년 동안 꼭 익히고 졸업해야 할 인간관계기술, 취업기술, 약물예방훈련에 관한 것들이다. 포트폴리오에서 개인 학생들의 성적순 석차나 점수기록은 중요하지 않다. 포트폴리오는 개인학생이 학교교육 동안 쌓아 놓은 개인의 잠재력이나 가능성을 한눈에 알아볼 수 있도록 만든 교사들의 교육성취도 바로 그것과 같다. 학교는 일년에 서너 번씩 학부모를 개별적으로 불러 이런 포트폴리오를 보여주며 학생개인의 장래를 상의한다. 학교와 교사를 믿지 않는 것이 더 손해라는 생각이 들게 만드는 교육평가가 바로 저들의 교육평가정책이다.

갈 길이 멀기는 하지만, 우리 교육도 학생을 살리는 교육평가의 인간화가 필요하다. 이를 위해서는 무엇보다도 먼저 교사의 전문성을 신뢰하고 평가자율권을 보장해주어야 하며, 총점주의 점수평가 관행에서 벗어나야 하며, 대학이나 교육당국의 면피주의적인 학생선발 관행도 하루빨리 폐기처분시켜야 한다. 이제, 우리에게도 살아 숨쉬는 교육이 가능한지를 알아보기 위해 이제야 말로 교육행정집단의 능력을 평가해볼 때이다.

학교마다 운동장 헐어내자

우리 나라가 강국이 된다. 세계 11대 강국으로서 선두그룹에 선다. 사회의 모양도 바꾸고, 틀도 바꿔야 할 때이다. 국민의 능력도 다양해야 한다. 다양한 개성, 다양한 기술, 다양한 재주가 서로 재는 사회가 되려면 학교교육내용부터 다양해야 한다. 그런데도 이학교 저학교 앞에만 서면, 우리는 자꾸만 작아진다. 전국 학교, 그 어디를 가보더라도 판에 박은 듯하다. 가르치기에 힘겨운 교사들, 덩그렇게 널려 있는 학교 놀이터, 판에 박은 일자형 마굿간식 교실, 이 세 가시에 기가 죽는다. 일본의 학교에서 보았던 그 낭패감이 되살아난다. 저들의 교육에서는 부끄러움인 그 모습들이 우리들에게는 아직까지 학교시설물 설치의 답안들이다.

마당터 놀이로 인간교육은 힘에 겹다. 놀이터를 헐어내고 학교마다 다목적 체육관을 지어야 한다. 생활교육관이라 불러도 좋다. 그래야 일년내내 체육교육이 가능하다. 강당 겸용이기 때문에 학예회도 가능하고, 학부형모임도 활성화시킬 수 있다. 졸업식, 강연회도 소리없이 치를 수 있다. 아침 조회는 교내방송으로도 충분하다.

운동장만으로 모든 것을 해결하던 때는 이미 지났다. 돈 안들이고 하는 예능, 실기교육은 건져낼 것이 없다. 나가 놀아라. 마당놀이가 체육교육의 모범일 리도 없다. 비올 때 놀고, 눈올 때 쉬는 체육교육을 더이상 방치할 때가 아니다. 돈이 없다면, 다른 방편이라도 생각해내야 한다.

전방위 교육 필요하다

이런 방편들은 외국에서는 얼마든지 만들어낸다. 인근 중학교 학생 60여 명이 버스를 타고 우르르 도착한다. 수업에 방해될 만큼 밖이 시끄럽다. 신경이 쓰일만한데도, 코와이 중학교 학생들은 미동도 하지 않는다. 인근 중학교 학생들에 아랑곳 하지 않고 자기 공부에만 열중들이다. 이 학교의 체육관이나 공예창작시설을 활용하기 위해서이다. 서로가 서로에게 부족한 학교시설을 나누어 공동으로 활용하면서 학교교육과정을 완성해간다. 교육의 질을 높이기 위해서라면 교육청은 전문교사가 학교를 찾아다니게 한다. 버스도 학생을 찾아다니게 한다. 할 수만 있다면, 교실과 학교건물까지도 이학생 저학생 찾아나서게 만들 참이다. 학습설비 공용제, 학교와 사회교육시설 공동활용제가 교육활동의 한 부분이다. 국민에게는 삶의 질을, 학생에게는 교육의 질을 보장하는 조용한 정책들이다. 그네들도 우리처럼 교육재정은 빠듯한데, 교육복지정책에 대한 생각만큼은 격이 다르다. 조종만 잘하면 학교공간이나 교육시설을 얼마든지 넓게 쓸 수 있다는 것이 그들의 교육철학이다.

다선형 교육과정으로 학생 살린다

전방위 교육은 인간교육의 안내판이다. 학교교육의 내용이 다양해야 한다. 다선형 교육과정은 전방위교육의 실천의지이다. 교육경쟁력이 강한 나라일수록 다선형 교육과정에 익숙하다. 다양한 산업사회에서 자기 일을 하자면 다양한 기술들이 필요하다. 자기가 좋아하는 분야에서 자기의 개성을 신장시킬 수 있어야 한다. 자기가 원하는 직업선택을 위해, 몇 가지 분야에 집중적으로 도전하는 교육이 필요하다. 한번의 선택이 인생을 결정짓게 만드는 일은 아동에게 있어 인권유린과도 같다. 모든 학생이 똑같은 교육을 받아야 한다는 것도 교육적 폭력일 뿐이다. 일본에서도 이런 고교교육을 위해 통합학과 교육열풍이 불고 있다. 그러나 실패의 기미 역시 이곳저곳에서 새나오고 있어 불안하기만 하다.

우리도 저들처럼 고교교육을 통합형 고교로 바꾸려 한다. 모방만이 능사는 아니다. 교육은 자동차 모델과는 그 속성이 다르다. 우리에게도 아직까지 지방마다 종합고교가 있다. 코난트 박사말대로 해보았던 고교개혁이었다. 그러나 60년 고교교육개혁의 실패작이었다. 교육개혁에는 교육전문가가 필요하다. 심장외과의사가 오진 한두 번 했다고, 떠벌이, 점쟁이를 불러 심장수술을 맡길 일이 아니다.

일본의 총합학과도 사진술이나 미디어개론, 사회학, 경영기술을 성규교 과목으로 가르칠 용기는 없다. 호주에서는 초등학교부터 한국어도 가르친다. 호주가 살기 위함이다. 중학교부터는 드라마도 가르치고, 저널리즘도 가르친다. 외우는 기술보다는 창의적 사고가 더 중요하고, 창의적 사고력보다는 다면적 창조력이 국가경쟁력을 키우는 원동력이기 때문이다.

우리 교육이 자율적 창조자를 길러내기 위해서는 1) 운동장 헐어내고 교육생활관을 짓는 운동부터 전개해야 하고, 2) 학교시설 학군 공동활용제를 활성화시키고, 3) 학교 장학감사 보고서를 학부모에게 공개하도록 하고, 4) GNP의 5%로 증액될 교육투자 중 3~40%를 학교 교육환경 시설 확충에 써보자. 전방위 학습이 가능하려면, 교육시설을 넓게 쓰려면, 교장의 힘만으로는 어림도 없다. 교육감이나 교육부 장관의 교육적 역량이 더없이 커져야 할 때이다.

교장선생님! 힘 내세요~

"사람으로서 사람답게 살아가도록 만드는 것이 우리 소학교의 교육철학입니다. 이것은 말로만 해서는 안 됩니다. 교사나 어린이들 스스로 체험을 통해 익히도록 프로그램을 개발하고 있습니다." 일본 어느 소학교에서 들은 말이다.

"우리 중학교는 문화적 배경이나 사회적 배경이 다른 학생들이 그들의 탁월성을 발휘하도록 열린 교육과정을 운영하고 있습니다." 뉴질랜드에서 어느 교장이 일러준 말이다.

"우리 고등학교는 학생 개개인들이 충분히 배울 수 있도록 다선형 교육과정 학습기회를 주고 있습니다. 이 일은 우리 혼자만으로는 불가능하기에, 늘 학부모들과 함께 상의하고 있습니다. 학부모들이 원하는 교과목들이 있으면, 나의 학교경영의 범위 안에서 학생들을 위해 개설하고 있습니다."

학교장의 경영마인드가 학교 살린다

"우리 고교는 아주 오랫동안 전통적으로 부유한 가정의 아이들에게 대학입시를 위한 교양이나 가르쳤지만, 이제는 사회가 바뀌고 있습니다. 우리 학교는 현대 산업사회에 필요한 아이들을 길러내는 교육을 하려고 합니다. 앞으로 우리 학교에서는 기업을 운영할 수 있는 학생들을 배출하겠으며, 기업가들을 학교교육에 적극적으로 참여시켜 그들을 강사로 모시겠습니다.

앞으로는 학생들을 기업현장에 보내 기업 도제훈련도 받도록 하겠습니다. 이런 산학협동 교육과정운영을 위해 이미 학부형들과 협의를 끝냈습니다." 호주에서 발간된 어느 잡지에서 읽은 어느 사립학교 교장의 면담기사 내용이다.

이 모두는 학교장이 자기가 맡은 학교의 교육을 재임기간 동안 어떻게 이끌어 나가겠다는 학교운영철학들이다. 어느 학교를 방문해도, 학교장은 학교 소개서부터 자신있게 내놓는다. 그들의 학교운영철학이 가득 실려 있다. 그가 무슨 교육을 학교에서 실천하고 있는지도 면담하는 도중 끊임없이 드러난다. 모두가 한결같이 교육개혁에 발맞추고 있는 선진국 학교장들의 교육개혁 속도를 읽어내게 만든다. 학교교육의 질은 학교장의 능력과 정비례한다. 학교장의 교육철학, 바로 이것이 아이들을 살려내는 원동력이다.

교직생활을 오래 했다고 교장이 되는 시대는 갔다. 교직 연륜이 길어 교장직을 맡는 것도 아니다. 교장은 공모와 공채로 결정된다. 학부모와 교육전문가, 타학교 교장 등으로 구성되는 교장 인사선발위원회의 심사를 받아야 한다. 이때 교장 발탁의 관건이 바로 학교운영계획서이다. 이 계획서에는 새로운 교육과정 개발계획, 지역사회와의 협조문제, 학교발전을 위한 모금계획 등과 같은 것들이 포함된다. 교직경력보다 더 높게 평가받는 것이 바로 학교장으로서의 학교 교육철학과 학교운영계획이다. 모든 교사가 교장이 되려고 하지도 않는다. 교장에게는 학교를 어떤 식으로 가꾸겠다는 학교운영계획능력이 더 요구되기 때문이다. 학부모들이나 교육청으로부터는 교장으로서의 학교운영방침을 높이 평가받은 중견교사들이 학교장으로 발탁된다. 지역사회로부터도 엄격하게 평가를 받는다. 책무성이 부족한 것으로 평가되면, 장기간의 연수도 각오해야 한다. 그래서 교장으로 취임하자마자 그들은 학교경영자들로 변신한다. 경영마인드가 학교도 살리고 자기도 살릴 수 있기 때문이다. 교장은 약속대로 계획을 실행에 옮겨야 한다. 교장의 하루는 쉴 틈이 없다. 계획대로 움직여야 하고, 실행대로 평가해야 한다. 편할 날이 있을 리 없다. 만나야 할 지역인사도 많고, 학부모들과 토의해야 할 안건도 많다. 학교발전기금을 모으기 위해 준비해야 할 일도 많다.

교육, 밑져야만 남는 사업이다

교장은 아동교육이 학교교육으로 충분하다는 생각부터 버려야 한다. 교육을 학교로 제한하는 것은 아이들을 학교에 감금하는 것이다. 사회가 교육이고, 지역이 교육이다. 아이를 위한 교육에는 학교의 담이 필요없다. 학교 담벽 이쪽도 교육이고, 학교 담 저쪽도 교육이다. 그렇다고 학원으로 애들을 내모는 것은 학교교육의 수치이다. 아이들을 학원으로 내쫓아버리면, 학교장으로서의 능력을 의심받는다. 학부모가 그런 교장을 가만 놔두지 않는다. 그래서 학교장은 지역사회 교육단체와 교육적으로 제휴한다. 청소년 프로그램을 학교교육에 투입한다. 주말이면 지역사회 교육단체들이 학교를 대신한다. 아동을 위해 국가나 학교가 밑지도록 투자해야 결실을 맺는다. 참된 교육이란 밑져야만 비로소 남게 되는 그런 복지사업이기 때문이다.

학부모들이 교장을 믿고, 교장은 학부모들을 존경한다. 학부모들과 갈등도 있다. 아이의 교육을 위해 생긴 이해관계이기에, 풀기도 손쉽다. 이를 위해 학교마다 학부모들이 지켜야 할 학부모 지침서도 있다. 모르면 가르치면서라도 엉킨 매듭은 풀어내야 한다. 학교를 열어야 대화도 열린다. 학교가 지역의 문화센터가 되어야 학교교육이 활성화된다. 낮에는 아이들을 가르치고, 저녁에는 성인이 배우게 해야 한다. 교장의 학교경영능력이 젊어야 이 일이 가능하다. 교장의 사회교육정신이 투철해야 교육이 바로 선다. 학교, 학부모 지역사회가 탄탄한 믿음을 갖기 위해서는 1) 지역사회교육이 활성화되어야 하고, 2) 구체적인 학교운영지침이 마련되어야 하고, 3) 학교 교육활동에 지역사회교육이 참여할 수 있어야 하고, 4) 교장초빙제도 잡음없이 터를 잡아야 한다. 이 모두의 성패는 지역사회 학부형들의 교육적 이해와 정치적 역량에 좌우된다.

교실에서 칠판을 떼어내자

우리의 교육개혁이 성공했다는 확신이 필요한가. 그 확신을 얻어내려면, 학교교실교육부터 바꾸어야 할 것이다. 경제수준과 엇비슷하거나 우리의 교육수준이 조금 낮다고 생각되는 나라들의 교실환경을 둘러보고 얻은 결론이다.

그들은 무엇이 다른가

어느 초등학교 교실현장이었다. 우리에게는 늘 익숙했던 것들이 그들로부터는 발견되지 않았다. 교실 사방 그 어느 곳에도 칠판 같은 것은 없다. 교실 한구석에는 아이들의 사물함이 비치되어 있다. 우리의 교실하고 모습이 엇비슷한 일본의 교실에서조차 일장기는 없었다. 칠판들은 있었지만 우리와는 사정이 달랐다. 칠판 위에 있어야 할 거창한 교육지침 같은 것들도 없었다. 대신, 그 날의 학습계획이나 올바르게 앉아 학습하는 학습자세에 관한 포스터만이 선명하게 붙어 있다. 교실 사방, 벽면 사방천지에 아이들의 재치들이 오밀조밀하게 그들의 솜씨를 보여주고 있다. 각기 다른 재능들이 돋보이는 아이들의 교실이었다. 교실 한쪽 구석에는 아이들을 위한 독서실도 마련되어 있다. 공부에 지친 아이들은 교실 귀퉁이 독서실에서 자기들이 원하는 책을 읽는 것도 수업의 한 시간이다. 대부분의 일곱살짜리 코흘리개들은 옹기종기 팀을 만들어 그림을 그리고 있다. 선생님이 사이 사이를 돌아다니며 애들의 그림을 봐주며 그들의 이야기를 듣는다. 그리고 각기의 그림에 대해 설명도 해준다.

교실 한 모퉁이에는 컴퓨터가 설치되어 있다. 어떤 아이는 선생님의 이 야기에 따라 컴퓨터를 작동하고 있다. 선생님은 진도가 늦은 다른 아이들 을 가르치고, 진도가 빠른 아이들은 다른 학생들에게 컴퓨터 그래픽을 도 와주고 있다. 이것은 그들이 매일같이 해왔던 서로서로 돕기학습의 한 장 면일 뿐이다.

학년이 다른 교실마다 각 교실 옆에는 화장실이 딸려 있다. 수업 중에도 아이들이 교실과 화장실을 자유롭게 드나들고 있다. 선생님의 수업진도에 신경을 쓸 필요도 없다. 화장실을 제대로 활용할 줄 아는 것도 자율훈련의 하나이며 민주 시민교육의 하나이기 때문이다. 교실 옆마다 학년별 교재창 고가 딸려 있어 교사들이 수업시간과 수업내용에 맞게 사유자재로 수업을 진행하고 있다. 이런 것을 우리는 거창하게 개방교육이라고 특별하게 부르 고들 있는데, 저들은 그저 매일같이 행하는 초등학교 교육이라고 부를 뿐 이다.

교실을 아동에게 돌려주라

아이들에게 더불어 사는 삶과 더불어 크는 교육을 베푸는 나라일수록, 교사 한 사람이 독백을 해야 하는 칠판교육은 그 흔적을 감추고 있었다. 사 실 교육 후진국일수록, 학교교육에서 칠판교육이 주종을 이루고 있기 마련 이다. 우선 교사가 가르치기 편하기 때문이다. 아이들을 하나의 잣대로 이 리저리 갈라 놓기도 쉽기 때문이다. 그래서 아이들은 교실에서 굴비엮이듯 엮어져버린다.

아이들끼리 더불어 사는 교육을 하기 위해서는 아이들 스스로 서로서로 배우고 가르치는 경험이 필요하다. 교실은 서로서로 도와가면 배워가는 공부의 장이 되어야 한다. 판서교육은 사고에 있어서 연역적 활동이 왕성해지는 고등학교나 대학에서 더 강조될 일이다. 어릴 때부터 베끼는 칠판중심의 판서교육은 아이들의 서로돕기 학습이나 체험학습이 거의 불가능하다. 판서교육은 자기혼자 열심으로 받아쓰기나 만드는 고독한 교육이다. 그래서 아이들을 교실로부터 외롭게 만든다. 아이들의 눈초리들을 교사 한 사람에게 매달리게 만든다. 교사가 칠판 위에 적어 놓는 것만이 옳은 것이다. 그것만이 외워야 할 것, 맞는 정답이 된다. 교사가 적어 놓은 것만이 오늘 배운 것이 된다. 이런 교실은 죽어 있는 교실이다. 서로 서로 더불어 배우기 위해서는 서로 서로 교실에서부터 부대껴야 한다. 학생들간의 생각에 따라 도토리 키재기 지식이라도 활발하게 주고 받아야 한다. 피아제가 말한대로, 초등학교 교실에서는 수많은 지식들이 엉뚱한 방식으로 경험되도록 해주어야 한다. 이것이 창의력을 살리는 교육이고, 그것이 자기들을 표현하게 만드는 살아 있는 교육이다. 칠판교육, 판서교육, 베끼는 교육, 외우는 교육밖에 받아본 적이 없는 어른들 때문에 아이들의 교육이 죽어가게 방치해버릴 수는 없다

아이들을 위해 무엇을 해줄까

지금과 같은 우리의 교실 교육환경을 바꾸지 않고서는 인성교육이고, 창의성 교육이고 그 모두가 공염불이 될 뿐이다. 이제는 대통령이, 교육부장관이, 교육감이, 교장이, 어른들이 아이들을 위해 창의성을 발휘할 때이다.

아이들을 칠판 중심의 암기교육으로부터 구해내고 동시에 그들끼리 협동하는 교육을 위해서는 우선 먼저 교실에서 칠판부터 떼어버리는 운동이 일어나야 한다. 이 칠판 떼어버리기 운동이 성공하기 위해서는 1) 칠판이 교실에서 추방된다면 교사 스스로 '나는 교실에서 무엇을 어떻게 가르쳐야 하는가'를 자문자답해야 한다. 2) 교장의 교육과정 운영능력이 젊어져야 한다. 3) 교사들은 어린이들이 그들의 교실학습환경을 이끌어나가는 교안을 만들어야 한다. 4) 아이들끼리 서로서로 배우고 익히게 만드는 서로돕기 협력학습 분위기를 만들어야 한다. 5) 교실마다 아동들의 사물함을 설치해 주어야 한다. 이를 위해 우선 기업이나 지역사회가 적극적으로 협력해야 한다.

3

청소년 문화

우리 청소년 외국인에 대한 인식 협소하다/ 데보라 신드롬과 우리 청소년/
청소년들이여, 자기됨을 확인하기 위해서라도 봉사하라/ 바른 청소년 육성
을 위한 사회적 과제/ 창소년 금연운동을 벌이자/ 청소년 연극의 사회교육
적 기능과 효과/ 신촌문화와 대학문화

우리청소년, 외국인에 대한 인식 협소하다

외국인을 바라보는 우리 청소년들의 시각에 교정이 필요하다. 외국인을 인지하는 폭과 내용이 상당히 굴절되어 있기 때문이다. 조사에서 보는 것처럼 우리 청소년들의 눈에는 일본인들이 일을 열심히 하는 근면한 사람들이며, 예의가 매우 바른 사람들로 비치고 있다. 일본인들에 비해 미국인들은 현실적인 사람들로 평가되고 있다. 중국인들에 대한 시각은 미국인들이나 일본인들에 비해 상대적으로 낮은 편이다. 단지 중국인들은 근면한 사람들로만 이해되고 있다. 그런데 그들이 이렇게 평가하는 데 활용된 것은 이상과 편견 그리고 단편적인 상식 등으로, 별로 신뢰할 만한 판단자료가 되지 못한다. 이런 우리 청소년들이 갖고 있는 인종편견의 근시나 인종차별에 대한 원시현상 혹은 인종색맹을 교정하지 않는 한, 다른 문화에 대한 우리 청소년들의 세계화는 계속 비뚤어지게 될 것이다.

도심지에서 슬쩍 슬쩍 우리 곁을 지나가는 백인들을 힐끗 쳐다보고는 그들을 직관적으로 미국인이라고 간주해버리는 그 잘못된 판단에서부터 그들이 현실적이라든지, 그들은 현실적일 것이라고 미루어 짐작하는 우리 청소년들의 판단이 우리를 더 놀라게 한다. 이제는 흔히 만날 수도 없는 화교(華僑)들을 중국음식점에서 한두 번 마주치거나, 아니면 중국음식점이라는 간판을 내걸고 장사하는 한국사람들을 중국인으로 오인하고 내린 그들에 대한 편견도 무섭기만 하다. 심지어는 신문지상이나 어른들이 단편적으로 소개하는 일본인들에 대한 몇몇 편파적인 상식으로 일본들이 어떠어떠하다고 각색하는 청소년들의 태도 역시 두렵기만 하다.

외국인에 대한 이런 인식으로는 그들과 바르게 대화할 수 없고, 국제시장에서 그들과 정정당당히 경쟁할 수도 없다. 현실적으로 우리는 타인종에 대한 우리 어른들의 편견을 보다 더 문제로 삼아야 한다. 우리 스스로를 그 누군가가 엽전이나 김치라고 한마디만 건네도 그것에 대해 광분하면서 다른 인종에 대해서는 양키, 쪽바리, 뙤놈, 깜둥이, 맥짝(미국의 한인사회에서 히스패닉계 사람들을 멕시코인으로 통칭해서 비하하는 말)이라고 거침없이 내뱉는 어른들의 인종편견은 놀랄 만하다. 이런 인종편견은 우리 스스로를 단일민족으로 자부하는 데서 오는 자민족(自民族)우월주의의 결과일 것이다. 이런 인종편견은 끝내, 외국인의 이미지에 관한 우리 청소년들의 폭 좁은 인식에서 보았듯이, 인종색맹(人種色盲) 혹은 타민족에 대한 까막눈을 만들어 놓게 된다.

외국문화와의 접촉 기회가 적은 우리의 청소년들이 타민족이나 다른 국가에 대한 까막눈이 되는 데에는 텔레비전이나 영상매체의 영향력이 크다. 외국에 대한 선별적인 지식보다는 최근의 유행이나 오래된 편견을 무차별적으로 쏟아 부어대는 영상매체에 대한 바른 인식 없이, 그들로 얻은 정보들을 하나의 지식으로 전달하는 학교교사나 학부모들에게도 책임이 있다. 이제는 보다 능동적인 입장에서서 학부모와 교사들 그리고 청소년지도자들에게 다문화접촉(多文化接觸)교육을 강화해야 할 때이다. 왜냐하면, 외국에 대한 어른들의 무지나 편견은 청소년에게는 외국인을 이해하는 데 활용되는 세계화의 창이나 틀로 작용하기 때문이다.

청소년들에게 세계화의 중요성을 가르치기 위해서는 우선 외국문화와 외국인을 바르게 판단하기 위한 다중문화교육이 필요하다. 지금의 우리 교육현실에서 가르쳐지는 외국에 대한 교육은 다중문화교육의 첫단계로서 외국문화 인지교육(Cultural awareness:文化認知)이 있다. 이것은 외국국가나 외국인을 하나의 지식으로 다루는 아주 초보적인 교육이다. 이것보다 조금 앞서 있는 교육방식은 유네스코 등과 같은 기관에서 강조하는 다문화 이해교육(cultural understanding)이 있다. 이것은 외국문화에 대한 보다 적극적인 이해와 접근 태도를 강조하기는 하지만 청소년들의 세계화를 위해서는 부족하다. 보다 적극적인 방법은 다문화체험교육(cultural experience)이다. 이를 위해서는 교사가 먼저 외국문화에 대한 접촉과 경험이 있어야 한다. 학교 단위로 혹은 청소년단체들이 청소년들에게 외국을 접촉하게 하거나 외국학교와 문화교류를 시도할 때, 청소년들의 외국참여의 폭은 넓어질 것이다. 청소년들에게 세계화의 의미와 방법을 일깨워주기 위해서는 외국에 대한 직접적인 접촉보나 너 좋은 방법은 없을 것이다.

데보라 신드롬과 우리 청소년

미국에서 소설로서 최고의 인기를 끈 '세상은 다 그런거야'는 인간의 정신세계를 면밀하게 그려내고 있는 소설이다. 특히, 청소년기에 있는 주인공 데보라가 정신병원에 입원한 후 3년 동안 그녀가 겪는 투병생활의 모든 것을 자세하게 그려내고 있는 소설이다. 글의 형식은 소설의 형식을 빌고 있으나 소설의 형식을 빌어 인간의 정신세계, 특히 청소년들의 정신세계에 대한 전문적인 지식과 상식, 정신의학적인 사실 그리고 학부모가 갖추어야 할 교육학적인 사실들을 자세하게 다루고 있다. 따라서 단순한 흥미본위 소설로 치부하기에는 너무나도 배울 것이 많은, 차라리 밑줄을 그어가며 어른들이 읽어야 할 아름다운 교육용 소설이다.

이 책은 정신적인 질환을 앓고 있는 주인공인 데보라가 현실세계를 빠져나와 그녀만이 꿈꿀 수 있는 상상의 세계 속에서 그녀만이 그려낼 수 있는 공상 속 인물들과의 갖가지 이야깃거리를 자세하게 그려내고 있다. 그녀는 현실세계 속에서 겪어내야 할 그 이상으로 그녀의 상상생활 속에서도 그녀를 괴롭히는 여러 공상 속의 神들과 갈등과 사투를 벌이기도 한다. 그러나 그 모든 그녀의 현실세계에서 그녀의 아버지, 어머니, 친구 등등과 경험했던 그런 일들과 밀접한 관련을 맺고 있다.

이 소설 속에서는 데보라에게 있어서 없어서는 안 될 인물에 대한 묘사에 대해서도 친절하다. 그는 그녀를 치료하는 의사이다. 데보라가 겪는 투병과정과 그녀의 내면세계를 심각하게 이해하고 그녀에게 정신적 건강을 다시 찾아주려고 노력하는 정신과 의사인 프라이드 의사의 노력은 가히 처절하기까지하다. 데보라에 대한 그의 인간적인 이해는 어른들이 자녀들의 정신건강을 위해 어떻게 행동해야 하는지를 알려주는 한편의 모델과 같다.

프라이드 의사의 노력을 통해, 사춘기의 청소년들이 성장해나가는 과정에서 겪어야 하는 여러 가지 일들, 자기 아닌 어른들에게는 그 언제나 사소해보이는 작은 사건사건들이 청소년 본인들에게는 그 얼마나 중압감을 주는 커다란 사건이 되는지를 한번 더 진지하게 깨닫게 된다. 그런 작은 일들이 청소년들에게는 그들 생의 리듬을 바꾸어 놓는다는 점을 제대로 깨닫고 있지 못하는 그녀의 아버지나 친지들의 행동을 보면 어른들이 자라나는 청소년들을 위해 어떤 일은 하지 말아야 하는지를 깨닫게 해주며, 그런 것과 끊임없이 사투를 벌이는 청소년들의 갈등에 다시 한 번 옷깃을 여미게 된다.

1964년에 발간된 이후로 지금까지 500만부가 넘는 엄청난 판매부수를 기록하고 있는 이 책은 시카고 트리뷴과 같은 신문에서, 인간의 병든 내면세계를 깊이있고도 흥미진진하게 그린 책이라는 평을 받은 바 있다. 아예, 뉴욕 타임스지는 서평을 통해 이 책이야말로 오늘날 청소년을 키우는 부모들에게 필독서라고 말하고 있다. "젊은 환자의 마음 속 갈등을 극적으로 나타낸 매우 놀라운 작품…. 놀랍고도 강한 의지로, 그녀는 사악하고 복잡한 현실세계에서의 삶과 안전한 상상의 세계에서의 삶의 이유를 설득력있게 호소함으로써 우리의 마음을 사로잡는다"고 뉴욕 타임즈지는 최고의 서평을 써낸 바 있다.

또한 미국, 매닝거 재단의 정신과 의사인 칼 메닝거(Karl Menninger) 박사는 16살 소녀 데보라가 꿈꾸는 상상의 세계와 현실세계와의 괴리와 그를 통해 나타나는 정신병의 세계를 날카롭게 파헤친 감명깊은 소설이라고

평한 바 있다. 칼 메닝거 박사는 정신분석학자로서 인간의 자살행위와 내
면생활에 관한 정신분석학적인 이해에 관한 세계적인 권위자이다. 그의 분
석에 의하면, 현대생활 속에 내팽겨쳐진 젊은이들을 위해 현명한 부모라면
당연히 이 책을 가정교육의 필독서로 꼽아야 할 것이라고 찬사를 보내고
있다.

　이 책을 쓴 죠엔 그린버그는 미국 콜로라도 대학과 영국에서 런던대학을 졸업했
으며, 두 아들, 그리고 남편과 더불어 한적한 콜로라도 산정에 살면서 집필에 몰두하
고 있다. 그녀가 써서 히트한 소설책들로서, 『월요일의 소리』, 『왕의 사람들』, 『서머
링』 같은 것이 있다.

청소년들여, 자기됨을 확인하기 위해서라도 봉사하라

인간적인 욕구와 삶의 향유는 동물적인 속성, 바로 그것이다. 그러나 인간은 이런 욕구만으로 이루어지는 것이 아니다. 인간은 동물적인 속성을 벗어나 욕망하는 존재로 나아간다. 인간의 욕망은 인간 스스로 삶의 무한성을 가능하게 만드는 정말로 인간적인 속성이다. 동물에서는 발견할 수 없는 윤리적이며 동시에 철학적인 것이다. 인간처럼 살아가려는 윤리적 욕망은 생물학적 욕구와는 차원이 다른 탈물질적인 것, 혹은 다분히 인간적인 것이다. 인간의 주체가 죽은 그 자리에 다시 들어서는 인간 주체의 모습은 바로 이런 윤리적인 욕망의 존재인 것이다. 이때의 욕망은 동물 아닌 인간으로서의 존재하려는 유일한 욕망이나 존재하려는 절대적이 노력과 같다. 인간으로서 존재하려는 윤리적인 욕망은 타자와의 열린 관계를 통해서 확인된다. 다른 사람과의 관계맺음의 욕망은 인간 특유의 욕망이다. 다른 이와의 관계맺음이나 다른이들의 고통에 대한 관심과 연대를 통해 인간은 자기성의 확립을 벗어나는 존재하려는 노력으로서의 욕망을 경험하게 된다. 타인의 존재는 나의 세계로 환원이 불가능한 존재이다. 다른 사람들과의 관계맺음 역시 나의 세계로 환원이 불가능하다. 다른이와의 관계맺음이 환원 불가능하다는 점은 인간의 새로운 욕망을 자극한다. 다른이의 존재가 나의 존재 확인을 위해 확실한 준거임을 드러내고 있다. '나는 자유롭다. 고로 나는 존재한다'고 절규한 실존주의 철학자 사르트르의 절규 역시 다른이와의 관계맺음이 갖게 되는 중요성을 새롭게 역설하는 대목이라고 볼 수 있다. 내가 자유롭기 위해서는 나는 다른 사람과의 관계를 맺을 수밖에 없다. 다른이와의 만남을 통해, 다른이와의 대화를 통해 비로소 내가 주체로서 설 수 있고 그래야 나의 자유로움을 외칠 수 있게 된다. 이런 관계맺음이 결여된 상태에서의 자유로움에 대한 확인은 군중 속의 고독과 별다른 차이가 없기 때문이다. 결국, 내가 자유롭기 위해서는 낯선 타인과의 관계맺음이 필요한 것이다. 다른이와의 관계맺음은 나의 자유를 구속하는 것이 아니다. 오히려 인간 주체의 자유로움을 확인해주는 새로운 증거이다.

여러 가지로 곤궁한 사람들이 나에게 도움을 호소할 때, 사회적 불의에 의해 유린당한 모습으로 도움을 원할 때, 경제적 착취로부터 헐벗은 모습으로 도움을 갈구할 때, 교육적으로 고통받는 모습으로 다른이들이 도움을 호소할 때, 그들을 받아들이고, 그들을 대신해서 짐을 지며, 빵을 나누는 가운데 인간 주체의 의미를 새롭게 부여받으며 동시에 그 모습으로부터 인간의 새로움 주체됨을 확인하게 된다. 아무것도 가지고 있지 못함, 그래서 나에게 무력한 상태로 드러나 있는 다른이의 모습은 그들의 무력함에 대한 이해를 요구하는 것이 아니다. 그것은 무력함에 대한 도움을 명령하고 있다. 타인들은 무기력하기 때문에 무력한 것이 아니다. 무력하기 때문에 무기력한 것이다. 도움을 향한 강한 명령을 나라는 주체가 철저하게 외면하고 있기 때문에 그들이 무기력한 것이다. 그런 무력한 타인들의 모습들이 힘을 지닌 나에 대해 윤리적인 도움을 요구해올 때, 나는 그들에게 기꺼이 다가서야 하는 것이다. 바로 이것이 봉사이며 바로 이것이 인간이 남을 향해 기꺼이 해야 할 일이다.

그러나 이런 봉사는 별안간 한 순간에 일어나는 그런 것이 아니다. 봉사에 대한 강한 인간적인 충동이 인간의 마음 속 깊이 자리잡고 있더라도, 그것을 겉으로 드러내는 훈련과 노력이 없는 봉사활동은 겉치레일 뿐이다.

이미 인간은 7세부터 12세가 되면, 그들의 도덕적 양심과 윤리적인 규율은 사회적으로 오염되고, 문화적으로 훼손당하기 시작한다. 이런 것을 가능한 지연시킴으로써 인간 본연의 모습을 드러내는 봉사훈련을 청소년기부터 차근차근 쌓아가는 것은 인간 본연의 모습을 지니고 있는 인간의 영혼을 맑게 드러내는 아름다움 그 자체인 것이다. 청소년이여, 자신들의 마음 속에 간직된 그 아름다운 인간의 모습을 매일같이 드러내보라.

바른 청소년 육성을 위한 사회적 과제

바른 청소년을 보호하고 육성하는 일은 기본적으로 우리 청소년들이 '인간적인 성장과 발전을 거쳐 성숙한 시민으로 활동할 수 있도록' 돕는 일에서 시작된다. 청소년 보호육성을 위한 각종 정책과 문화활동이 전국적으로 활성화되기 위해서는 두 가지 과제와 태도가 필요하다. 그 두 과제란, 예방과 치료 그리고 성숙과 발전으로 집약된다.

예방의 개념을 청소년들에게 잘 놀게 해주라는 말과 비슷하게 이해해도 무리는 없다. 모든 인간은 인간이 되기 위해 청소년기를 거치게 된다. 그렇기에 사람들이 제 아무리 싫어해도, 이 세상을 살아가려면 당연히 거쳐야 하는 어느 인생과정의 한 단면이 바로 청소년기라는 뜻에서, 이 청소년기는 인생살이에 붙어다니는 하나의 '병'으로 비유될 수도 있다. 청소년기는 대부분의 사람이 앓아야 하는 인생의 홍역과도 같은 것이기 때문에, 누구에게든 그 어떤 뾰족한 수는 없다. 상황이 그렇기는 해도 청소년들이 그 인생의 병을 심각하게 앓지 않도록 미리미리 가꿔줄 필요가 있다. 그래서 청소년기라는 '병'에 대한 예방작업이야 말로, 청소년의 보호를 위해 절대로 필요하다.

치료, 이것 역시 청소년기에 필요한 두번째의 속성으로는, 청소년 보호육성을 위해 꼭 준비해두어야 할 것이다. 청소년기라는 '병'은 잘 앓고 나기만 하면, 평생면역이 되는 질병과 같기에, 청소년기에 생긴 여러 가지 상처와 갈등을 잘 치유해주어야 한다. 그래야 모든 청소년은 사회인으로서 잘 성장할 수가 있다.

젊은이 열 관리방식의 차별화

총각(總角)이라는 젊은이는 말 그대로 젊음이라는 뿔이 나 있는 그래서 발산시켜야 할 에너지가 철철 넘치는 그런 세대들로 이해하면, 이미 해결책의 반은 이해한 셈이다. 신체적으로도 발산시켜야 할 '열'이 많을 뿐만 아니라, 정신적으로도 해소시켜야 할 '스트레스'가 많은 사람들이다. 이들의 에너지를 적절하게 발산시켜주기 위해서는 '놀이'의 종류와 '놀이의 수단'이 많아야 한다. 호이징거의 말을 굳이 빌리지 않더라도, 인간은 놀이의 동물이며, 젊은이는 이 놀이를 통해 게임의 규칙, 협동의 규칙, 경쟁의 의미, 실수의 교훈, 인간관계의 질 등을 배우며, 그것을 제일 빠르게 사회화하는 사람들이다. 이런 놀이에 대한 여러 규칙과 규범들의 사회화된 결과는 '청소년 문화'를 형성하게 되고 이런 청소년의 문화는 청소년의 삶의 질을 결정하게 된다. 그래서 청소년의 운명은 그들이 '어느 곳'에서, '무엇을', 어떻게 즐기고 노느냐 하는 그것에 따라 결정된다는 말이 빈말은 아닌 듯 싶다.

비행청소년이라고 지칭되는 젊은이들은 일반청소년들과 한 가지 점에서 유별난 차이가 있다. 그것은 그들이 즐겨 노는 '장소'와 '일감'이, 일반 젊은이에 비해 유달리 달랐던 젊은이들이라는 점이다. 다시 말해서, 그들의 열을 관리하는 방식이 일반 젊은이와 달랐던 청소년들이라고 볼 수 있다. 그렇기에 '젊은이를 위한 대책'이 보다 더 필요하고, 대책이 의미를 갖기 위해서는 원칙도 필요하나.

이런 대책은, '치료' 쪽에 더 무게중심을 두는 비행청소년 대책 마련과는 달리, 청소년 비행 '예방'을 더 중요시해야 한다. 청소년 문화는 젊은이들의 성장발달 특성과 그들의 놀이, 그런 것을 통해 자라나는 여러 가지 방식, 말하자면, 청소년들의 행동에 관계된 '지식이나 태도 혹은 태도유형'으로 나타난다. 청소년 문화는 기존의 성인 문화에 비해 차별성을 가질 수밖에 없다. 젊은이 문화는 젊은이의 열기를 하나하나의 꽃봉오리로 피우는 토양이 되기에, 어른의 문화와는 다를 수밖에 없다.

젊은이 문화를 가능하게 만드는 원천은 거칠게 말하면 두 곳이다. 첫째는 학교라는 교육기관이고, 둘째는 사회라는 사회교육의 터이다. 학교는 젊은이들에게 이 사회에서 생존하는 데 필요한 지식, 기술, 태도나 행동 등등을 체계적으로 가르쳐주는 곳이다. 학교교육 기관에서 익히고 배운 것들은 문명의 부산물로서 동시에 문명의 원천으로 되새김질 하는 것들로서 삶의 질을 결정해주는 힘이 강하다. 반면, 사회교육의 터인 사회는 젊은이들에게 이 사회를 견뎌나가는 데 필요한 감각과 정서들의 '멋', '맛', '끼' 등을 체험하게 해주는 곳이다. 사회에서 익히고 터득한 것들은 문화의 부산물이며 동시에 문화의 원천으로 되돌려진다.

청소년보호 시민운동의 과제

청소년을 보호하고 육성하기 위한 일차적 과제는 유해환경으로부터 그들을 구해내는 일이다. 유해환경들은 청소년을 바르게 보호하고 육성하는 일과는 거리가 먼 그런 음침한 토양이다. 청소년을 유혹하는 힘이 강한 그런 유해환경을 염두에 두지 않고서는 청소년을 보호할 수 있는 프로그램이 제대로 나올 수가 없다.

현실적으로 청소년 유해환경이 이 사회에서 쉽사리 척결되거나 정화되지 않는 여러 가지 이유들이 있다. 무엇보다도 첫째로, 청소년 유해환경은 자본주의적이고도 상업주의적 입장에서 청소년을 주요 소비자로 삼고 있으며, 이들의 소비로부터 엄청난 경제적 이득을 취하고 있기 때문이다. 둘째로, 청소년들이 유해환경에 손쉽게 접근할 수 있는 접근기회가 너무도 많기 때문이다. 그들은 그렇게 열린 기회를 통해 극도의 쾌락감을 맛보며, 그런 기회는 청소년들에게 유해환경은 그들을 위해 필요하다는 강한 욕구를 갖게 만들어 놓는다. 셋째, 청소년들에게 부정적인 영향을 끼치는 유해환경들은 그 나름대로 생존구조를 축적해왔기에, 아무리 어려운 조건 속에서라도 살아남을 수 있는 사회, 경제, 행정적 이해관계의 그물망을 구성해 놓고 있기 때문이다. 따라서 이들과의 싸움은 생존을 판가름하듯 처절해질 수밖에 없다.

청소년 보호 육성의 토양마련의 과제

청소년을 유해환경으로부터 구출해내는 일은 청소년을 보호육성하기 위한 절대절명의 일감이다. 그런 유해환경과의 우리 싸움 역시 처절할 수밖에 없으며 그들보다는 훨씬 전략적이어야 한다. 예를 들어, 담배자판기 추방이나 유흥업소 정화운동을 벌인다고 할 때, 그것은 손쉽게 이루어질 수 있는 일이 아니므로, 여러 가지 투쟁전략과 용기가 필요하다. 유해환경 개선작업은 단순한 여가선용이나 자원봉사적인 심리적 해소 같은 그런 것만은 아니기 때문에 유해환경 개선에 대한 정치적이고도 사회적인 두려움은 도처에서 매시간마다 경험할 수 있다. 유해환경 개선작업은 사회, 정치, 경제 문화적인 개선작업으로서 민권확보적 활동이다. 유해환경 개선작업이나 그런 개선운동 과정 중 참여 시민 단체가 사회 정치적 공포를 느낀다는 것은 당연한 일이며, 오히려 그것은 우리 시민에게 교육적 가능성과 교육적 꿈이 있다는 것을 상징해줄 뿐이다. 사회적인 미래나 꿈이 없다면 사회 정치적 두려움도 없다. 교육적 기대가 있다는 것은 인간이 살아 있다는 것을 상징하는 것이기 때문에 두려움을 부정하는 것은 꿈과 생존을 부정하는 것과 마찬가지이다. 꿈을 실천하려는 노력의 결과로서 나타난 현상이 바로 두려움이라는 것이라는 점을 제대로 인식하면 인식할수록 우리는 청소년을 위해 그 꿈을 어떻게 실천해낼 수 있는지 분명하게 배울 수 있게 된다.

어쨌든, 그렇게들 앓으며 아파하며 그래도 번듯번듯한 시민으로 잘 커나가는 우리 청소년들에게 진정으로 관심이 있거든, 모든 청소년단체는 모름지기 문화적이고도 정치적인 시민운동체의 성격을 지녀야 한다. 왜냐하면, 청소년을 보호하기 위해 유해환경을 개선하는 일은 인간 생존의 의미와 교육의 본질을 재정립하는 일이며, 시민의 사회, 정치, 문화적 결단을 위한 이론적 전망과 실천을 가다듬음으로써 교육에 대한 총체적 전망성을 확보하는 민주문화 정착적 시민운동이기 때문이다. .

청소년 운동단체들의 연대과제

유해환경 개선을 통해 우리가 새로운 청소년에 대한 총체적인 성장과 발전이라는 꿈을 실천해내기 위해서는 교육환경 개선에 관한 집단적이며 공동적인 활동을 전개해야 한다. 학부모 혼자 행동하겠다는 것은 유해환경 개선작업을 포기하는 것과도 흡사하다. 비교육적 유해환경은 괴물과 같아서 그런 괴물에게 혼자 대드는 것 그 자체가 낭만적인 행위이며 또한 교육적으로도 불가능할 뿐이다. 청소년 단체가 교육환경 개선을 위해 누구와 더불어 어떻게 추진해야 하는지를 잘 알아야 한다. 이것은 혼자가 아님을 확인하는 길이다. 유해환경을 개선하는 운동은 교육환경 개선에 대한 사회, 정치, 문화적 두려움을 있는 그대로 수용함으로써 그것을 사회개혁에 활용하는 운동이다. 때문에 청소년 단체는 청소년과 정부라는 통치체제, 그리고 상업주의에 길든 기업가들 사이에 위치하면서 개인과 정부 간의 사회, 정치, 경제, 문화관계를 이어주는 교량매체가 된다.

청소년의 문화적 욕구와 공공 행정기관의 사회, 정치적 욕구는 형태나 속성에 있어서 서로 다르다. 예를 들어 대학입시나 유해환경 개선문제는 청소년의 욕구와 무관하지 않다. 그러나 행정기관은 그 대책이 원천적으로 공공행정 기관의 활동 영역에 속한다고 주장함으로써 각기 서로 상반된 입장을 취한다. 따라서 청소년과 행정부 간에는 일련의 정치적이며 정책적인 갈등상황이 야기된다. 이때 개인의 욕구와 행정부 간의 욕구 차이를 완충시켜주는 역할은 청소년 단체가 감당해야 할 일이다.

청소년 행정기관의 협조과제

민주시민 국가일수록 개인과 행정부 사이에는 더 많은 갈등이 있게 마련이다. 왜 국민 개인과 행정부 간에는 정치적이거나 사회적인 갈등이 끊임없이 야기되는가. 빈번한 갈등현상 그 자체가 무조건 복지사회의 징표일 수만은 없다. 이 말은 단지 개인과 행정부 간의 갈등이나 마찰을 무조건 단죄하거나 그것을 원천적으로 억압할 필요가 없음을 의미해줄 뿐이다.

민주시민국가일수록 청소년 단체들은 더욱 더 행정부에게 보다 많은 지원과 봉사를 요구한다. 청소년 단체들은 행정부에게 더 많은 지원과 봉사를 요구하면서도 반대로 행정부의 간섭이나 관료주의적 편의주의 행정만큼은 극소화되기를 바란다. 결국 양자간의 갈등은 행정부가 청소년 단체에게 근본적으로 비인간적이며 절차주의적, 간섭주의적인 부조리 덩어리로 인식되는 상황 속에서 청소년 단체들이 행정부에게 보다 더 많은 지원과 보다 더 적은 간섭이라는 상반된 두 가지 욕구를 적절히 충족시키기를 원하는 데서 필연적으로 나타나게 된다.

그러나 청소년 단체들은 이 양자간의 욕구를 제대로 만족시켜줄 대안을 마련해야 한다는 관심보다는 비판에 보다 많은 시간을 할애해왔다. 행정부에 대한 반발이나 불신을 덜어내면서도 동시에 행정부로부터 많은 지원과 봉사를 받아내게 만들어줄 수 있는 대안을 찾는 일에는 둔감하면서도 그 대신 상호 비판과 비난을 양쪽에서 주고 받았다. 따라서 문민사회가 실현된다고 홍보되면 홍보될수록 더욱 청소년 단체와 행정부 간에는 자기몫을 찾기 위한 갈등과 위기 상황의 그런 분위기가 팽배하게 되는데 이것은 에너지의 낭비일 뿐이다. 청소년을 위해서는 서로가 서로를 필요로 하기에 그들에게도 정신적인 에너지를 줄 필요가 있다.

놀이중심 청소년 지도과제

청소년을 보호하기 위해서는 무엇보다도 먼저 청소년들이 주로 노는 곳이 어디이며 무엇을 하고 노는지를 잘 알아야 한다. 청소년을 위한 거점 확보는 두 가지 방향에서 추진되어야 한다. 그 첫째는 청소년들이 자주 접하지만 그 접촉의 결과가 유해한 청소년들의 놀이거점들에 대한 접촉 우선순위를 바꾸어야 한다. 이런 일을 적극적으로 하는 예로서, 청소년들이 즐겨 찾는 전자오락실 등을 청소년 단체나 학교 안에 설치해놓고 청소년들을 불러들임으로써, 오락실 접촉에 대한 청소년들의 관심과 우선순위를 바꾸어 보는 일 같은 것을 들 수 있다. 또는 3인조 길거리 농구대를 아파트마다,

동네빈터마다 설치하여 그들을 동네 안으로 끌어들일 필요도 있다. 이제는 아파트에 어린이 놀이터 못지 않게 청소년 농구대, 청소년 탁구대, 청소년 당구대를 설치해서 그 옛날처럼 어른들도 훤하게 들여다 볼 수 있는 동네 놀이로 청소년들을 순화시켜야 한다.

둘째, 청소년들의 접촉문화 프로그램이나 청소년 프로그램을 청소년 거점의 속성에 맞게 거점별로 차별화시키는 일도 필요하다(참고: 이중한,1992). 청소년을 위한 프로그램의 다양화를 위해 공공 도서관, 문화관, 박물관, 문예회관, 구민회관 등에 청소년을 위한 거점별 활동공간을 만들고 여기에 도입될 프로그램 내용물들의 질적 기준을 향상시키는 것이다. 즉, 거점별 실수요자들인 청소년들의 문화적 요구와 그것에 맞는, 실제 가능한 프로그램들이 무엇인가를 점검하고, 그것을 보다 청소년들에게 가깝게 좁히는 방안을 만들어야 한다. 이런 프로그램을 교육전문가에게만 맡겨서는 도식화되기 쉽다. 그들과 문화전문가들에 의해서 공동으로 만들어 청소년들에게 진짜의 새미를 줄 수 있는 것이어야 한다.

'발거리 닿기' 청소년 상담과제

청소년들의 성장은 늘 달라지고 새로워지는 것이 무엇인가에서 찾아야 한다. 청소년들은 성인세대와는 달리, 의식의 변화뿐만 아니라 라이프 스타일, 인생살이 그 자체가 달라지고 있다. 대중사회이며 산업사회에서는 그들이 아무리 빨리 변한다고 해도 그래도 변화되는 패턴이라도 잡아낼 수가 있었다. 그러나 이런 산업사회의 대중사회적인 성격은 정치적으로 뿐만 아니라 문화적으로도 붕괴되고 있다. 이제는 대중정치, 해체된 대중문화 대신 분할된 시민정치 부할된 시민분화가 출현하는 '분중사회' 가 되었고 청소년들은 더욱더 분중화된 청소년 문화를 즐기고 있다.

분중사회화된 청소년의 문화는 1) 남과는 질적으로 차별화된 삶 2) '나' 중심의 인간관계 3) 자립적인 태도 4) 예측불허의 내용 5) 이질적인 것에 대한 관대한 허용 6) 지역 단위로 개별화되고 응집된 활동을 그 특징으로 하고 있기 때문에 청소년을 위한 청소년 단체들의 시민운동 역시 성격에 맞도록 작은 단위로 차별화되고 응집화되어야 할 것이다.

청소년을 보호 육성하려거든 책상에 앉아 있지 말고 그들이 모여 놀고 있는 현장으로 기어들어가는 노력을 발휘해야 한다. 이것은 일반교사들과 청소년 지도자들이 차별화되고 또 우대받아야 할 당위성을 드러내게 만드는 지점이다. 청소년들이 아파하는 거점으로 달려가(out) 그들의 가슴에 콱 와닿는(reach), 그래서 청소년들과 더불어 바닥을 기는 '발거리 닿기 활동'(outreach)이 청소년 프로그램의 기본이 되고 또 체질화되어야 한다.

교사와의 사회교육활동 전개과제

학교 그리고 교사와의 유대관계를 방치한 채, 홀로 전개되는 청소년 사업은 오래가지 못한다. 아무리 학교가 학생들을 붙잡아 놓고 버틴다고 하더라도 시대를 거역하지는 못한다. 학교가 문을 열도록, 학교교육의 문제를 계속 건드리지 않아도 이제 학교는 문을 열 수밖에 없다. 무리하지 않는 선에서 좋은 영화, 좋은 연극, 좋은 음악회와 같은 '질좋은 프로그램'을 만들어 학교를 찾아가서 교사들과 접촉해야 한다. 그리고 '깨어 있는' 교장, 교사들과 더불어 청소년을 구하는 데 최선을 다해야 할 것이다. 그러나 교사만으로는 부족하다. 청소년들을 돕기 위해서는 근로장이나 기업 등 사회 모두가 그들을 위한 건전한 배움의 교실로 작용해야 한다.

일반적으로 사회학습에는 세 가지 서로 다른 단계가 있다. 그 첫째는 학습감응이고 둘째는 학습참여 그리고 마지막 단계는 학습사회 건설이다. 학습감응은 배우기를 학습하는 일이다. 배우기를 학습하는 것(learning to learn)은 교육을 가르치는 행위에 국한시켜 가르침을 주요 임무로 삼고 있는 교사가 학교교실에서 배워야 할 위치에 있다고 판단되는 학습자에게 지식, 상식 일반을 가르쳐주는 단계이다. 이 단계는 학생들로 하여금 학습현실과 교육현실을 인지하도록 만드는 학습감응의 단계(phase of sensitization)일 뿐이다. 학습감응의 단계 속에서 학생들은 쓰고, 읽고, 셈할 수 있는 생존기능을 기르며 동시에 국가나 사회의 요구에 사회 정치적으로 교화 순화하게 되나 그 이상의 자율적인 교육을 수행하는 데는 힘이 부칠 뿐이다. 학교교육으로서는 그 이상의 교육을 행할 수 없다.

청소년이 제대로 보호되기 위해서는 우리 모두가 서로가 서로에게 배우고 가르칠 수 있는 '교육사회'를 만들어야 한다. 교육사회가 건설될 때 청소년들은 그 어느 곳에서 일을 하더라도 자기의 생애를 평생학습기간으로 삼아 자신의 능력에 합당한 시민의 역할을 담당하게 될 것이다. 그렇게 하기 위해서는 비진학 청소년들이 몸담고 있는 근로장은 단순한 노동의 장소라기보다는 직업에 대해 잘못 갖고 있던 생각들을 교정해주거나, 혹은 보완해주며 강화해주는 '상담크리닉'의 역할을 발휘해야 한다.

청소년들을 위한 삶의 질 개선과 사회적 발전의 책임을 청소년 자신들에게만 전가시키는 기계적이고도 도구적인 학습사회를 벗어나서 그 책임을 사회구조 그 자체에 우선적으로 묻고 해결책을 사회구성원 모두와 더불어 집단적으로 모색하는 공동체지향적 교육사회를 우리 모두가 건설할 때 비로소 우리 청소년은 마음놓고 이 세상에서 살아가게 될 것이다.

청소년 금연운동을 벌이자

우리 나라 청소년들은 청소년들이 당연히 누려야 할 그들의 권리를 제대로 누리지 못하고 여러 가지 비교육적인 환경 속에서 육체적으로 뿐만아니라 정신적으로도 꽤나 시달리고 있다. 서울시를 비롯한 대도시가 갖고 있는 비교육적인 환경은 탈선하는 청소년의 온상이 되고 있다. 사실 오늘의 대도시 청소년들은 그들이 마음껏 뛰어놀 공간도 제대로 갖고 있지 못하다. 심지어는 한때나마 그들에게는 유일한 놀이터였던 골목길마저 자동차들에게 빼앗겨버리고 말았다. 밤낮 그들이 접해야 하는 텔레비전 프로그램은 그들에게 절제되지 않은 유흥과 통제되지 못한 폭력물을 보여줌으로써 그들의 심신을 피곤하게 만들고 있다. 동시에 그들이 밤낮 지나쳐야 하는 지역사회의 사회교육환경 역시, 그들에게 인생살이의 본을 보여주기보다는 찰나적인 쾌락과 돈벌이의 중요성이나 알려주고 있다.

이런 저질적인 사회교육환경 속에서는 절제나 인내 혹은 근면과 같은 사회적인 가치의 중요성을 외치는 자체가 공허한 일이다. 청소년들은 어른들의 그런 훈계를 시대에 어긋나는 성인들의 넋두리라고 생각한다. 실제가 그렇다고 해도 성인들 스스로 청소년들의 잘못에 뒷짐을 지고 강건너 불구경하듯 가만히 있을 수는 없다. 그 아무도 한발 나서서 청소년들이 가꾸어야 하는 바른 문화를 제시하거나 그것을 보여주지 않는 한, 오늘의 청소년들은 그들의 정신건강을 지켜낼 도리가 없다.

오늘 현재 청소년들의 정신건강과 육체건강을 보호하고 그들의 고급문화를 지켜주기 위한 조치 중의 하나로 우리가 생각해 볼 수 있는 것은 청소년들의 금연운동문제이다. 장소와 시간 그리고 상황에 관계없이 무절제하게 태워지고 있는 청소년들의 건강을 이 상태로 처참하게 방치할 수는 없다. 이제는 성인들이 청소년들에게 금연을 권장할 때이다. 현실적으로 청소년들의 저질문화는 청소년흡연과 그 궤적을 함께 하고 있으며, 불량청소년들이 모이는 곳에서는 흡연과 음주가 일상화되고 있는 것이 오늘의 뒷골목 정경이다. 게다가 그들의 흡연행태는 일반 청소년들에게도 흡연의 유혹을 불러일으킨다.

이제는 청소년 보호 금연법을 제정해야 한다. 흡연이 흡연자의 건강뿐만 아니라 같은 장소에서 활동하고 있는 비흡연자의 건강에까지 해롭다는 것은 전세계적으로 잘 알려진 사실이다. 흡연이 시민 모두의 건강에 해롭다는 과학적인 증거에도 불구하고 흡연인구는 오히려 증가하고 있는 실정이다. 동시에 공공장소에서의 금연운동이 민간단체 수준에서 치열하게 전개되고 있음에도 불구하고 흡연인구는 줄어들고 있지 않다. 그 이유는 우리나라에서 새로운 흡연인구로 청소년층이 지속적으로 증가하고 있기 때문이다. 현실적으로 우리 나라 고교생 100 중 30명 꼴로 담배를 피우고 있으며, 심지어는 초등학교 학생들 100 중에서도 7명씩이나 흡연을 하고 있는 것으로 나타나고 있다. 대학생의 경우에는 10명 중 7명이 흡연을 일삼고 있다. 이들의 흡연은 주로 성인들의 눈을 피할 수 있는 밀폐된 장소와 청소년들이 주로 활동하고 있는 청소년 여가시설과 같은 공공장소에서 더욱 성행한다.

공공장소에서의 무절제한 흡연을 줄이려는 시도가 없는 것은 아니다. 즉, 청소년층뿐만 아니라 일반인에 의한 공공장소에서의 흡연을 줄이기 위해 현재 우리 나라에서도 미성년자 보호법, 공중위생법 그리고 공연법이

제정되어 있고, 이들 법에서는 금연에 관한 강제규정을 두고 있다. 그러나 이들 법에 의한 금연규제효과는 미비할 뿐만 아니라, 청소년들의 금연을 유도하기 위한 효과가 거의 없는 것으로 지적되고 있다. 왜냐하면, 현실적으로 금연을 권고하는 정도의 선언적 규제만으로는 청소년들의 흡연을 막을 수가 없다. 이러한 상황을 고려한다면, 공공장소에서의 청소년들의 흡연을 금지하는 보다 강력하고 포괄적인 청소년 보호 금연법을 제정할 필요가 있다.

동시에, 청소년 여가시설이 설치되어 있거나 학교시설로부터 1Km이내에 설치된 담배자판기를 철거하는 등의 구체적인 시민운동을 전개해야 한다. 청소년들의 금연을 실질적으로 유도하기 위해서는 청소년 금연을 유도해낼 수 있는 제도적 실천과 그에 관련된 시민실천운동이 필요하다. 그리고 청소년 흡연을 부추길 수 있는 일반 업소의 협조도 필요하다. 이런 관점에서, 청소년들이 담배를 자유롭게 구할 수 있게 만든 담배자판기의 설치를 규제할 필요가 있다. 즉, 청소년이 그들의 여가를 즐길 수 있는 공공 청소년 여가시설이 설치되어 있는 곳이거나 학교 주변에서는 담배자판기 설치를 제한하고 동시에 기존에 설치되어 있는 담배자판기를 청소년활동 관련 단체들이 제거할 수 있도록 행정적·재정적으로 조력할 필요가 있다.

마지막으로, 청소년을 위한 금연법 같은 것을 제정하는 일이 쉽지는 않을 것이다. 왜냐하면, 지자제가 실시된 후, 각 지방정부는 담배를 팔아 남긴 이득이 지방재정에 도움이 되기 때문에 금연보다는 주민의 흡연을 적극적으로 추진하고 있는 실정이기 때문이다. 그렇기에, 청소년 보호 시민운동단체들은 청소년들을 대신해서 우리 나라 담배제조업자나 외국의 담배제조업자들을 상대로 집단소송과 손해배상을 청구하는 그런 시민운동을 적극적으로 전개해야 한다. 일반 청소년들의 이익을 대변해줄 수 있는 것은 청소년들 그 자신이 아니라 어른들이기 때문에, 이런 운동을 전개하는 것은 어른들이 할 일을 제대로 하는 그런 것일 뿐이다. 이미 세계의 여론망을 통해 잘 알려진 것처럼 담배 제조업자들은 흡연자들을 대상으로 최대의 이윤을 취하기 위해 흡연자들을 대상으로 못된 짓을 해왔다. 즉 흡연자들에게 니코틴 중독을 못 벗어나게 하기 위해서 담배에 니코틴 함량을 높여 제조해온 것이다. 이런 못된 점을 중시하여 미국에서는 일부 니코틴 중독자들과 시민운동자들이 또다른 수십만의 니코틴 중독자들을 위해 담배제조업자들을 상대로 집단소송을 벌이고 있다. 이에 대한 판결과 관계없이 우리들도 청소년들의 건강을 위해 담배제조업자를 상대로 집단소송을 전개해야 한다.

청소년 연극의 사회교육적 기능과 효과

　참된 교육이란 피교육자인 청소년을 주체로 하여 그들의 타고난 성품과 취미를 참되고 바르게 길러주어, 바람직한 사회인으로 만드는 것이다. 그런데 현재 우리 나라의 교육은 마치 군대훈련과 같이 학생들보다도 교사가 주체가 되어 교사의 편의대로 가정을 설정하여 학생들의 생각이나 움직임을 그 가정에 맞도록 교육하는 주조식(鑄造式) 교육에 지나지 않는다.

　청소년들 스스로 자신들만의 독특한 세계를 몸으로 체득하여 알게 되는 것들이 훨씬 효과적임에도 불구하고 교사와 부모님의 설교나 훈계, 관념적인 지시나 지식주입으로 학생들을 가르쳐왔다는 것이 우리의 교육현실인 셈이다. 시험진쟁치럼 되어버린 오늘날의 교육체제에 큰 원인이 있다고 볼 수 있으나, 그 근본원인은 교육을 인간이해와 인간성 회복이라는 관점에서 찾아보려는 인식이 부족한 탓으로 돌릴 수밖에 없다.

　진정 우리 나라 교육이 청소년중심의 자유로운 교육, 청소년들이 스스로 몸으로 배우는 교육, 학생들이 좋아하는 교육, 나아가서는 학교가 자유의 전당이 될 수 있는 교육이 되기 위해서 우리는 이제까지의 교육방침을 버리고 새로운 교육방침을 택해야 할 것이다.

　근래 외국에서는 이러한 교육의 문제점을 심각하게 논의하면서 교육에 있어서 지적인 가치의 중요성을 주장하고 있다. 그리고 이것을 예술의 기능에서 찾아 교육 프로그램의 일환으로 활용하는 방법이 활발하게 추진되고 있다. 특히 영국과 미국에서는 연극에서 그 방법과 기술을 찾아 많은 초등학교 교실에서 연극교실을 실시하고 있을 뿐 아니라 연기학교에서 연극교육을 전공할 수 있도록 되어 있다.

연극은 교육적인 기능을 발휘하고 있다. 연극은 청소년을 대상으로 얻을 수 있는 교육적인 효과는, 첫째 청소년들에게 흥(pleasure)과 즐거움을 주어 여가선용의 기회를 줄 수 있다는 점이다. 둘째 연극은 청소년들에게 신체적 성장의 촉진을 위한 도구가 될 수 있다는 점, 셋째 연극은 청소년들의 정서적 육체적 긴장을 해소해주는 치료요법의 역할을 할 수 있다는 점, 넷째 연극은 청소년들의 창의력을 높일 수 있다는 점, 다섯째 지적 탐구능력을 높일 수 있다는 점 등에서 다른 사회교육적인 활동의 효과에 비해 뛰어나다.

교육의 가장 중심적인 과제는 청소년들의 품성을 순화하고 강인하게 하는 인간교육이나 민주시민으로서의 자질을 갖추게 하는 데 그 목적이 있다. 우리의 생활과 언어, 사상과 감정 등 지극히 기본적이고 본질적인 인간의 성장과 발달을 도울 수 있는 연극은 이러한 교육목표를 달성하기 위한 좋은 교육방법이 될 수 있다.

그러나 아직까지 우리 나라에서는 연극교육(drama in education)이라든가 연극을 통한 교육이 별로 취급되지 않았고 또 이 분야에 관한 연구도 별로 행해지지 않고 있다. 하지만 미래의 바람직한 교육을 위해서라도 재고되어야 할 것이다. 초등학교, 중·고등학교를 거쳐서 고등교육을 받은 사람들 중에는 자기 사상이나 감정을 마음대로 펴기에 부족한 사람들이 많을 뿐 아니라 특히 전문지식을 갖춘 사람들 중에도 몰지각한 인간관계나 정신적으로나 인격적으로 미성숙한 인간상을 보게 된다. 이러한 현상은 모두가 학교교육에 있어서의 생활교육, 언어교육, 인간교육 등의 결핍에 기인하는 것이다.

청소년교육에서 교육방법은 매우 중요하다. 즉 청소년을 교육하는 교사의 역할이 대단히 중요하다. 더구나 연극교육에 있어서 교육을 담당할 교육자의 교육방법은 특별한 주의가 요구된다. 왜냐하면 이 경우에는 일반 연극에서와는 달리 청소년을 대상으로 한 연극교육이기 때문에 학생들의 창의력 계발이 우선 목표가 되는데, 일반적으로 창의성이란 자율이 유지될 수 있는 분위기, 그리고 형식적인 것보다는 무형식적인 자의식의 표출을 통해서만 형성되는 것이기 때문이다. 바람직한 청소년의 연극교육이란 타의나 자율에 의해서 표현되는 것보다는 청소년들 스스로가 생각한대로 자기 자신을 표현하게끔 해줌으로써 거기서 즐거움을 찾고 자연스럽게 성장을 익혀가도록 도와주는 데 있다.

우리 나라에서의 연극교육

우리 나라에서도 예전부터 학교 연극반에서는 특별활동시간을 통해 연극 활동을 계속해오고 있다. 그러나 입시위주의 교육에서 특별활동이란 그야말로 특별한 수업이다. 제대로 이루어지지 않을 뿐 아니라 그 활동이 1년에 한 번 있는 학예회 같은 행사를 위한 것이기 쉽다. 연극이나 영화, 드라마를 공부하는 학교가 대학이나 고등학교 과정에서 많이 생겨났다. 대학의 경우, 입시철만 되면 30대 1의 경쟁률을 웃도는 과잉 경쟁을 보이기도 한다. 그러나 과연 이것이 진정 연극 혹은 영화나 드라마의 발전을 상징하는 것은 아닐 것이다. 어쩌면 그만큼 청소년들은 이러한 욕구들을 가지고 있으면서도 배출하지 못하고 있었던 것이 아닌가 생각된다.

요즈음 청소년 문제로 대두되는 중·고등학생들의 노래방 출입도 이런 청소년들의 자기 확인과 분출 욕구에서 비롯된 것으로 보인다. 그들은 수업시간에는 선생님 이외에 말하는 것은 수업을 방해하는 행동으로 배우며 자랐다. 말하기, 듣기, 쓰기가 기본이라는 국어시간에 조차도 그들은 목소리를 낼 수 없다. 음악시간에도 그들은 노래를 부르는 것이 아니라 박자와 음계나 장단조를 따지는 이론수업뿐이다. 미술시간도 자연을 감상하고 그 감상을 화폭에 옮기는 것이 아니라 유명한 현대미술가의 그림과 작가를 외우기 바쁘다.

항상 밖에서 받아들일 것만을 강요받는 그들은 어쩌면 자기의 목소리를 내어 외치고 싶은 것인지도 모른다. 요즘의 아이들은 자신들의 목소리를 들어줄 누구도 없는 현실에서 자기의 목소리를 들어주는 이는 자신밖에 없는 좁은 노래방 안에 갇혀서 목소리를 높여 외치는 것은 아닌가 생각한다.

그러나 우리 나라에서도 아직까지 일반화되지는 않았지만, 근래에 와서 연극을 통한 청소년 교육을 진행하는 예가 많이 확대되고 있고 이전부터도 YMCA나 청소년 단체 등을 중심으로 청소년 캠프 프로그램의 일부로 행해져왔다.

청소년 캠프의 예를 들어보면, 연극공연은 3박 4일 정도의 캠프일정 중 가장 흥미있는 순서이다. 때로는 자신들이 주제를 가지고 짧은 연극을 만들기도 하고 일정한 상황을 설정하고 그 상황에 맞는 대응을 해보기도 하고 부모나 교사와 역할을 바꾸어서 역할극을 하기도 한다. 이런 역할극이나 상황극을 통해서 청소년들의 잠재된 의식을 드러내보기도 하고 혹은 기성세대에 대한 비판이나 불만을 토로하고, 상황에 대해 깊이 고민함으로써 상황에 대한 인지능력과 대처능력을 기를 수 있다. 그러나 우리 나라에서 캠프교육이 일반화되어 있지 못하기 때문에 기회가 주어지지 않는 어려움이 있다. 학교에서의 수업만이 아니라 사회교육기관이 주축이 되어 학생들에게 캠프교육이나 연극교육 프로그램을 제공할 수 있어야 하겠다.

연우무대에서는 방학을 이용하여 청소년 연극학교를 개설하기도 했고 특히 '교사를 위한 연극교실'을 통해 연극을 교육의 장에 활용하도록 하는 데 많은 노력을 하고 있다. 우리 나라 교실환경에서 할 수 있는 다양한 프로그램도 개발해내고 있다.

연극교육

오늘날 교육에 관심있는 사람이면 생산교육, 생활교육, 시청각교육, 과학교육, 도의교육, 정서교육, 지역사회교육 또 지역사회교육의 모습을 달리한 향토학교건실이라는 여러 모습의 교육방법이 내세워지고 있음을 알고 있다. 그런데 이러한 교육방침은 다만 내세워지고 있을 뿐이지 이의 실천은 좀처럼 이루어지고 있지 않다. 그 이유로 확실한 이론의 설정이나 실천방법을 올바르게 잡지 못한 것을 들 수 있다. 그러나 엄밀하게 따진다면 그와 같은 교육방법은 어디까지나 교사들이나 심지어는 교육행정을 담당하고 있는 행정가나 장학사들의 구상이거나 또 그들이 주체가 되었지 학생들이 주체가 되지 못했다는 점과 학생들이 그러나 교육방법에 흥미를 느끼지 못한 데 기인한다고 단정할 수 있다.

연극적 교육방법은 여러 가지 교육방침을 동시에 성취할 수 있다는 점과 가르치는 교사보다 배우는 학생들이 주체가 되며, 또한 연극놀이에 학생들은 깊은 호기심을 갖는다는 점과 학생들은 관념적인 설교보다 몸으로 체득한 가장 인상적이고 자극적인 것에서 많이 배우고 또 그 배운 바가 오래 머리 속에 남는다는 점에서 연극적인 교육방법이 가장 효과적이라는 것이다.

지금의 학교교육은 개개 학생의 학습 스타일과도 관계가 없으며, 교과자료나 교과서는 학습자의 지적 욕구나 관심과는 깊은 관계가 없는 것들이며, 교육방법도 학생들의 감정, 정서와는 완전히 거리가 먼 것들뿐이었다.

교육에 있어서 인지적 영역과 정의적 영역이 두 기둥을 이루는데 지금까지는 학생들의 정서, 열정, 기질, 용기, 도덕적 심미안, 민감성, 느낄 수 있는 능력, 관심, 애착, 동정심 그리고 감상능력 등과 같은 정의적인 영역을 무시해왔다. 우리가 교육목표로 삼고 있는 전인교육을 제대로 이끌어나가지 못한 것은 인지적 능력과 정의성(情意性)의 분리에서 비롯된 것이라고 할 수 있다. 인지교육만을 강조하면 인간은 냉담하고 초연하며 무관심하고 무감동해진다. 이와 같은 무감각이란 정신의 병이 사회적으로는 도덕의 붕괴, 범죄의 증가, 사회적 분리를 가져오는 한 가지 원인이 될 수 있으며, 개인적으로는 자발성과 창조성을 억압하여 인격을 분열시키게 된다.

청소년기의 신비성

성장이라는 것은 신비한 것이다. 청소년들에게는 신체적 욕구와 심리적 요구가 있다. 그들은 필요한 음식을 섭취해야 하며 신체를 보호하기 위해 의복을 입어야 하고, 집 안이나 밖에서도 그들에게 온도조절이 필요하다.

신체를 단련시키려는 것과 마찬가지로 자기들의 지적인 활동도 시작하려는 욕구를 가지고 있다. 그들은 자기들의 주위의 것들에 대해 알려고 노력한다. 그래서 청소년들은 주변 세계에 대해 호기심을 가지고 알고 싶어하고 배우려고 하며 탐구하려고 하는 기본적인 욕구를 가진다. 동시에 청소년기에 있어서는 자기들이 알고 있는 것을 표현하고 싶어하며 다른 사람에게 발표하려는 욕구를 갖추게 되는 것도 중요한 일이다.

모든 청소년들은 사랑을 하려는 욕구와 사랑을 받으려는 욕구를 동시에 갖는다. 다른 사람들로부터 인정받으려는 욕구도 갖게 된다. 그리고 청소년기에는 사람들에게 어떻게 친절해야 하며 물건을 취급하고 다루는 것 등에 대해서도 배워야 한다. 청소년들의 성장에 있어서 다른 사람들과 어떻게 친밀한 관계를 맺고 함께 기쁘게 살아가야 하는지 보고 배우며, 친구들과 함께 온화한 친교를 나누는 것은 것은 참으로 필요한 일이다. 그래서 아이들은 각자가 한 집단에 소속되어 있음을 인식하고, 자기를 사랑하는 것과 마찬가지로 그 집단을 사랑해야 한다는 것을 배우게 된다.

모든 사람은 감정이 있다. 때로는 행복감으로 기뻐하기도 하며 때로는 슬픈 느낌이 들기도 한다. 때로 놀라고 화를 내기도 한다. 그리고 어떤 때는 외롭고 적적한 감정에 휘말리기도 한다. 또한 질투, 증오, 복수심 등의 감정도 경험하게 된다. 이러한 감정들은 자연스러운 것이다. 그러나 자신의 감정이 자기에게나 다른 사람들에게 납득될 수 있는 것인지 하는 것도 함께 알아야만 한다. 청소년들 내부에서 일어나는 이러한 감정들을 속에서 그대로 정지상태에 머무르게 하고 밖으로 나오지 못하도록 억제하기보다는 그 야기된 감정을 어떻게 건설적인 방법으로 처리해가느냐 하는 것을 배우는 일이 더욱 필요하다.

학교에서 친구들과의 갈등이나 부모님과의 의견차에서 비롯되는 갈등, 혹은 앞날에 대한 자신의 내적인 갈등을 통해 청소년기는 감정의 기복이 심한 시기이다. 주변 사람들이 이 때 그들의 감정변화를 이해하지 못하고 교과서 속으로만 그들의 머리와 눈을 억지로 고정시킬 때, 그들은 자신들의 감정을 제대로 소화해내지 못하고 속으로만 억누르게 되고 이것은 결국 분출되지 못한 감정의 응어리로 남게 된다. 이러한 응어리들을 밖으로 분출하지 못하게 될 때 그들은 마음 속으로 병들게 되는 것이다.

청소년들이 배워야 할 것은 감정이 극도로 고조되었을 때 이것을 어떻게 가라앉히고 슬기롭게 조정해야 하느냐 하는 것이다. 그렇다면 청소년들에게 감정을 조절하고 자신의 감정을 솔직하게 내보이는 방법을 가르쳐주는 것은 부모나 교사에게 매우 중요한 과제일 것이다.

청소년들에게는 식욕과 신체적 운동의 욕구가 있듯이 그와 마찬가지로 사랑이라는 욕구, 아름다운 것에 대한 강한 욕구가 있다. 그들에게는 웃고 소리지르는 것과 같이 동시에 침묵의 상태도 원하고 있다. 혼자 있어야 할 필요가 있는 것처럼 그룹 속에 함께 있고자 하는 욕구도 가지고 있다. 그들에게는 열심히 공부해야 하는 것이 요구되는 만큼 열심히 놀고 싶어하기도 한다. 그러므로 청소년들에게 자발적으로 그들의 생활을 진지하게 살아갈 수 있는 방법을 터득할 수 있는 놀이의 개념을 일깨워주는 일이 시급하다.

청소년들에게 산다고 하는 것은 존재한다고 하는 것과는 아주 다른 것으로 생각된다. 청소년들은 그들의 성장을 지도받아야 할 필요가 있다. 그래서 그들은 스스로 즐겁게 살아가는 길을 찾고 또 자기 자신들이 살고 있는 세계에 대해서도 공헌하는 길을 찾도록 유도해주어야 한다.

청소년 연극교육

청소년 연극을 함으로써 얻게 되는 것은 두 가지이다.

우선 청소년들이 연극을 관람함으로써 얻는 영향은 다음과 같다.

연극은 모형인물을 통해서 교육적 효과를 낳는다. 연극에는 중심적인 인물이 등장하게 마련이며 이 인물들은 청소년들의 모형인물이 되고, 모형인물은 특정한 태도와 가치를 은연중에 나타내거나 또는 활동으로 표현하게 된다. 여기에서 청소년들로 하여금 모형인물을 모방하거나 또는 비판을 가능하게 한다. 이것은 교육적으로 대단히 중요한 의미를 지닌다. 극중에 등장하는 인물은 비교적 쉽게 심리적 동일시의 대상이 되기 때문이다.

연극은 감정정화의 효과가 있다. 연극이 관객에게 카타르시스 효과를 나타낸다는 것은 널리 알려져 있다. 연극에서 전개되는 장면에 감정을 이입하는 경험은 평상시의 좌절감을 해소하는 데 도움이 된다. 사춘기 좌절감은 회피할 수 없는 것이며, 어쩌면 당연히 거쳐야 할 과정이다. 이 시기에는 그러한 좌절감이 누적되지 않도록 하는 것이 중요하다. 좌절감을 회피하거나 억압하지 않고 정화하는 것은 청소년기 정신건강상 도움이 된다. 그렇기에 청소년들의 사춘기 좌절감은 여러 가지 활동을 통해서 적절히 정화해야 할 필요가 있다.

태도나 가치관 학습을 위한 내면화 과정을 돕는다. 정의적 특성은 단순 주입이 아니라 내면화되어야만 학습이 이루어진다. 이 점에서 정의적 특성의 학습은 인지적 학습과는 다르다. 연극이 공통적으로 지적하고 있다. 연극이 공통적으로 지적하고 있다. 연극은 인지적인 면에서 작용할 뿐아니라 인간의 정감(pathos)에도 호소하는 힘을 가지고 있기 때문이다. 그것은 바로 내면화를 촉진하는 결과가 된다. 따라서 연극은 정의적 특성을 학습하세 하는 효과적인 방법이라고 할 수 있다.

사회적 분위기를 조성한다는 점에서 교육적 의미를 갖는다. 연극활동은 비록 그것이 가상적인 상황에서 전개되는 것이라 해도 분위기를 조성하는

확산적인 힘을 발휘한다. 이 점에서 교육적인 기여는 과소평가될 수 없는
것이다.

청소년들이 직접 연극을 공연함으로써 얻게 되는 점들은 다음과 같다.

역할수행(role playing)의 경험을 준다는 점에서 교육적인 기여를 한다.
청소년들의 행동수정과정이나 청소년들을 위한 특수교육 프로그램에서 심
리극(psychodrama)과 사회극(sociodrama)이 널리 활용되는 것은 그것
이 적절한 역할수행의 경험을 주기 때문이다. 이러한 역할수행은 교육적으
로 매우 중요한 의미를 갖는다.

이와 같이 연극은 교육적인 기능을 한다. 여기서 교육이란 인간을 위한
지식의 전달이나 계몽을 위한 것만을 의미하는 것이 아니라 심신 모두를
포함한 전인격적인 품성교육을 말한다. 연극과 교육과의 연관성을 살펴보
면 무엇보다 먼저 눈에 띄는 것은 연극을 통해서 협동정신과 민주정신을
기를 수 있다는 점이다. 연극을 하면서 학생들은 무엇보다도 집단 안에서
의 자기처신에 대해 배운다. 하나의 연극을 제작하는 데 있어 각 사람은 집
단에 대한 자신의 책임을 이해해야 하며 서로 협력하지 않으면 안 된다. 연
극은 무대 위에서 출연하는 배우(학생)만이 아니라 작품을 쓴 작가나 연출,
무용, 음악, 장치, 분장, 조명 등 여러 분야를 맡은 모든 사람들이 하는 것
이다. 그러므로 학생들은 이 연습기간을 통해서 서로 힘과 힘을 모아야 하
고, 이를 통해 협동정신을 기를 수 있다.

또한 연극은 청소년들에게 정서와 문화적 정신고양에 도움을 준다. 연극
이 회화, 조각, 건축, 음악, 연기, 문학 등 모든 예술분야를 망라한 종합예
술이기 때문에 각 분야의 단위예술에서 기를 수 있는 정서와 문화정신을
한꺼번에 기를 수 있다는 이점을 지닌다. 시각, 청각, 공간, 시간적인 요소

를 한꺼번에 지니고 있는 4차원의 예술인 연극에서 배울 수 있는 것은 무한하다.

또 연기를 하기 위해서는 심신 양면의 통일적인 유기성이 아무래도 필요하기 때문에 지적인 인식만으로는 역을 맞은 사람이 연기를 잘 해낼 수 없다. 풍부한 감정적 인식과 유연한 신체의 표현을 함께 함으로써 비로소 역할을 생기있게 해낼 수가 있는 것이다. 교육연극(drama in education)에서는 이처럼 청소년들이 연극을 훌륭히 꾸려나갈 수 있도록 뒷받침을 함으로써 청소년들의 오감의 활동을 풍부하게 하며 심신의 발달을 유기적이며 유연한 것으로 형성시켜가는 것이다. 청소년들의 생활에 있어서 끊임없는 놀이나 활동은 인간의 성장을 돕는 데 필요불가결한 것이다.

신촌문화와 대학문화

신촌문화권에 70년대부터 갑작스럽게 하나의 커다란 '잡상권'이 침투하기 시작하면서부터, 신촌은 신세대 젊은이 모두에게 시골 장터 같은 투박한 소비문화를 부추겨 놓기 시작했다. 비공식적인 통계로 보고되었기는 하지만, 신촌문화권 일대에는 엉성하기는 해도 약 40여개의 노래방, 20여개의 락카페, 40여개의 선술집, 생맥주 및 경양식집, 10여개의 영화 및 연극무대, 수십개의 졸망졸망스런 일용품집 등등이 널려 있다. 저녁 6시부터 새벽 2시까지 이 신촌지역 일대에 약 10만명의 유동인구가 이곳을 거치기 때문에, 하루저녁에 이곳에서 소비되는 돈은 최저 5억원으로부터 최고 10억원에 이른다. 이런 소비성 상권형성과 더불어 신촌은 범죄의 온상으로 변질되고 있다. 경찰에 의하면 하루 평균 10여건 정도의 폭행사건 및 절도사건 등 전형적인 유흥가 생활범죄들이 일어나고 있다고 한다.

지역공동체의 문화를 그 지역주민들의 생활형태와 놀이형태 그리고 하나의 지역현실의 지표로 이해했을 때, 신촌권 내에 있는 몇몇의 대학들을 이 지역에서 빼내버리면, 신촌문화는 촌스러운 유흥가의 작부집 바로 그것의 문화일 뿐이다. 지역공동체의 문화는 일반적으로, 먹거리, 놀거리, 볼거리 등의 복합체를 통해 의미있는 '생각거리'를 주게 될 때 비로소 그 지역공동체의 그 문화적인 의미가 생겨지는 것인데 반해, 지금의 신촌은 이 지역주민들에게 '골칫거리'라 안겨주고 있으며, 대학촌다운 세련미라고는 찾아볼 수가 없다.

지적했듯이, 신촌에는 흔해빠진 것이 한쪽으로는 취하고 다른쪽으로는 토해낼 그런 먹거리들이다. 새벽녘에 신촌골목을 지나면 이리저리 발에 채이는 것이 먹고난 찌꺼기와 토해낸 것들이다. 신촌은 놀거리 천국이다. 그러나 연극무대로부터 노래방에 이르기까지의 수많은 놀이는 창조성이나, 주체성 그리고 자연성이 거세된 것들일 뿐이다. 자연스런 놀이마당은 지역구조상 사그리 없어진 채, 일정한 공간에서 잘 만들어진 규칙이나 조작법을 통해 일방적으로 누구에 의해서 인위적으로 이끌리면서 즐겨야 하는 놀거리들이기 때문에 신촌의 놀거리들은 그 언제나 죽어 있는 것들일 뿐이다.

게다가, 신촌문화에는 이렇다 하고 자랑해볼 만한 볼 거리도 없다. 노점들이 없다는 말이 아니다. 문화적인 체취와 사회교육적인 감각을 세워줄 조형물들이 없다는 말이다. 신촌에 와서 무엇을 느끼며, 배울 것인가라는 질문에 대해 답변해볼 그런 물리적이고도 정신적인 조형물들이 상실되어 있다. 이런 의미에서, 신촌골은 '문화공동화(文化空洞化)'의 지역이며, 대학문화 실조의 지역이다. 이런 자조적 표현은 신촌문화의 현실이기에 어쩔 수 없다. 이런 상황에서 열려지는 각종 행사는 단순한 일회성 잔치일 뿐이지, 신촌공동체를 대표하는 문화적인 본령을 찾는 일은 아니다.

신촌 대학문화의 사회교육적 위상

신촌지역공동체가 그 지리적인 조건상 대학문화와 인접하고 있기 때문에, 신촌문화 역시 대학문화의 영향력을 벗어날 수는 없다. 대학문화는 학문공동체의 테두리 속에서 학문에 대한 대학인들의 이해, 감각 그리고 태도를 포괄하는 행위양식이기 때문에, 근본적으로 대학문화는 학문의 문화일 수밖에 없다. 대학의 기능을 가르치는 일, 연구하는 일, 그리고 사회에 봉사하는 일이라고 요약했을 때에도 그것은 학문의 정신을 기반으로 삼는다.

대학에서 요구되는 학문하는 정신은 중세의 암흑세계를 탐험하는 그런 탐험의 자세를 요구한다. 불가능한 것을 가능하게 만들어보는 도전정신, 꿈과 이상을 현실로 바꾸어보려는 실험정신, 금기시되고 있는 관행을 깨어보려는 전위정신 그리고 부당한 것에는 그 어느 것에도 불필요하게 구속받지 않으려는 자유정신을 그 정신적인 기저로 삼고 있다. 이런 학문의 정신은 대학공동체 구성원들간의 토론과 향연으로 성장된다.

대학문화는 심포지움의 문화이고, 대학촌의 문화 역시 그것을 벗어날 수 없다. 심포지움(Symposium)은 토론(syn=together)과 향연(posis=drinking)으로 구성되기에 대학문화의 시작은 그 어떤 주제에 대해 대학인 모두가 심각하게 도전하고, 실험하며, 그에 따른 결단과 행위를 하게 되지만, 그런 일이 끝난 후에는 어울림의 한마당이 따르게 된다.

이런 시각에서 신촌 대학문화를 조망하면, 신촌의 대학문화는 단지 이지역 대학생들에 의해 나타나는 행위라고 단순하게 조명하기에는 이곳 신촌 대학문화의 사회적인 영향과 사회교육적인 위상이 너무 크다. 신촌문화는 한국의 대학문화를 가늠하게 만드는 모델이 될 수도 있다. 왜냐하면, 대학문화는 대학의 캠퍼스에만 안주하지는 않는다. 그렇기 때문에 신세대 대학인을 위한 거점(據點)별 대학문화의 장이 대학촌을 중심으로 구성되어야 한다. 대학문화가 거점별로 성숙되기 위해서는 대학문화 육성에 관한 전략뿐만 아니라, 대학문화의 지역공동체적인 위상 역시 새롭게 이해되어야 한다.

신촌 대학문화의 분중지역공동체적 위상

아직은 신촌 대학문화가 신촌지역에서 차지하고 있는 지역공동체적 위상이 무엇이며, 어느 정도인지를 가늠해볼 정도로 이곳의 대학문화가 성숙되어 있는 것은 아니다. 아직까지 학문적인 대화는 대학 캠퍼스 안에서 제한되어 있는 실정이다. 단순한 놀이마당을 위한 '먹거리'와 '풀거리'만이 신촌지역에서 공급받을 뿐이다. 이런 식으로 제한된 대학문화가 아니라, 대학문화의 학문적 속성까지 확산되는 신촌 대학문화를 신촌공동체가 받아들이기 위해서는 몇 가지 새로운 과제를 풀어내야 한다.

신세대 대학인들은 자기의 감성과 기호에 알맞는 삶과 기호들을 충족시키려고 한다. 지금의 성인들은 옆사람의 눈을 슬금슬금 의식하면서 옆사람과 비슷한 삶을 실아가기 위해 '옆으로 옆으로 니란히 살기'를 서슴지 않았던 대량생산의 대중소비사회의 대중적인 삶에 익숙한 세대이다. 그러나 포스트모던의 신세대는 대중으로부터 떨어져 나오는 분중사회에서 자기 나름대로 제각기의 개성화된 삶을 살려고 하는 세대이다. 분중사회에서는 집단의 삶이나, 멋, 맛이 차별화되고 있기 때문에, 모두가 좋아하는 것을 만들어내려고 하면 도리어 실패할 가능성이 크다. 따라서, 신촌은 제주도의 대학촌과는 달라야 하며, 서울의 신촌이 되어서도 안 된다. 신촌은 신촌만의 신촌이 되어야 신촌의 대학문화도 신촌 것이 될 수 있다. 결국 신촌이 신촌 대학문화를 적극적으로 수용하는 지역공동체가 되기 위해서는 무엇보다도, 대학문화 구성의 두 가지 토대이며 상징인 토론의 문화와 향연의 문화를 신세대 대학인의 분중심리(分衆心理)에 맞도록, 신촌대학인의 특성에 맞도록 차별화시키고 개성화시켜야 한다는 이해가 신촌지역주민들에게 골고루

삼투되어야 한다.

4

대학은
학문의 전당포인가?

대학은 무엇을 하는 곳인가
- 대학의 본질과 사명

　대학에 처음 발을 딛는 사람들의 눈에 비치는 대학의 모습은 여러 가지일 수가 있다. 고등학교까지 늘 보아오던 건물의 모습과는 달리, 여러 종류의 실험이나 강의를 위한 대형 건물들이 즐비하게 늘어서 있기 때문에, 대학이란 밤낮 실험과 강의나 하는 사람들의 집합소로 생각될 수도 있다. 또 어떤 학생에겐, 옛날에 익숙해 있던 반(班)이나, 교무실 대신 수많은 학과 사무실이나 대학행정부서들이 건물마다 위치한 채, 신입생들에 별로 친절히 대해주지도 않기 때문에, 대학은 고등학교보다 더 권위적이고 행정적으로도 복잡한 곳으로 이해될 수도 있다. 신입생들을 축하해주는 여러 선배들과 여러 동아리에 속해서 그 동아리 활동에 익숙해지면, 대학은 서클활동 그 자체로 느껴질 수도 있다. 첫학기에 들어서서 몇 주 간의 강의를 듣다보면, 머리가 희끗희끗한 할아버지 교수님들이 마치 나이 어린 손자들에게 쉽게 알아듣지 못하는 여러 가지 현학적인 이론들을 전해주는 곳이 바로 대학이라는 오해를 갖게 만들기도 한다. 대학에 대한 이런 이해, 그런 곡해, 저런 오해들 모두가 대학에 관한 올바른 설명은 아니라고 해도, 그래도 대학의 일부분들을 설명해주고 있다는 점에서, 모두가 틀린 서술만은 아니다.

대학의 의미

대학은 대학신입생들이 가질 수도 있는 그런, 저런, 이런 오해의 덩어리 속에서도 그 어느 한 가지 편견에 빠져 있지 않은 채, 여러 분야에서 전문가인 교수들이 학생들과 더불어 학문(學問)을 하는 고등교육기관이다. 학문한다는 말은, 자기가 평생을 걸고 탐구하려고 선택한 전공(專攻)을 사랑해 나간다는 것을 의미한다.

학과를 선택하고, 학과에서 요구하는 특정 학문분야의 전공을 사랑한다는 말은 자기가 선택한 전공 학문에서 얻어지는 지혜와 학식을 자기 스스로 자기의 것으로 만든다는 말도 함께 의미한다. 이것을 극명하게 보여주는 일화가 소크라테스(Socrates)에게서 발견된다.

한 젊은이가 소크라테스를 찾아와서 이렇게 말했다. '선생님, 저는 지혜와 학식을 원합니다. 그래서 먼길도 마다않고 막 달려왔읍니다. 그러자 소크라테스는 그를 해변으로 데리고 가서, 물이 허리에 찰 때까지 바다 속으로 끌고 갔다. 그리고는 별안간 그의 머리를 물 속에 밀어넣었다. 그 젊은이는 놀라기도 하고, 숨도 차서 버둥거렸다. 그래도 선생은 그대로 그의 머리를 물 속에 처박아두었다. 한참 후, 기절한 그를 데려다 해변에 눕히고 그대로 돌아갔다. 정신을 차린 젊은이가 소크라테스를 다시 찾아가 그 이유를 따졌다. 그러자 소크라테스는 되 물었다. "물 속에 있을 때, 가장 긴급했던 것이 무엇이었는가?", "숨을 쉬고 싶었습니다"라고 그 젊은이가 대답했다. 그 말을 들은 소크라테스는 이렇게 말했다. "자네가 지혜와 학식을 물 속에서 숨을 쉬고 싶다는 그 정도로 다급하게 원한다면, 그것을 가르쳐 달라고 누구에게 물어볼 필요가 없을 걸세"하고 대답했다.

대학에서 학문해야 한다는 것은 소크라테스가 젊은이에게 가르쳐준 것과 비슷한 논리, 말하자면 '삶을 향한 그 다급함과 절실함'으로 전공을 익힐 것을 요구하고 있다.

연구의 기능

대학은 각기의 학문과 전공에서 얻어지는 지혜를 사랑하는 사람들의 공동체이다. 지혜를 사랑하는 사람들의 삶살이가 대대로 이어지기 위해, 대학은 세 가지 활동을 끊임없이 갈고, 닦으며, 문지른다. 그 첫째는 연구(研究)활동이다. 연구는 학생도 하고, 교직원도 하고, 교수도 하지만, 아무래도 연구의 주체(主體)는 교수가 된다. 왜냐하면, 교수는 연구에 관한 이론뿐만 아니라 방법까지도 일정기간 동안 대학에서 익힌 결과, 아직 연구경험이 부족한 사람들에게 그것을 지도할 수 있는 사람으로 인정받은 사람들이기 때문이다. 연구는 궁리하고, 사고하며, 실험함으로써 뭔가 새로움을 찾아내거나, 만들어내는 일을 의미한다. 다시 말해서, 아직 발견되지 않은 것에 대해 늘 의심함으로써, 그것이 실제 현실로 나타날 수 있도록 노력하는 일들을 의미한다. 꿈을 현실로 만들어내고, 아직 그 누구도 겁이 나서 건드려보지 못한 것에 대해 과감하게 도전해보며, 잘못된 것을 바르게 고쳐보고자 하는 지성적이고도 실험적인 탐구활동이다.

대학에서 행하는 이런 연구의 결실은 저서나, 연구보고서, 실험보고서, 작품, 실기 등을 통해서 발표된다. 작품을 감상한다든가, 학술토론회에 참석한다든가, 연구보고서를 읽는다든가, 연구보고서를 쓴다든가, 실험에 적극적으로 참여하는 일은 바로 대학의 연구활동에 적극적으로 동참하는 것과 마찬가지이다. 그러나 대학에서 연구활동이 잘 되기 위해서는 무엇보다도 미지의 것을 그려보고 , 또 생각해내는 '상상력(想像力)'과 실험정신이 풍부해야 한다. 예술과 과학을 접목시킨 다빈치적인 상상력과, 상대성 이론을 주장한 아인슈타인적인 창의력도 요구된다. 상상력이 빗발치듯 집중적이기 위해서는 많은 책을 읽어야 하는 인내가 필요하다. 그래서 대학에서 요구되는 독서는 연구의 양식이 되며, 대학의 도서관은 연구의 터와 밭이 되는 것이다.

가르치고 배우는 기능

대학에서 주요하게 행해지는 두번째 활동은 가르치는 일이다. 가르치는 일은 대학 교수들의 연구를 통해 새롭게 발견한, 그리고 공들여 발명해낸 지식이나 기술, 혹은 학문에 대한 새롭고도 심각한 태도들을 대대로 이어 나가게 해주는 일이다. 그러나 가르치는 일은 어느 한 사람이 일반적으로 무엇을 주입하는 일, 그것만을 의미하는 것이 아니고, 배우는 일, 그것도 모두 포함한다. 다시 말해서, 배우는 일은 가르치는 일의 진면목이다.

강의를 듣거나 세미나를 하거나, M.T.를 가거나, 학회활동을 갖는 일 모두 다 가르치는 일과 배우는 일에 속하는 활동들이다. 그렇기 때문에, 가르치는 일은 교수가 학생들에게 외골수적으로 자기의 전공 학문만을 지도하는 것뿐만 아니라, 학생과 교수가 스스로 터득하는 일, 그리고 학생들끼리 학습과 토론의 장을 통해 새로운 지식을 주고 받음으로써 서로서로 일깨우는 일과 같은 '시너고지(synergogy)' 활동, 그 모두를 포함한다. 가르치는 일이 대학에서 사라지면, 대학은 하나의 거대한 학생 아파트와 별 차이가 없다.

사회봉사기능

마지막으로, 대학이 중요시하는 세번째 기능은 사회봉사활동이다. 대학이 사회를 위해 봉사한다는 말은 대학에서 연구한 새로운 지식과 기술들을 교수와 학생들만이 배우고 익히는 것이 아니라, 그런 지식들과 지혜들이 사회발전을 위해 폭 넓게 쓰이도록 사회의 각 분야에 골고루 알고 실천하는 일을 의미한다. 대학의 사회봉사활동을 대표적으로 알려주는 예로서 '대학과 기업체' 간의 산학협동을 들 수 있다. 대학교수들이 기업체나 정부의 요청에 따라 자문해주는 일도 사회봉사활동에 속하며, 잡지나 신문 등에 평론을 써주거나, 텔레비전의 토론회에 나가 자기의 의견과 전문적인 식견을 발표함으로써, 시청자들에게 문제해결의 실마리를 제공하는 일도 대학의 사회봉사활동에 속한다.

이제 대학의 사회봉사기능은 대학과 기업체 간에 일어나는 산학협동활동에 국한되지 않고, 학교를 졸업한 동문들이나 지역사회 주민들에게 '평생교육'의 관점 아래 다시 배울 수 있는 기회를 주는 성인교육활동으로까지 확대되고 있다. 즉, '배우는 일이란 청소년기에만 해당되지 않고 요람(搖籃)으로부터 무덤에 이르기까지 일어나는 현상이며, 아무리 늙어도 배우는 일은 늦을 수 없다'라는 표어 아래, 사회인들이 대학이 설치한 사회교육원에서 그 동안 잘못 배웠거나 부족하게 배웠거나 작업현장에서 새롭게 더 필요로 하는 지식이나, 기술 그리고 태도 등을 자기의 시간활용과 능력에 맞추어, 잘못 배운 것은 교정(矯正)하고, 부족하게 배운 것은 보완(補完)하

고, 마지막으로 더 배워야 할 것은 강화(強化)하는 일 역시 대학의 사회봉
사활동에 속한다.

대학에서 진리가 자유케 하라

한마디로 대학은 젊은이들의 놀이터도 아니고 싸움터도 아니다. 굳이 대
학이 젊은이들을 위한 놀이터가 되어야만 한다면, 그 놀이터는 독서의 놀
이터가 되어야 할 것이고, 대학이 젊은이들을 위한 싸움터가 되어야 한다
면, 그 싸움터는 진리탐구의 싸움터가 되어야만 한다. 대학 4년 동안 한번
멋들어지게 수만 권의 책들과 놀아보고, 새로움을 향해 치열하게 싸워보는
일, 그것을 위해 대학이 있어야 하는 것이다. 대학의 졸업식날, 그 날이 진
리가 너희를 자유케 하는 날, 그런 날로 간직되도록 하기 위해서라도, 대학
은 글읽기 놀이와 탐구싸움의 소리가 요란해야 한다.

한국 대학교육의 현장을 진단한다

한국의 대학은 바뀌어야 한다. 대학교육이 사회의 발전에 제대로 뒤쫓아가기는 커녕 오히려 뒤처지고 있기 때문이다. 그래서 사회발전과 대학교육 사이에는 현격한 학문지체 현상이 빚어지고 있다. 이제 대학은 5,60년대 사회 이곳저곳에서 구가했던 그 권위는 거의 다 상실한 상태에 있다. 이런 점은 이미 우리들이 내세우는 대학의 사명에서부터 분명해진다. 우리 역시 우리 대학의 사명을 꼽으라면 서슴없이 연구, 교수 그리고 봉사라고 이야기한다. 그런데 이것은 미국의 어느 대학 총장이 그의 책에서 지정해준 바로 그것이다. 대학은 무엇보다도 새로운 지식을 끊임없이 만들어내기 위한 연구를 하는 곳이고, 그런 연구활동을 통해 만들어낸 새로운 지식을 학생들에게 가르치고 또 그들을 훌륭한 연구가들로 길러내는 책임이 있다는 것이 바로 그 미국 총장의 대학론이었다. 동시에, 그는 새로운 지식을 사회에 환원함으로써 사회발전에 공헌하는 일 역시 대학이 수행해야 할 책임에 속하고 있음을 잊지 않고 덧붙였다. 그러나 이미 이런 식의 대학사명으로는 일반 기업이나, 기업화된 연구조직의 연구력을 따라갈 수 없다. 그들에 비해 차별성이나 경쟁력이 뒤떨어질 수밖에 없다.

빛바랜 대학의 사명

오늘날의 대학은 대학 스스로 책임지고 해야 할 일도 제대로 하지 못하고 있다. 실제로 대학이 사회에 자랑할 수 있어야 하고 또 다른 기관과 차별성을 지녀야 하는 것은 학생을 체계적으로 가르치고 잘 지도하는 일이다. 연구하고 봉사하는 일은 부수적인 일이어야 한다. 가르치는 일 그 자체가 연구하는 일이고 또 사회에 봉사하는 일이기 때문이다. 그러나 언제부터인지 우리는 가르치는 일을 사회에 대 놓고 자랑할 수 없는 지경에 이르러 있다.

대학이 기초도 제대로 못익힌 대학생들을 방출시키고 있다는 그 아우성에 대해 무감각해진 지도 이미 오래되었다. 자기들 같으면 애프터서비스도 없는 그런 불량품급에 속하는 학생들을 졸업시켜 놓고서 어떻게 잠을 제대로 잘 수 있냐는 기업측의 야유에 변변한 대꾸 한마디 못하는 그런 몰골로서 있다. 이런 시시비비 모두는 대학의 권위상실의 현실로부터 연유된다. 5, 60년대에 있어서는 사회에서 가장 번듯한 빌딩을 갖고 있던 기관이 바로 대학이었다. 가장 최신식 기자재나 실험실을 갖춘 곳도 바로 대학이었다. 그래서 전기나 전화마저 귀했던 일반 사회에 비해 대학은 큰 소리를 칠 만도 했다. 대학교수 역시 사회에서는 절대적인 권위를 행사할 수 있었던 여론지도자였으며 전문가였다.

그러나 해방 후 50년이 흐르는 동안, 대학의 건물은 낙후될대로 낙후되었다. 그 엄청나던 대학총장실은 이제 대기업의 임원실보다도 추락해 있다. 대학보다 양호한 연구시설을 갖춘 기업이 부지기수이며, 대학교수보다 식견이 뛰어난 전문가도 도처에서 연구하고 있다. 대학 실험실에 설치되어 있는 실험기재는 박물관용이지 더이상 실험실용으로는 곤란하게 되었다. 전체 한국 대학이 일년 동안 쓰는 연구개발비 총액이 어느 한 기업의 일년 연구개발비 수준에도 이르지 못하고 있는 현실을 직시한다면, 대학이 연구를 주로 행할 수 있는 두뇌단지라고 자랑할 수도 없다.

그래서 이제, 돈이 드는 응용연구는 기업화된 독립 연구소들이 맡아서 해야 할 것이라는 주장도 만만치 않다. 물론 대학에 이런 독립 연구소들을 세우고 연구자들을 연구교수로 채용할 수도 있을 것이다. 물론 이 연구소들은 독립 회계로 운영되어야 한다. 그래야 대학들도 기업현장에서 즉각적으로 활용될 수 있는 첨단 산업인력을 제대로 양성하고 재훈련함으로써 기업연구소와의 산학협동을 강력하게 추진할 수 있게 될 것이다.

대학에 취직해서 가르치는 사람들을 연구자라고 부르지 않고 교수라고 부른다. 선지자처럼 무엇인가를 예견하기도 하고 무엇인가를 선언하기를 업으로 삼는 교수라고 부른다. 대학에서 연구활동을 포기할 수 없다고 해도 그 일은 학생들을 잘 가르치기 위해 하는 학문활동이다. 교수들은 잘 가르치기 위해 연구를 하는 것이지, 연구하기 위해 학생들을 임시변통으로 가르치는 것은 아니기 때문에, 대학은 일차적으로 가르치는 일에 충실해야 한다. 건강한 학부를 키우지 않은 채, 대학원교육이나 연구활동이 성공한 예가 외국에서는 그리 흔치 않다.

명심보감마저 읽혀야 하는 대학

우리 대학생들은 입학하면서부터 고달프다. 대학에서 배우는 전공과목이나 내용부터가 대학원에서 다루어져야 할 그런 어려운 내용들이기 때문에 대학생들이 교수들의 강의를 따라가기가 어렵게 되어 있다. 사실 이것은 그들의 두뇌문제가 아니다. 우리 교수들의 교수방법이 서툴기 때문이다. 대체로 외국 유학을 하고 돌아온 교수들은 외국대학의 학부교육을 받은 것이 아니다. 대학원 교육을 받은 사람들이다. 그래서 귀국하자마자 자기들이 가르쳐야 될 1,2학년 학생들에게 건네주는 수업계획서 역시 대체로 자기가 배운 대학원 교과목 수업계획서를 수정·보완한 것들이다. 그러나 실제로 교실에서 다루는 내용은 대학원 수준의 것들이 주류를 이룬다. 기초 전공도 제대로 터득하지 못한 채 머리 속으로 대학원 교육내용을 다져넣어야 하는 학생들의 전공생활은 고달프기 마련이다.

대학생을 따분하게 만드는 것은 그 뿐만이 아니다. 이제는 대학에 들어오면 명신보감마저 따로 익혀야 될 판이다. 중·고등학교 시절의 학교교육 만큼은 그 어느 외국보다도 실찬 것을 부인하기 어렵다. 입시교육의 공이다. 그러나 교육의 목적설정이 잘못되어 있어 입시교육의 해독은 너무 크다. 우리의 교육은 교사가 지정해주는 것 이외의 독서를 제대로, 많이 하면 할수록 대학입시에 떨어지도록 고안되어 있다. 사실, 일선 교사들이 국어 교과서만이라도 제대로 읽게 하고, 그 뜻을 마음으로, 정신으로 새기게 만들었더라도 '고교교육이 엉망'이라는 그런 수모는 겪지 않아도 되었을 것이다. 사실, 뿌리가 깊은 나무는 바람에 쉽게 쓰러지지 않는다는 용비어천가의 글귀 정도라도 마음에 새기게 하고, 삼각형의 내각의 합은 180도라는 기하학적 명제라도 뜻깊게 배웠더라면, 굳이 대학에 와서까지 명심보감을 읽혀야 한다는 주장에 사람들이 그렇게 크게 공감하지는 않았을 것이다. 중·고등학교에서 가르치는 교육내용 모두가 다 명심보감의 내용들이기 때문이다.

오늘날의 입시상황을 심각히 고려하는 대학교수라면, 대학에서 그들을 위해 베풀어야 할 신입생 교육은 고교의 것과는 정반대의 학문활동이어야 함을 알 것이다. 또다시 뜻도 모르는 것을 읽히게 하고, 외우게 하고, 기억하게 하는 것으로부터 완전히 탈피시키는 교육과정을 마련해야 한다. 그런 의미에서 명심보감을 외우게 하기보다는 음악, 예술, 여가 혹은 근로부문에 거쳐 광범위한 교양교육과 같은 해독교육이 필요하다. 될 수 있는대로 잘못 배운 것을 잊어버리게 하고, 가능한 덜 배운 것은 보완하며 쉽게 해야 한다. 그리고 철저히 일하게 해야 하고, 생각하게 하는 교육과정을 실시해야 한다. 읽고 베끼는 일에는 통달한 그들이기에, 그들에게 필요한 것은 왜 배워야 하는지, 왜 읽어야 하는지를 배우는 것이다. 평생 동안 배울 수 있는 것을 배우게 만드는 것이야말로 대학교육에서 필요한 것이다.

대학에서 지역연구가 부족한 원인

어느 체제공학자의 연구에 의하면, 모든 것의 90%가 쓰레기이다. 결국 10%를 건지기 위해 우리는 90%의 쓰레기 더미 속에서 연명하는 것이다. 이 말은 우리 중·고등학교뿐만 아니라, 대학의 외국어 교육에서도 분명히 드러난다. 외국어를 가르치는 것은 외국어라는 것을 하나의 지식으로 알게 하는 것보다는 그것을 현장에서 실용적으로 활용하게 하려는 것이다. 외국어 교육은 기본적으로 외국의 풍물과 생활을 이해할 수 있는 지역전문가를 만들어내는 도구교육이다. 낯선 외국에 나가본 경험이 있는 사람들은 국제화나 세계화 중의 첫째가 지역언어이고, 둘째는 음식익히기이며, 마지막은 외국인과의 심도있는 접촉이라고 이야기한다. 이 셋이 결여된 외국관광은 외국여행이라기보다는 차라리 행려병환의 외국방랑기라고 보아야 한다.

물론 이 중에서도 가장 소중한 것이 지역언어이다. 지역언어의 학습은 학생들에게 글로벌한 시야와 그런 발상을 갖도록 도와준다. 외국어를 어릴 적부터 도구언어로 가르쳐주면 대학생이 되어서도 활용하기에 편하기 마련이다. 그러나 우리의 외국어 교육은 대학입시용 외국어 교육이며 문학작품을 읽기 위한 외국어 교육이다. 정확한 발음이나 억양은 먼 훗날 외국에 관광을 가서 새로 배워도 늦지 않다는 편견이 강한 외국어 교육이다. 그래서 경상도식 영어도 익히고, 전라도식 독어도 배우며, 충청도식 불어에도 불편이 없어야 한다. 뉴욕이 부산이 아니고, 광주가 베를린이 아니며, 대전이 파리가 아니더라도 그게 무슨 문제가 있느냐는 편견이 우세한 외국어교육이다.

학교에서 배운 것을 한번 써 먹으려고 해도 그것 역시 쉽지 않다. 우리가 배운 것은 창문을 가르치며 Is this a window?라는 질문 같은 것이었기 때문이다. 도대체 창문을 가리키며 그것이 창문인지 아닌지를 자기에게 물어보는 외국인은 한명도 없기 때문이다. 그런 외국어를 대학에 와서까지 가르치니, 제대로 된 지역연구가 우리 나라에 적을 수밖에 없다. 지역연구는 외무부 관리들만이 하는 것도 아니고 역관(譯官)만이 하는 것도 아니다. 우리 나라에서 교통사고가 많은 결정적인 이유는 운전을 성인이 되어서 배우기 때문이라는 지적을 염두에 둔다면, 우리 대학교육도 학생들이 외국에 가서 당할 언어사고를 미연에 예방하도록 모든 학과에서 실용 외국어 교육을 실시해야 한다.

진부한 아카데믹 매너리즘

이런 관점에서 현재 우리 나라 대학에 산재하고 있는 전공분화와 학과분화 역시 재고되어야 한다. 수도 없이 분화된 전공과 학과는 5,60년대 교육행정가, 교수, 그리고 대학책임자들이 만들어냈던 부산물이다. 대학정원을 늘리기 위해 필요했던 조처들이었다. 이제는 시대상황에 맞게 학과와 전공의 분할이 재조정되어야 한다. 물론, 계열을 하나로 묶는 것만이 능사는 아니다. 어떤 전공은 과감히 통폐합시키거나, 반대로 그 어떤 전공은 보다 세분화시켜야 한다. 5,60년대 식의 학과나 전공분화는 그 당시 우리 사회에서 어느 정도 필요로 했던 노동집약적인 취업구조와 2,000종 미만의 노동시장에 합당한 인력을 배출하기에 필요로 했던 것이었다. 지금의 우리 사회는 2만여종의 직종으로 이루어진 지력집중적인 지가사회(知價社會)로서 각 분야마다 신인재를 필요로 한다. 5,60년대가 판·검사, 의사 그리고 대학교수 같은 직종을 출세의 대명사로 꼽던 인문계 엘리트지향적인 단선형 출세사회였다면, 지금은 모든 전공계열에 걸쳐 현장연구, 컴퓨터, 영상, 레포츠와 같은 개별적인 독립사업이 더 돋보이는 대중시민 능력발휘 중심적인 다선형 출세사회이기에 이에 맞는 전공의 분화와 통합이 필요하다. 이런 일을 하기 위해서는 대학은 과거지사에 편집증적으로 매달리는 그런 시답지 않은 아카데미즘과 교수들의 이해관계에 연연하는 그런 자세부터 버려야 할 것이다. 시대에 어긋나는 대학의 아카데믹 매너리즘 때문에, 자라나는 신인재들의 능력이 사장될 수는 없다.

서비스 실명제 필요

일을 가장 게을리 한 사람들이 조직에서는 가장 신뢰를 받는다는 샤피로의 보상법칙이 잘 들어 맞는 곳 중의 하나가 바로 대학이다. 그래서 대학의 서비스 질을 호텔이나 백화점 서비스에 견주어서는 안 된다. 대학에서 취하는 대학생을 위한 여러 가지 서비스들을 유심히 들여다보면, 그곳에는 예외없이 뭉기적거림의 철칙이 있음을 알게 된다. 그 원칙에 따라 책임 전가의 역할도 철저하게 분화되어 있다. 이 모두는 대학행정을 지원행정보다는 지휘행정으로 간주해왔기 때문에 생긴 병폐이다.

대학도 학생들을 위한 서비스를 향상하기 위해 여러 가지 행정절차를 거친다. 결재서류 역시 번듯하다. 여러 개의 결재란도 있다. 결재의 내용은 대체로 최초의 기안자와 최종 결재자만이 알면 될 그런 내용들이지만, 부단히도 여러 단계를 거쳐가도록 되어 있다. 중간 결재자들은 하루 종일 서너 개의 결재란에 그의 도장을 찍는 일로 그의 소임을 다하면 된다. 이것은 뭉기적거리면 일은 작아지기 마련이고, 그렇게 되면 그 누군가는 책임을 지게 되고, 그러는 동안 그 일은 끝나기도 전에 사라져버리는식의 행정관행에 익숙해져 있기 때문에 아무도 그것이 문제로 보이지 않는다.

이런 뭉기적거림의 행정관행은 대학정신을 사살하게 마련이다. 이런 뭉기적거림의 지휘행정이나 관리행정은 교수의 학문활동을 저하시키고 학생들의 학문활동을 위축시킨다. 대학에서 교수들의 가르치는 일과 연구활동의 생산성을 높이려면 대학행정은 가능한 그 크기가 작아야 한다. 대학생들의 학습력을 향상시키려면 대학행정에 대한 두려움은 가능한 축소되어야 한다. 도서관에 비치된 백과사전들처럼 그 어느 때든지 자유롭게 참고할 수 있도록 대학행정의 서비스는 실명화되어야 한다.

대학이 교육파산을 면하려면,

대학에 관한 언론들의 비판이 날카롭다. 경쟁력없는 대학은 문을 닫고 연구하지 않는 교수는 대학을 떠나라는 것이다. 기업의 매질도 매섭다. 오늘의 대학은 컴퓨터 문맹자들이 컴퓨터 세대들을 도맡은 꼴이라는 것이다.

대학의 체면이 토사구팽의 신세인데도, 대학책임자들은 여유만만하다. 시대와 정서를 그 언제든 '뒤빠르게' 읽는 데에는 앞장을 선다. 망국과외에 국민들 모두가 넌더리가 난다고 해도, 본고사만큼은 체면으로 고집한다. 대학이 본고사로 고교교육의 숨통을 죄는 한, 인간교육의 실현은 불가능하다. 이쯤해서 대학은 학생들의 수학능력보다 그들의 학문지도능력부터 분주하게 따져봐야 한다.

한가로운 대학교육

세계의 우수한 대학치고 우리처럼 한가로운 대학들은 없다. 본고사를 위해 그 많은 시간과 돈을 탕진하는 대학들도 드물다. 우리 대학들처럼 놀아대는 기업은 파산할 것이다. 우리 대학의 법정 연간 수업시간은 32주, 1천3백여 시간이다. 나머지 20주, 8백여 시간은 쉬어도 된다. 교수들에겐 연구를 할 수 있는 더없이 귀한 기간이겠지만, 대학의 교정은 어김없이 한가롭다. 교직원의 '진짜 업무시간'도 따져보면 연간 1천여 시간일 뿐이다. 실질적인 하루 노동시간은 평균 4시간 정도이다. 나머지 시간은 그저 그렇게 소비된다. 서너 시간으로 봉사하자니, 교육서비스의 질은 날림이 될 수밖에 없다. 대학이 이렇게 놀면, 대학의 국제화는 불가능하다. 이런 이유들 때문에, 우리대학들은 격이 떨어지는 졸업생이나 양산한다고 수모를 받는다. 심지어 '교육부도(教育不渡)'를 내는 부실 교육산업이라고 조롱까지 당한다. 이 모두가 부당하기는 해도, 대학이 유치원 놀듯 놀아서는 안 된다는 그 뜻만큼은 귀담아 들을만 하다.

대학교육력의 회복

지금과 같이 한가로운 2학기 수업제도는 개선해야 한다. 물론 계절제 수업이 있지만, 그것도 비효율적이다. 과감하게 4학기제 같은 다학기 수업제를 채택해볼 만하다. 4학기제를 도입하면 교수와 학생들의 연구지원을 위한 대학행정의 전문화는 필수석이나. 교직원의 노동입무의 질도 향상된다. 6개월 동안에 두 학기 수업을 끝마치기에 모두가 능동적으로 움직여야 한다. 학생에게도 놀 틈은 없다. 교육연구환경 시설활용의 개선도 필수적이다. 새벽부터 밤늦게까지 대학시설들이 100% 활용된다. 따라서 교육환경시설의 개·보수는 필연적이다. 교육의 질 역시 향상된다. 강의는 사전에 준비되고 농도있게 집약되어야 한다. 적체된 박사 실업자의 신규채용도 늘게 된다. 1만여명에 달하는 박사 실업자들 중 40%정도가 연구교수나 강의전담교수로 채용될 것이다. 이렇게 되면, 교수들의 강의부담은 주 3~6시간으로 줄어든다. 입학과 졸업제도의 개선도 필수적이다. 1년에 1회만 실시하는 시험중심의 학생선발제도는 무용하다. 대학별로 설치된 입시관리기구가 일년 내내 학생선발을 전담해야 한다. 현재 약 30여만명의 재수생 중 20여만명이 더 진학하게 되어 재수생들도 줄어든다. 동시에, 대학이 자율적으로 학생정원을 조정하는 효과도 갖게 되어, 대학재정 확보와 교직원 복지향상에도 크게 기여하게 된다. 다학기제 수업은 기업의 고용관행 역시 크게 바꾸어 놓게 만든다. 유능한 신입직원을 분기별로 충원해야 하기 때문이다. 마지막으로, 다학기제 수업실시는 대학 스스로 생존을 위한 경쟁과 대학 특성화를 촉진시켜, 본격화될 대학시장개방에 대해 맞대응할 자구책도 길러줄 것이다.

대학은 학문의 전당포인가

대학입시부정은 교육투기와 교육과소비가 몰고온 당연한 결과였다. 올 것이 오고 터질 것이 터진 것뿐이다. 해도 너무했다든가, 어안이 벙벙하다 라는 용어로 대학입시부정의 총체적 모습을 더듬거나 호도하기에는 이미 대학의 체면은 구겨질대로 구겨져버렸다. 고교 내신성적도 속여보았고, 출 신고도 가짜로 만들어보았고, 무전기도 동원했고, 학부모도, 학생도, 대학 재단 친인척도, 대학입시 중개인도 동원되어, 대학입부정에 관해 해볼 것 은 다 해본 총천연색 시네마 같은 투기판이니 무슨 할말이 있겠는가?

우리 학부모들이 외국의 학부모보다 더 비민주적이기에 이런 일이 일어 났는가? 그것은 아니다. 입시제도가 재수, 삼수를 요구하고 있으니 부모들 이 얽매일 수밖에 없다. 그렇다 해도 '삼수하는 자식을 둔 부모의 마음을 모른다'고 항변하는 돈많은 어느 학부형의 절규는 가진 자들이 없는 자들 을 향해 내뱉는 모욕일 뿐이다. '돈이 있는 이상, 대학에는 들어가야 한다' 는 대학입학에 대한 강박관념과 허위의식은 가진 자들의 특권인가. 이로부 터 연유된 학력의 과소비를 부추겨 놓은 장본인들이 바로 가진 자들이라고 한다면 중산층이란 용어는 이제는 차라리 욕이 되어야 한다.

대학교육이 인맥만들기나, 학벌의 독점이나, 사회계층의 독점을 위한 교 육투기로 인식되는 한, 입시 중개인은 이 사회에서 근절될 수 없을 것이다. 대학입시를 둘러싸고 강매되는 각종 참고서, 시험문제지, 가종 대학수학능 력시험지, 입시학원 등등 일련의 입시 사업체들이 연간 1~2조원의 기름진 시장을 놓고 장사를 하는 한 대학교육의 과소비현상은 이 땅에서 뿌리뽑히지 않을 것이다. 이런 틈 바구니 속에서 고등학교와 교사 그리고 학생이 시달리기에 인간교육은 이룰 수 없는 꿈이 될 뿐이다.

이제 대학은 학문의 전당포가 되어버렸는가? "세대를 거쳐갈수록 대학은 사악해지고 학문마저 포기한다. 사악하면 사악해질수록 대학은 힘을 숭배하게 된다. 힘의 맛이 그들에게 옳게 보이면 선에 대한 존경이 사라져버리게 되고 이런 시대에서는 대학인 그 아무도 악행을 보고 분개하지도, 또 부끄러워하지도 않는다. 바로 그 때가 되면 대학은 그 스스로 목을 매리라." 이런 말은 이번에도 대학입시부정을 향해 내뱉을 수 있는 독백으로 끝나야 하는가. 대학... 자유와 진리를 말하려거든 그것을 불굴의 투지로 수호하고 그 스스로 새로워져야 한다. '대학입시부정이 이번 한 번만이고 한두 대학에만 국한된 것인가?' 라는 질문에 왜 각 대학은 그토록 긴장하는가? 소위 명문대학의 입시관계자, 전산실 관계자들마다 불안해 한다는 말은 항간에서 떠도는 소리인가? 차라리 그것은 그냥 낭설이 되어야 한다고 우기고만 싶다. 게다가 이 사건을 터뜨린 경찰이 왜 이다지도 밉고도 장하기만한 심사는 무엇 때문인가.

입시부정은 입시관리의 미숙 탓인가

우리 나라에서 대학입시부정이 일어날 수밖에 없는 이유는 얼마든지 있다. 그 첫째 이유는, 대학입학, 특히 명문대학입학 그 자체가 인맥만들기를 통한 정치권력, 경제적 부 그리고 사회적 위신을 보장해주는 사회적 증표이자 사회적 유가증권과도 같기 때문에, 명문대학 입학에는 프리미엄이 붙는다. 학연과 인맥으로 인한 출세가 판치는 현 세태가 바뀌지 않는 한, 이런 식의 대학입학 프리미엄 사고는 손쉽게 사라지지 않으리라.

대학입시부정이 일어날 수밖에 없는 두번째 이유는 입시행정관리의 미숙에서도 찾을 수 있다. 그동안 10차례나 크게 바뀐 대학입시제도는 주로 입시제도개선에 관한 것이었지 구체적인 입시관리 행정개선책에 관한 것은 아니었다. 그래서 늘 걱정이 되어왔던 것이 바로 입시제도 그 자체보다도 입시관리문제였다. 입시문제 도난사건으로 해낸 것은 교육부 장관의 옷을 벗기기와 입시문제 보관창고관리에 대한 감독 철저뿐이었다고 내뱉는 일반의 야유가 왜 이다지도 가슴을 아프게 하는가. 입시제도에 관한 하드웨어는 있지만 입시관리에 관한 소프트 웨어가 없는 입시제도는 언제나 그 기능에 한계가 있기 마련이다.

고사장 내에서 무전기를 이용한 입시부정 같은 것이 손쉬울 수밖에 없었던 세번째 이유는 시험문제 유형이 주로 객관식이라는 데도 기인된다. 4선 1택과 같은 객관식 문제는 그것이 설사 5선 2택의 창의력을 요구하는 문제라고 하더라도 답안번호를 암호처럼 기입할 수도 있고, 또 실제 남에게 손쉽게 보내줄 수도 있는 약점이 있다. 현실적으로 고3 졸업생 100명 중 70여명이 예비고사에서 컨닝을 해본 경험이 있고, 또 객관식 문제는 그렇게 하기에 편하다는 반응은 시험문제 유형과 고사장 인원배치에 대한 전면적인 검토를 요구한다. 현실적으로 앞사람과 뒷사람, 옆사람간의 배열간격이 1m도 안 되게 앉아 있는 상황에서 컨닝의 가능성은 시험시간 60분 중 40분 정도나 된다.

못난 대학 그래도 살려야 한다

이번 대학입시부정사건을 통해 나타난 한국병의 하나인 대학교육의 과소비와 교육투기를 바로잡는 길은 신한국을 세우는 본보기가 될 것이다. 첫째로, 입시제도의 문제점을 한두 가지 손질하는 것으로는 입시부정을 막을 수는 없다. 그래서 대학교육전반을 손질하는 작업이 필요하다. 중등학교에는 '기술력있는 인간교육'을 실시하고 대학에게는 '경쟁력있는 인재교육'을 추구할 수 있는 대학교육 개혁방안이 필요하다. 경쟁력있는 인재교육이 대학에서 가능하기 위해서는 대학교육의 질을 향상시키는 대학교육의 평준화 정책과 같은 것이 진지하게 고려되어야 한다. 이런 정책이 세워지지 않으면, 우리 대학은 미국이나 일본대학의 삼류대학과 궤적을 같이 하게 될 것이다.

둘째, 대학입시문제에서부터 선발과정, 그 모든 것이 국민에게 공개될 수 있는 제도적 장치가 마련되어야 국민 모두가 안심할 수 있을 것이기 때문에 이런 장치를 마련하는 일도 필요하다. 마지막으로, 이번 대학입시부정은 오히려 대학자율화가 그 얼마나 절실한지를 역설해주는 결정적인 단서가 되기 때문에 대학자율은 꼭 찾아야만 한다. 어차피 신입생의 선발에 관한 시시콜콜한 관리행정은 대학에서 행하는데도 불구하고 대학자체 내에 대학입시선발에 관한 변변한 기구 하나 만들어 놓지 않고 입시철만 되면 대학 전체가 이리 뛰고 저리 뛰는 잘못된 입시행정은 시정되어야 한다. 이제 대학이 굳게 서 있지 않으면 입시부정 같은 것은 언제든 터질 수 있다는 것을 잘 알게 된 이상, 대학은 더욱 더 대학자율화를 다져야 한다. 그것만이 대학의 위상을 다시 세우는 길이다.

新대학원제도 개편의 뒷맛

교육부가 새로운 대학원교육 개선안을 내 놓았다. 新대학원개선의 요지는 대학원교육의 유형 다변화와 석·박사학위 통합으로 집약된다. 개선안에 따르면, 대학원은 현재처럼 이원화되어 있는 일반 및 특수 대학원 외에 전문대학원 등 3개 유형으로 삼원화시켜 특성화된다. 이를 위해 법조인, 의사, 성직자, 교원 등 고급 전문인력을 양성하기 위한 전문대학원 제도가 도입되고, 단설 대학원 설치도 가능해질 수 있게 되었다. 그러나 실행될 것으로 예견되었던 '로 스쿨' 안이 백지화되는 등, 기대치 않은 여러 가지 일들이 나타나기 시작하여 新대학원 개선안에 대한 우려가 일기 시작하고 있다.

신대학원제도 개선의 줄거리

新대학원 개선안에 의하면, 학문중심의 일반대학원은 학자와 과학자를 양성하고, 전문대학원은 전문직 인력을 양성하게 된다. 그리고 특수대학원은 지금처럼 직업인 및 일반인들의 재교육이나 재훈련을 담당하게 된다. 각 대학원은 각기 성격에 합당한 학위를 수여할 수 있는데, 일반대학원의 석·박사학위는 전공분야에 대한 별도의 명칭부기가 없는 학술학위(Academic Degree)를 수여하게 된다. 이와는 다르게 전문대학원이나 특수대학원은 전공분야를 부기한 전문학위(Professional Degree)를 수여하는 것을 원칙으로 삼는다. 그러나 필요한 경우, 전문대학원은 학술학위수여도 가능하다.

이제는 대학원의 석 · 박사 과정이 통합 운영되기 때문에, 대학졸업 후 대학원에 입학, 학칙에 따른 과정을 이수하거나 능력을 인정받을 경우 곧 바로 박사과정에 따라 등록할 수도 있다. 통합과정 재학 중 박사과정 이수 능력이 없다고 판단되면 학칙에 따라 석사학위를 준다. 또 박사과정 이수 자는 석사학위를 자동취득한 것으로 인정된다. 박사과정의 별도 시험은 없다. 최소 수업연한은 현재의 석사과정 2년, 박사과정 3년에서 4년으로 통합됐으며, 필요한 경우 총학장이 학칙에 따라 6개월 줄일 수 있기 때문에 종전에 5년 걸리던 박사학위를 3년 6개월만에 받을 수도 있다.

신대학원개선의 활성화 기대

新대학원교육 개선안은, 활용만 잘 하면, 대학원교육의 경쟁력을 높이는 하나의 계기가 될 수도 있을 것이다. 새로운 대학원교육 개선안이 본궤도에 올라, 대학원교육을 연구중심, 실용중심, 혹은 재교육중심의 제 기능을 발휘하도록 만들기 위해서는 우선적으로 정리해두어야 할 것이 여러 가지가 있다. 새로운 대학원교육 개선안이 하나의 수사학적 웅변으로 남아 있지 않도록 만드는 적극적인 지원대책과 대학원 나름대로의 자활책들이 마련되어야 한다.

가장 먼저 해결해야 할 과제는 대학 스스로 대학원에서 연구하고 교육할 전문인력을 충분히 충원하도록 하는 일이다. 대학원 전임교수나 연구교수 제도 그리고 충분한 연구인력을 확보한 대학원에게는 국가가 연구지원비를 대폭적으로 지원해주어야 한다. 연구비를 아직까지도 이곳저곳의 형편을 생각하며 떼주는 식의 일은 이제 그만 둘 때이다. 그래서는 대학원교육의 질적 향상을 기대하기 어렵다.

이런 일을 담당할 교수인력과 연구인력 충원문제는 학부교육으로부터 철저하게 떼어내어 생각해야 한다. 학부교육을 볼모로 삼고 운영되는 대학원교육은 연구중심, 학문중심 대학원교육과는 거리가 멀어진다. 현실적으로 우리 나라 대학원교육에서 교수대 학생의 비율을 계산하는 것은 허구이다. 학부 전임교수가 대학원생의 교육까지도 지도하기 때문에, 어찌보면 대학원은 학부생에게 돌아갈 시간을 갉아먹고 있는 기생교육기관과도 같다. 외국에서는 대학원교육을 이런 식으로 엉성하게 시작하지는 않았다. 대학에서 전임교수 대 학생의 비율이 교수학습을 위한 안정권에 들기 위해서, 동시에 대학원에서 연구활동이 보다 활성화되기 위해서는 대학교육과 대학원교육은 그 기능들이 분리되어야 한다. 가장 이상적인 것은 대학원이 전문 연구교수인력이 대폭 보강되는 연구교육 연구기관으로 독립시키는 일이다.

특수대학원의 특수수요 감소

특수대학원이라는 용어가 무슨 연유에서 그렇게 사용되었는지는 모르지만, 사실 특수대학원이라는 용어사용 자체부터가 특수대학원의 취약점을 특수하게 드러내보이고 있다. 어찌보면, 지금과 같은 우리의 특수대학원은 대학원이 어느 정도로 변질될 수 있는지를 판별하게 만드는 잣대와 같다. 심지어 어떤 이들은 특수대학원이야말로 한국의 대학원교육을 고사시키고 있는 학분의 늪지라고 혹평하기도 한다. 이 말은 우리의 특수대학원들이 우리 사회의 고질적인 현상인 학력의 인플레이션이라는 풍토병의 온상임을 꼬집고 있는 것이다. 그것에 대한 사실확인과 관계없이, 특수대학원에서의 연구활동이나 교육활동에 있어서 장애자 신세를 벗어나지 못하고 있는 것은 부인하기 어렵다. 그렇다고 재교육에 충실한 것도 아닌 것 같다.

대학원 교육활동에 있어서, 대학원보다는 무엇인가가 낮고, 사회교육원보다는 무엇인가가 형식이 높은 것 같은 느낌을 갖게 만드는 대학원교육이 특수대학원교육이다. 그래서 사회적으로는 그리 높지도 않고 그렇다고 그리 낮지도 않은 그런 어줍지 않은 위치에 특수하게 서 있는 것이 바로 오늘의 특수대학원이다. 이번에 발표된 新대학원 교육개선안 역시 특수대학원을 특수하게 처리해 놓음로써 특수대학원의 획기적인 발전은 기대하기 어렵게 되었다. 지금과 같은 형식의 특수대학원은 대학원교육의 본질을 회복시켜주기 위해서는 차리리 해체시켜 전문대학원으로 일원화시켰어야 한다는 아쉬움이 남는다. 왜냐하면, 60년대에 요구되었던 특수대학원에 대한 특수수요가, 이제는 우리땅에서도 외국계 전문대학원 교육의 범람으로 인해, 점점 사라질 위기에 놓여 있기 때문이다.

전문대학원의 순발력 기대

앞으로의 대학원활동에 있어서 연구활동이나 전문성 발휘의 정도, 사회문화적 공헌도에 있어서 가장 생산성이 높을 것으로 기대되는 것은 전문대학원이다. 선진교육국들의 예를 보아, 단설대학원과 같은 전문대학원은 교육의 질이 양호할 뿐만 아니라, 연구결과의 사회적 공헌도가 규모가 큰 일반대학교에 부속된 대학원보다도 뛰어난 실정이다. 예를 들어, 테네시 항공대학(Tennessee Space Institute)은 일반 대학과는 달리 우주항공학

분야에서 두각을 나타내고 있고, 고고학은 유니온 대학(Union Insitute)에서 사회과학은 New School for Social Research 대학원 등이 두각을 나타내고 있다.

외국의 사례를 본받아 우리 역시 정보통신이나, 통상외교, 혹은 디자인계 일부를 단설대학원으로 허용하겠다고 했다. 그러나 이런 단설대학원의 설립이 그리 쉬울 것 같지는 않다. 시설확보나 전임교수확보 등 여러 가지 엄격한 설립기준이 요구될 것이기 때문이다. 이런 점을 충분히 고려하면, 오히려 실험시설과 연구시설을 갖춘 기업의 연구소나 아니면 차라리 지금과 같은 형식의 대학교 체제 안에서 움직이고 있는 일반 대학들을 전문대학원으로 개편하는 편이 훨씬 효과적일 것이다. 그로부터 높은 교육의 생산성도 얻어낼 것이다. 예를 들어 교육과 연구능력을 갖추고 있는 기업의 각종 연구소나, 지금과 같이 대학교라는 이름 아래 학문적인 정제성마저 상실하고 있는 각종의 전문직업계열의 대학은 독립채산제로 운영되는 전문대학원으로 분가하는 편이 훨씬 더 생산적이다. 이런 전문대학원들은 교수학습과 연구활동의 활성화를 위한 정보환경의 고속화와 동일캠퍼스를 활용하기 때문에 교육이나 연구시설 활용이나 행정지원 면에 있어서 보다 용이하다.

新경제 구상과 대학교육 개혁방안 따로 놀고 있다

新경제 구상은 우리 나라의 국가경쟁력을 키워내려는 야심찬 국가 프로젝트이다. 이런 야심에 의거해서 사회정책의 여러 부문마다 개혁의 손질과 변화의 손질이 가해지고 있다. 새로운 노사정책으로부터 새로운 대학교육 개혁에 이르기까지 다양한 방안들이 성안되어 보고되고 있다. 新경제 구상이 사회 각 부문에서 현실화되면, 우리 사회의 국가경쟁력은 지금보다는 몇 배 더 강화될 것이다. 때문에 新경제구상은 우리 사회의 위신과 국가신용도를 세계사회에서 높이려는 국가적 노력이며 국민적 노력의 총화이다.

그러나 사회의 각 정책부문별로 제안되는 갖가지 프로젝트의 성격을 분석해 들어가면 그것들은 新경제 구상과 따로 놀고 있다는 강한 인상을 받게 된다. 혹은 新경제 구상과는 정책적으로 아귀가 제대로 맞지 않는 하나의 핑크빛 청사진이라는 감마저 느끼게 한다. 이 모두는 新경제 구상의 이데올로기에 대한 이해 부족에서 오는 단견일 수도 있고, 혹은 新경제 구상의 실현을 위한 정교한 프로젝션의 결여 때문에 생긴 부산물일 수도 있다.

특별히 新인재개발의 원동력이 되어야 할 대학교육 부문과 新경제 구상 간에는 엄청난 현실적인 괴리감이 드러나고 있어 사람들에게 허탈감을 주고 있다. 선진 외국 대학교육의 개혁추세에 대한 이해부족 같은 데에서 기인된 것만은 아니다. 대학교육의 경쟁력 강화가 新 경제 구상의 중요 요소가 되기 위해 꼼꼼히 집어보아야 할 것이 두 가지이다. 그 첫째는 대학교육과 인력개발시장과의 연계정책에 관한 것이고, 다른 하나는 대학교육의 자율화 정책에 관한 것이다.

새로운 직종을 창출하고 개발하는 대학으로 변해야 한다

新경제 구상에 따라 대학의 新인재 개발을 강화하려는 대학개혁정책들은 아직까지도 한 가지 전제를 버리지 못하고 있다. 그것은 대학이 새로운 인력개발의 토대이며, 대학이야말로 국가가 진정 필요로 하는 새로운 인력을 배출하는 고등교육기관이라는 생각이다. 이런 고집은 오늘날의 대학현실을 몰라서 하는 소리일 게다. 현실적으로 우리 나라 대학교육은 新경제 구상에서 요구하는 새로운 인재를 양성하는 데 부적합한 곳이다. 지금의 우리 대학현실은 그런 일을 수행하기에는 역부족이다. 한 개인이 평생 벌어들이는 총수입 가운데 대학교육이 기여하는 정도는 10%에도 채 못미치는 실정이다. 현실적으로 새로운 기술인력을 양성하는 데 있어서 대학의 노력이나 대학의 경쟁력은 기업보다도 못한 실정이다. 게다가 대학교육의 내용과 노동시장 간의 관계는 우호적이라기보다는 차라리 석대적이다. 대학은 노동시장이 요구하는 것에 어긋나는 것들을 교양필수라는 이름으로, 혹은 학문의 토대라는 허물로 그들의 수명을 연장해왔다. 대학은 학생들에게 필요이상의 과잉교육을 시켜온 비난을 면하기 어렵다. 지금과 같이 정보혁명이 대학 구석구석에 파고드는 현실을 직시하면, 학생들의 졸업학점은 100학점 정도로 줄여도 무리가 없다고 보아야 한다. 대학교육의 내용도 전폭적으로 바뀌어야 한다.

대학교육이 이 사회에 공헌하기 위해서 해야 할 일이 있다면, 이제부터는 노동시장에서 고용의 효과가 큰 新직종 창출이나 新직업 개발에 주력해야 한다는 점이다. 학문발전의 궁극적인 목적은 새로운 직종의 개발과 창출에 있었다는 점은 인류의 대학 발전사가 보여주는 교훈이다. 새로운 직종의 개발에 성공한 대학들이 바로 오늘날에도 세계적으로 명성을 떨치고 있는 대학들이다. 이런 일을 국립대학을 민영화한다든가 혹은 한두 번에 걸친 대학들의 구조조정을 통해 가능한 것들이 아니다. 우리의 대학들이 이런 일에 후진성을 면하지 못하면, 2100년이 되더라도 그 어느 대학 하나 세계 500위권에 진입하지 못할 것이다.

대학정원자율화 정책 선진화해야 한다

대학에게 자율권을 주는 정책은 더욱더 활성화되어야 한다. 다행스럽게도, 정부는 35년 간의 대학통제를 벗어던지고 자격있는 지방대학들부터 그들에게 정원조정권을 주기 시작했다. 이제부터 차례차례로 대도시의 대학들에게도 정원의 자율화를 허락할 예정이다. 이번에 정원의 조정권을 허락받은 지방의 대학들은 여러 부문에서 외국의 대학들처럼 경쟁력을 갖춘 대학들로 평가된 바 있다. 교수 1인당 학생수에 있어서도 외국대학에 견줄만 했고, 校舍의 확보율도 양호했다. 더군다나 학생 1인당 대학이 투자하는 실험실습비나 도서구입비 등도 만족할 만한 수준인 것으로 평가되었다.

그러나 이런 지표의 평가에 의해 대학의 정원을 풀기 전에 보강할 것이 더 있다. 이런 지표들은 대학교육의 세계화를 위해서는 그 효력을 상실하고 있다는 것부터 인식해야 한다. 20년 전에 이미 선진외국의 대학들이 활용해본 것으로서 약효가 다한 것들이다. 이런 지표들은 대학설립을 위한 토대 지표들일 뿐이다. 더 이상 대학의 경쟁력을 측정하는 데 동원될 수 있는 대학발전의 활용지표들이 아니다. 대학정원령 개혁이 결코 대학에게 국가지원의 보조책으로 허용되는 것도 아니고, 기여입학제를 대신하는 임시

변통의 조처도 아닌 이상, 대학의 자율화를 평가하기 위한 지표들의 질과 등급을 높여야 한다. 대학교육도 살리고, 국가경쟁력도 강화하기 위해서 어쩔 수 없는 조치이다.

무엇보다도 먼저 대학으로서의 기본적인 물적 토대를 갖춘 후 대학간 학점교환 제도를 정착시킨 대학은 대학자율권을 향유할 수 있도록 해주어야 한다. 경쟁력있는 대학은 열린 대학교육 체제를 갖춘 대학들이다. 대학간 학점교환제의 실시는 평생학습사회의 실현뿐만 아니라, 新경제 구상이 요구하는 新인재 양성과 훈련에 필수적인 조치로써 이것은 대학간의 불필요한 서열화도 막아주는 효과를 갖게 된다. 두번째로 대학의 자율화 조치에서 고려되어 할 대학평가 지표는 대학 스스로 연구지원에 앞서 있다는 증표이다. 대학내 최첨단 정보고속도로의 체계화와 학습환경을 총체적으로 개선했다는 약속의 증표인 멀티미디어 학습환경을 어느 징도로 완성했느냐에 따라 대학에 대한 지원이 달라져야 한다. 이런 연구토대와 교육토대가 제대로 갖추어지지 않은 대학에게 허용되는 정원철폐가 어떤 부작용을 미칠지는 경험할 필요도 없다. 마지막으로, 대학의 자율권을 행사할 만한 대학은 그에 걸맞게 학생복지환경과 시설을 세계화시킨 대학이어야 한다. 학생복지환경에 게을리하는 대학치고, 제대로 대학교육을 이끌어간 대학이 없다는 선진외국 대학의 발전사례가 우리 대학들에게도 있는 그대로 적용되어야 비로소, 新경제 구상에 합당한 대학교육의 개혁의 모습을 갖추게 될 것이다.

우리 대학생의 학습력

　우리 나라 대학생의 학습력은 선진국 대학생에 비하면 형편없이 떨어지고 있다. 이런 학습력으로는 그들과 견주기가 그리 쉽지 않을 것이다. 대학교육 협의회의 조사연구에 의하면(참고:매일경제신문, 1995.8.30), 전공서적이나 교양서적 독서량뿐만 아니라 주당 평균 학습시간면에서도 크게 떨어진다. 한강좌 기준 주당 평균 학습시간을 묻는 질문에 절반이 넘는 58%가 "2시간 미만"이라고 응답한 반면 "5시간 이상 공부한다"고 응답한 학생은 4%에 불과했다. 영국 대학생들은 1주일에 5시간 이상 공부하는 학생이 90%에 달하는 것을 비롯, 미국, 독일, 일본 등 선진국의 경우 1주일에 5시간 이상 공부하는 학생들이 60%가 넘는 것과는 대조적이다. 유럽국제교육협의회의 지난 해 통계자료에 따르면 영국 학생들은 1주일에 2시간 이하로 공부하는 학생이 10%에 불과하고 5~6시간 33%, 7~8시간 37%, 8시간 이상 20%인 것으로 나타났다. 독일 대학생들도 1~2시간 10%, 3~4시간 22%, 5~6시간 28%, 7~8시간 17%, 8시간 이상 23% 등 일주일에 5시간 이상 공부하는 학생이 68%에 달한다. 미국과 일본 대학생들도 우리 나라 대학생보다 훨씬 공부를 많이 한다. 캘리포니아 대학이 지난 93년에 집계한 통계를 보면 미국 대학생들은 13.3%만이 일주일에 2시간 이하로 공부할 뿐 3~4시간 공부한다는 학생은 20.2%, 5시간 이상 공부하는 학생도 66.5%에 달하고 있고 일본 대학생들도 2시간 이하는 12%에 불과하고 5시간 이상이 88%에 달하는 것으로 나타났다.

　전공관련 서적의 독서량을 보더라도 우리 나라 대학생의 경우는 한 학기에 평균 2.9권을 읽고 있고 1권도 채 읽지 않는 학생도 17.3%에 달한다. "15권 이상 읽는다"는 학생은 0.6%에 불과해 거의 보기 힘들고 "5권 이상 읽는다"고 응답한 학생을 모두 더하더라도 전체의 26.2%밖에 되지 않는다. 그러나 미국의 경우는 한 학기 전공관련 독서량이 3권 미만인 학생은 아예 없고 4~5권 10%, 6~7권 16.7%, 8~9권 23.3%, 10~15권 40%, 그리고 15권 이상도 10%에 달하는 것으로 나타나 있다. 독일, 영국, 프랑스 등 유럽지역 대학생들의 전공과목 독서량을 보면 "한 학기에 10권 이상 읽는다"는 학생이 30~50%선에 이르고 있다. 일본 학생들의 전공서적 독서량도 2~3권 20%, 4~5권 10%, 6~7권 30%, 10~15권 30%, 15권 이상 6.7% 등으로 우리 나라 대학생들보다 월등히 높다. 교양 서적의 독서량을 묻는 항목에서 응답자의 33.5%가 한학기에 한 권도 읽지 않았고 "한두 권 정도 읽는다"는 학생은 38.4%였다. 교양서적 독서량이 자발적인 학습태도와 깊은 연관이 있는 지표임을 감안할 때, 우리 나라 대학생 사회에는 아직 자발적인 학습문화가 자리잡지 못하고 있는 것으로 해석된다. 휴강에 대해 전체의 64.1%가 "매우 기분이 좋다"나 "기분이 좋다"고 응답하고 있다는 사실도 우리 나라 대학생들의 학습문화 일면을 보여준다.

우리 나라 대학생들은 관심을 갖는 학문 영역면에서도 외국의 대학생들과 차이를 보이고 있다. "비중을 두고 있거나 중요시하는 학문 영역이 무엇이냐"고 묻는 항목에 55.4%가 "전공과목"이라고 응답했고 25.7%는 "영어에 비중을 두고 있다"고 대답했다. 최근 정보화 사회가 진전되면서 중요시되고 있는 컴퓨터 관련 학과목에 비중을 둔다는 응답은 4%에 불과, 요즘 대학생들이 컴퓨터 등 정보통신분야를 중요시할 것이라는 일반적인 생각과는 사뭇 다른 모습을 보였다. 인성함양과 사회생활에서 중요시되는 "교양 과목에 치중한다"는 응답은 7.7%, "제2외국어에 비중을 두고 있다"라는 응답은 2.2%인 것으로 나타났다. 대학시절 많은 선택과목을 통해 풍부한 교양과 인접학문을 연마하고 있는 외국의 학습문화와는 대조적인 양상이다.

또 외국 학생들이 관심이 같은 사람끼리 학습집단을 구성, 토론식 학습 방법은 선호하고 있는 것과는 달리 우리 나라 학생들은 주로 혼자 공부하 는 학생이 많은 것으로 나타났다. 전체 응답자 가운데 80%가 "혼자서 공 부한다"라고 답한 반면 "소수 학습집단을 만들어 토론식 공동학습방법을 이용하고 있다"는 응답은 15.1% 였다. 특히 "5인 이상 다수 학습집단을 만들어 공동학습한다"는 응답은 4.9%에 불과해 협력과 창의성 개발에 중 점을 두는 외국의 집단 문제해결식 학습방식이 우리 나라 대학에서는 활용 되고 있지 못하고 있음을 보여주었다. 이같은 학습태도는 자신이 가장 중 요시하는 과목을 공부하는 데도 그대로 이어진다. "자신이 가장 치중하는 과목에 대한 학습방법"을 묻는 항목에서 전체 응답자 가운데 50.4%의 학 생들이 "혼자서 공부하고 있다"고 응답했고 사설학원에 다니는 대학생도 11.7%나 됐다. 여기서도 토론식 학습방법을 이용하고 있다는 응답은 8.8%에 불과했다. 이처럼 대학의 학습문화가 문제해결능력을 키워주고 상 호보완적 특성을 지닌 집단학습보다는 단순한 개인중심의 접근이 보편적인 것은 경쟁위주의 초·중등 교육방식이 대학에서도 연장되고 있기 때문인 것으로 볼 수 있다.

주요 과목에 대한 학습방법과 관련한 한 가지 특이한 현상을 "학교 강좌 를 통해 자신이 치중하는 과목을 공부한다"는 응답이 18.9%에 불과하다는 점이다. 이는 많은 학생들이 학교 강의를 통해 자신이 중요시하는 과목에 대해 공부하기보다는 자기 스스로 학습하거나 사설학원을 이용하는 현실을 보여주고 있는 것이다. 스터디 그룹을 선호하는 학생들에게 '학습집단의 구성목적'을 묻는 질문에 "상호정보의 교환"이라는 응답이 37.3%로 가장 많았고 "혼자 공부하는 것보다 학습능력을 향상시킬 수 있기 때문"이라는 학생은 25.3%였다. 이밖에 토론능력을 키울 수 있기 때문(10.8%), 친구와 어울릴 수 있기 때문(6.8%)이라는 견해도 있었다. 일반교양이나 전공의 공부를 할 수 있는 시간적 여유가 있는지에 대해서는 61.7%의 응답자가 "거의 없다"고 대답함으로써 대학생 자신들이 공부를 할 수 있는 시간적 여유가 없다고 생각하고 있음을 알 수 있다. 특히 14.6%의 학생들은 교과목 공부를 하기에도 시간이 부족하다고 응답하고 있어 졸업 학점수나 매학기당 수강 과목수가 너무 많다는 견해를 뒷받침해주고 있다. 공부를 할 수 있는 시간적 여유가 많다는 응답은 1%에 불과했다.

우리의 대학생들이 이렇게 된 데에는 대학교수들의 책임도 크다. 대학생들의 학습력의 미진함을 나무라기 전에, 대학교수들의 연구력과 탐구력을 먼저 길러내야 그들 앞에 떳떳하게 설 수 있을 것이다.

보험전문대학을 설립하라

우루과이라운드 협상의 타결 여부에 관계없이 서구의 여러 나라와 일본 같은 선진국들은 금융서비스나 보험서비스 같은 각종 서비스 산업의 국내 진출을 강행할 것이다. 해당 보험업계나 관련 행정당국은 경제적인 이해관계나 정치적인 이해관계 때문에 외국 금융업계의 국내진출을 경계하겠지만, 국내 금융 및 보험업의 일방적인 '스비서'(서비스가 아닌 것을 일컫기 위해 만든 말)를 경험해본 소비자들은 입장이 다르다. 어서 빨리 외국 금융업계나 보험업계가 국내에 진출해서 '서비스'다운 고객봉사를 해주었으면 하는 것이 요즘 소비자들의 바람이다.

현재 보험을 취급하는 사람들은 일반적으로 4년제 대학을 졸업한 사람들로서 보험에 관한 상식이나 지식은 많이 알고 있지만, 보험가입자들을 위한 전문적인 보험정신이나 태도만큼은 엉망인 것 같다. 부담없이 이야기한다면, 굳이 보험업을 취급하는 사람들이 4년제 대학을 나온 고학력자이어야 하는지도 의문스럽다. 보험서비스를 받아본 사람에게 중요한 것은 보험업자들의 고학력보다는 그들이 베푸는 고객서비스의 질이다. 인건비를 줄이고 고객서비스의 질을 높이기 위해서라도 보험업자들의 학력 인플레이션을 고등학교 졸업수준으로 절하시켜야 될지도 모른다. 물론 보험업의 전문성을 높이는 제도적인 장치는 마련되어야 한다.

국내 보험업계에 대한 가입자들의 불만뿐만 아니라 보험업계가 발전하기 위한 제도적인 교육장치로서 보험산업대학의 설립을 제안하고 싶다. 형편에 따라 보험업별로, 아니면 관련 기업이 콘소시움 형태의 보험산업대학을 만들어 운영할 필요가 있다. 이런 업종별 산업대학 신설 움직임에 대해 이미 전문대학이나 교육행정당국에서는 알레르기적인 반응을 보여왔고, 또 앞으로도 그렇겠지만, 그것을 겁낼 일은 아니다. 이것은 교육통제권을 어느 부처에서 쥐어야 하느냐와 같은 작은 이해관계로 풀릴 성질의 것이 아니다.

보험전문대학 설립의 이점

보험산업대학설립 같은 것은 첫째로는 보험산업의 국제경쟁력을 기르는 동시에 해외 진출에 대비해서, 둘째로는 보험산업의 전문성을 높이기 위해서, 셋째로는 보험업계 근로자들에게 재교육과 일반초급 고등교육의 기회를 확대해준다는 관점에서 생각해야 될 일감이기 때문에 우리 나라 경제발전을 위한다는 관점에서 생각해야 할 일이다. 이미 이런 일은 업종별로 잘 시도되고 있다. 섬유기술 진흥원은 부설 섬유기술대학을 설치하고, 일반 전문대학에서는 하지 못하는 구체적인 현장기술중심의 학과를 운영하고 있다. 철도청 역시 일반 전문대학에서는 흉내낼 수 없는 철도운전과, 철도보선과 같은 철도전문기술을 가르치는 철도전문대학을 운영하고 있다.

보험산업대학이 설립, 운영되면 무엇보다도 보험업계에 종사하는(하게 될) 고등학교 졸업 근로자들에게 초급 고등교육의 기회를 열어주게 됨으로써 학력 때문에 사회적인 불이익이나 경제적인 불이익을 당하지 않게 해줄 수 있다. 군이 현 보험직종과는 학문적으로나 기능적으로 밀접한 관련도 없는 일반 잡지식이나 배우게 되는 일반 내학이나 진문대학을 다닐 필요없이 직접 보험업계로 진출하여, 현 직장에서는 보험업을 기능적으로, 부설 보험산업대학에서는 이론적으로 익히게 됨으로써 보험업계 종사자에게 필요한 지식과 기능을 재교육해주는 부수적인 효과도 얻어낼 수 있다. 사실 외국에서는 이런 교육기관을 전문학교(professional school)로 부르고 있고, 이런 전문학교 설치도 자유롭다. 이들이 외국으로 그들의 기업을 적극적으로 진출시킬 수 있는 힘과 전략을 이런 전문학교 출신자들로부터 얻어낸다는 점을 생각해볼 때 우리 보험업계도 이런 보험산업대학의 설치를 적극적으로 추진해야 할 것이다.

만약 현재의 고용인력이나 보험업계의 인력 채용구조를 생각했을 때 보험산업대학의 설립에 현실적으로 어려움이 있다면, 보험산업대학 설치 대신 보험산업대학원이나 보험산업훈련원을 설치할 수도 있다. 현실적으로 이런 일은 그리 어렵지 않을 것이다. 왜냐하면 이미 각 기의 보험업계는 보험업계의 인력개발을 위해 각종의 기업교육을 체계화시켜왔으므로 기존의 훈련체계에 조그마한 손질만 가하면 되기 때문이다. 이런 전문교육을 강화하여 한국의 보험업이 거듭나기를 기대한다.

대학교육의 국제경쟁력을 높이기 위해 대학을 개방하라

해방이래 처음 문민정부가 우리 나라에서 그 빛을 보게 되었다. 문민정부라는 말은 얼핏 군사정부에 대칭되는 말로서의 민간인 정부인 것 같으나, 실제로 문민정부는 군부에 대한 대칭이라기보다는 국가발전을 위해 자기 고유의 전문성을 발휘하면서 그 소임을 다하는 민주시민정부를 뜻한다. 비교정치학적으로 이야기할 때, 국민의 평균 교육연한이 고등학교 3학년 이상인 나라에서는 군사혁명이 일어난 적이 없음을 미국, 영국, 일본의 역사에서 잘 읽을 수 있다. 5·16쿠데타가 일어났을 때 우리 국민의 평균 교육연한은 겨우 초등학교 5학년 남짓이었다. 현재 평균학력이 중학교 3학년 정도인 것으로 미루어보아 앞으로는 군부의 정치적 개입이 예전처럼 그렇게 손쉽지는 않을 것이다. 강력한 민주시민정부가 소임을 다하기 위해서는 교육의 역할, 그중에서도 대학교육의 역할이 중요하다. 왜냐하면, 대학은 유능한 인재를 배출할 뿐만아니라 사회발전에 동력이 되는 지식과 기술 그리고 민주시민태도를 청소년에게 심어주는 곳이기 때문이다.

그러나 오늘날 우리 대학의 현실은 강력한 시민정부가 제 기능을 발휘하도록 도와줄 만한 그런 처지가 못된다. 왜냐하면, 무엇보다도 첫째로 우리 대학은 선진국의 대학과 견줄 만한 학문적 경쟁력을 갖고 있지 못하다. 연구의 질에 있어서나, 대학경영에 있어서나 그 모두가 한결같이 서구대학에 비해 심각하게 떨어지고 있다. 학문의 발전 그 자체가 서구의 학문발전 추세에 비해 한세대 정도나 뒤처져 있다고 해도 과언이 아니다. 현실적으로 교수 일인당 50여명의 학부생과 10여명의 대학원생 그리고 주당 10여시간을 가르치는 대학풍토에서 탁월한 학문분위기를 기대하는 것이 무리일 수도 있으나, 이것 못지 않게 대학교수들의 태만한 자세도 심각하게 문제제기가 되어야 한다. 일년 동안에 전문서적을 5권도 읽지 않고 교수로 버티겠다는 것은 아무리 생각해도 바른 일은 아닌 것 같다. 이런 식의 비학문적인 연구분위기와 비능률적인 대학경영의 구조를 일신하기 위해서, 동시에 대학교육의 경쟁력을 길러내기 위해서는 대학의 개방화는 필요악과 같다. 시장경제의 원리에 따라 홀로서지 못하는 대학에서 길러내는 인재들을 이제는 기업에서도 더이상 눈여겨 보지도 않기 때문에 대학경영의 국제화와 대학교육의 개방은 더 이상 피할 수만은 없을 것이다.

둘째로, 강력한 문민정부에게 도움이 되는 대학교육이 되기 위해서는 대학교육의 기회의 평등화는 피할 수 없다. 현재와 같이 도시와 농촌 간의 교육불평등, 고등학교간의 불평등현상이 만연되어 있는 한, 교육기회의 공정한 분배를 둘러싼 사회적인 갈등은 더욱 심각해질 것이다. 이것을 해소하기 위해서 대학교육의 평준화가 시도되거나 아니면 최소한 고등학교 그리고 전문대학까지 무상교육을 실시해야 한다. 대학교육의 평준화는 대학간의 차이를 없애는 것이 아니라 지금과 같은 식의 무의미한 대학입시와 유능한 인력의 탈락을 막아 그들을 능력있는 산업인력으로 만들어내기 위한 가장 경제적인 조처일 수가 있다. 동시에 전문대학에 이르기까지의 무상교육실시는 대학교육을 받고 사회에서 사람다운 대접을 받으며 살기 원하는 대학 교육기회에 관한 사회계층간의 타는 듯한 갈등을 해소하고 모든 국민을 유능한 산업인력과 민주시민으로 만드는 지름길이다. 고등교육이 사치품으로 여겨지던 시대는 이미 지난 지 오래되었다. 이런 식의 대학교육의 개방화만이 문민정부에 걸맞는 고등교육정책이 될 것이다.

5

열린 학습사회를
꿈꾸며

학점인정제 도입을 위해 필요한 조치

　학점인정제도는 교육복지국가라고 표현되는 에듀토피아의 실현을 위해 필수적인 제도이다. 에듀토피아는 교육 때문에 사람이 고생을 하게 만드는 현행제도와는 다르다. 현재의 교육제도는 학력을 인간의 능력으로 간주하기 때문에, 일류 대학에 들어가는 것이 출세의 지름길로 인정된다. 이런 교육제도는 학력의 인플레이션을 가속화시킴으로써 교육의 비인간화를 초래하고 있다. 이에 반해 학점인정제는 열린 고등교육과 열린 성인교육체제를 대학과 관련시킴으로써, 교육 때문에, 학력 때문에 인간이 고통받는 일을 제도적으로 막아주는 제도이다. 즉 누구든, 어디서든, 무엇이든, 언제든 배우기만 하면, 모든 것을 마치 은행에 예금을 저축하듯 학력저숙으로 만들고, 그 학섬을 개인의 학위취득과 관련시켜 그것을 사회적으로뿐만 아니라, 교육적으로 인정해준다. 따라서 종래와는 다르게 개인의 일상적인 경험과 취업현장에서의 각종 연수나 훈련까지도 그의 학력축적과 경력으로 인정해줌으로써, 개인의 학력보다는 개인의 경험과 개인의 능력을 실질적으로 인정해주는 열린 고등교육제도이다.

　이미 북미의 대학들은 학점인정제를 효율적으로 운영하기 위해 성인 학습자들의 경험을 최대한 학점원으로 활용하고 있다. 미국에서도 각 개인의 일상경험이나 학습경험 등 학점은행제의 학점원(學點原)으로 여러 가지가 활용된다.

생활경험학습이 학점으로 인정

이것은 삶의 경험을 통해 습득한 학습활동을 토대로 학점을 인정하려는 사회교육 평가방법이다. 학습이 이루어지는 장소, 시간, 방법에 관계없이 학습자가 터득한 내용에 대해 대학학점을 부여하는 제도이다. 예를 들어 몇몇 대학은 컴퓨터 워드프로세싱을 개설하고, 학생이 수강신청하여 통과하면 3학점을 인정해준다. 삶의 경험을 통해 습득한 학습내용에 따라 학점을 인정하는 제도에서는 배운 장소와 방법에 관계없이 학생이 워드프로세싱 기술을 습득했다면, 그것이 9살 때에 이루어진 것이라 할지라도 그 학생에게 3학점을 인정해주는 것이다.

예를 들어, 예일대학은 타이핑과 워드프로세서 능력을 위해서 'Business Education'을, 중국여행에 관한 '다문화교육과 여행' '골프강습을 위한 체육교육의 기초' 같은 것을 개설해 놓고 있다. 이들은 꽤 학문적으로 들리는 교과목들이다. 학점을 인정받기 위해서 학생은 특정한 교과목에 대한 기술을 증거할 수 있어야 한다. 모든 교과목이 대학 학점으로 전환될 수는 없으나, 학점이 인정될 만한 교과목은 꽤 많다.

대학에서 개설하고 있는 수많은 교과목 가운데 그 교과목이 학점으로 인정될 수 있을지 결정하기 어려운 것이 많다. 혹은 개개인의 경험이 학점으로 인정될 만한 가치가 있는 것인지 결정하기 어려운 것들도 많다.

대학들이 학점으로 인정하는 8가지 삶의 경험의 유형은 다음과 같다.

(1) 노동의 경험 : 직장에서 습득한 많은 기술이 대학에서 가르쳐지고 있다. 예를 들어, 서류정리, 속기, 회계, 재정관리, 지도 읽는 법, 군사전략, 컴퓨터 프로그램 짜기와 작동법, 편집 등이 속한다.

(2) 가사의 경험 : 가정관리, 가족설계와 예산, 육아, 아동심리학, 교육학, 영양학, 요리 등이 속한다.

(3) 자원봉사 경험 : 지역사회활동, 정치캠페인, 교회활동, 사회사업기관이나 병원에서의 자원봉사 등이 포함된다.

(4) 산업교육 환경에서 행해지되 학점이 인정되지 않았던 학습 : 회사에서 개최하는 연수과목, 신입교사 연수과목, 학술회, 임상강의, 연차총회나 학회, 통신교육 등이다.

(5) 여행 : 사업과 관련된 여행이나 의미있는 휴가, 다른 나라 문화에서 특정기간 동안 살았던 경험, 다른 문화와 관련된 활동에 참여 등이 포함된다.

(6) 오락활동과 취미 : 음악적 기술, 비행훈련과 기술, 지역사회에서 열리는 연극, 예술활동에의 잔여, 소설과 비소설 저술, 공공 연설, 정원 가꾸기, 박물관 관람, 연주회나 영화관람 등 여가시간에 행해지는 활동이다.

(7) 독서 : 대학학점이 인정되지 않는 광범위하거나 집약적인 독서를 포괄한다. 예를 들어, TV에서 방영된 다양한 연속 프로그램 관람.

(8) 전문인과의 토의 : 전문인과의 의미있고 집중적인 모임을 가짐으로써 전문인과 이야기하고, 듣고, 일함으로써 얻게 되는 학습을 학점으로 얻게 된다.

열린 대학제도와 열린 성인교육제도 필요

이런 학점제도가 우리 나라에도 본격적으로 도입 · 활용되기 위해 무엇보다도 필요한 것은 대학간의 편입학제도가 법률로 보장되는 일이다. 현재 우리 나라에도 정규대학에 다닐 수 없는 사람들을 위한 교육혜택으로 방송통신대학이나 산업대학이나 전문대학, 혹은 독학사제도 등 다양한 학위인정제도가 존재한다. 그러나 이 제도들이 서로 통합적으로 서로의 제도와 학점들을 인정해주는 제도적 뒷받침이 없기 때문에 그 기능이 효율적으로 발휘되지는 못하고 있는 실정이다. 우리 나라의 경우, 4년제 정규대학의 경우에도 편입이 가능하기는 하나 자유로운 편입학은 사실상 어렵다. 사실상 각 대학별로 교육내용이나 환경에서 질적인 차이를 갖기 때문에 자유롭게 편입학을 하지 못하는 현실이다. 미국이나 다른 나라에서는 대학간의 교류가 활발할 뿐만 아니라 대학간의 편입학이 자유롭게 이루어지고 있다. 이런 편입학제도의 제도화는 고등교육시장 개방에 적극적으로 대처하는 하나의 방편이기도 하다.

둘째, 대학간 학점인정제도가 보장되어야 한다.

아직까지 우리 나라에서는 몇몇 대학 사이에서만 대학원을 중심으로 학점교환이나 학점인정이 이루어지고 있다. 이 제도는 더욱 널리 확대되어서 전국 대학간의 학점이 서로 교환되고 인정됨으로써 학생들에게 더 폭넓은 교육서비스가 제공되어야 한다. 그러기 위해서는 교수자나 학교의 입장에서는 독자적인 내용을 개발하려는 노력과 전문적인 세분화 과정이 필요하다. 이러한 바탕 위에서 비로소 학생들은 그들이 원하는 다양한 내용의 내용을 지역이나 소속 학교에 의한 제약없이 얻을 수 있다.

셋째, 자율적 독학사 학위제도 역시 대학별로 신축성있게 도입되어야 한다. 각 대학은 대학별로 시간제 학생들을 모집하고, 그들에게 대학별 독학사 학위를 줄 수 있어야 한다. 대학에서 공부하고 싶어하지만 취업 등의 개인적인 사정으로 인하여 학교에 다닐 수 없는 학생들을 위하여 시간제로 학생을 모집하고 수업을 진행함으로써, 배우고자 하는 많은 학생들에게 널리 교육의 혜택을 주어야 한다. 뿐만 아니라 이들이 독학으로 학습한 내용이 학위소지자에 준하는 능력을 가졌다고 인정되는 사람들에게는 각 대학별로 독학사 학위를 수여하는 제도가 마련되어야 한다. 현행 독학사 학위 수요는 국가가 담당하고 있지만 각 대학별로 독자적으로 학위 수여를 하기 위한 제도를 마련해야 한다.

넷째, 원격학습이나 온라인(On-line) 학습망이 전국대학에 연결되어야 한다.

원격학습은 평생교육원리에 입각한 교육구조 개선의 이상적인 모형으로서 교육의 평등화와 학습사회 건설의 중심기관이다. 지리적인 조건이나 연령, 입학자격 등의 제한이 없고 자기학습과 생활학습이라는 점에서 만인에게 교육기회를 개방하는 프로그램이다.

이러한 원격학습은 온라인 학습망의 구축으로 그 효과를 더욱 높일 수 있다. 각 지역별로 학습센터를 설립하고 TV나 비디오 통신을 통해 학습할 수 있으며 지역별 학습센터를 통신망으로 연결함으로써 서로 다른 지역에서도 필요한 강의를 듣거나 학습자료를 구할 수 있다.

다섯째, 개인의 원격학습경험이나 생활경험을 통한 개인의 학점 포트폴리오(Portfolio)를 정규학점으로 평가, 인정할 수 있는 평가제도를 구축해야 한다.

개인의 학습을 공식적인 평가틀에 따라 평가하여 인정한 개인의 기록을 정규학점으로 인정하여 일정한 학점을 이수했을 경우에 학위를 수여하는 것을 제도화함으로써, 원격학습이나 생활경험에 의한 교육효과를 무의미한 것으로 만드는 것이 아니라 이를 사회적으로 보장하고 더욱 활성화되도록 해야 한다.

여섯째, 각 대학은 교육과정평가원에서 인정한 학점의 타당성을 심사, 인정해주는 대학별 학점인정 평가위원회를 설치해야 한다. 대학별 학점인정 평가위원회는 교육과정평가원과 연계하여 각 대학별 교육과정에 비추어 학점인정을 자율적으로 결정할 수 있어야 한다.

정규대학은 대학별로 학점인정 평가위원회를 조직하여 교육과정평가원에서 인정한 학점을 대학에서 학위를 수여하는 학점으로 인정할 것인지를 결정하는 독자적인 평가기구를 갖춰야 한다. 독자적인 평가기구(학점인정 평가위원회)는 각 대학의 특성에 맞는 내규를 규정하고 대학의 교육과정에 따라 학위를 수여한다.

일곱째, 대학은 부분학점 인정제도를 채택할 수 있어야 한다.

대학은 같은 계열인 경우 다른 과로 편입학했을 때에는 같은 계열의 학점을 이수한 것으로 인정하여 다시 중복 수강하지 않도록 배려할 수 있다. 다른 한 방법은 타 대학에서 이수한 학점을 교육내용이나 교육의 질 차이 같은 문제로 온전히 인정하지 못할 경우에는 3학점 이수한 것을 2학점 이수한 것으로 인정하는 방식 등 학점취득의 방법을 다양화할 수 있다.

여덟째, 대학간 학점인정제도를 정착시키기 위해 학점인정제도를 채택, 구체적인 프로그램을 연구하는 대학에는 학점인정제도 발전기금을 한시적으로 지원해야 한다.

많은 대학간에 학점인정제도를 정착시키기 위해서는 무엇보다도 프로그램의 계획, 진행을 담당하는 전문인력에 대한 지원이 필수적이다.

아홉째, 학점인정과 평가의 문제나 발전을 지속적으로 연구, 개발할 수 있는 학점인정 평가연구소가 설립되어야 한다.

학점인정과 평가를 현재와 같이 부분적으로만 시행하는 것이 아니라, 대학간 학점인정이나 사회교육기관의 교육까지 총괄적으로 평가하여 학점으로 인정하기 위해서는 이런 것을 지속적으로 연구하여 새로운 프로그램을 개발해내는 연구소의 설립이 필요하다.

교육방송의 사회교육적 활용을 부추기기 위해

"EBS요, 그것은 그러니까 , 어느 누구도 거들떠보지 않으니, 에그머니나(E), 부끄럽고(B), 수치스러워서(S) 어쩌나 방송이지요, 뭐.. ". 동숭동 마로니에서 서성이는 청소년들을 연구하러 갔다가 우연히 마주진 방송통신 대학생이 떨떠름하게 내뱉은 대답이었다. 'EBS, 교육방송이 당신에겐 무엇으로 생각됩니까' 라고 물어본 질문에 대해 기대하지 못한 통명스런 대답이라, 한편으로는 내 스스로 민망스러웠던 순간이었다. 교육방송에 대해 커다란 기대를 걸고 꽤나 근사한 대답을 기대했던 것이 큰 잘못임을 확인받는 순간이었다. 교육방송, 과연 교육방송은 그렇게 대접받아도 무방한 방송인가? 아니 그들의 표현대로, 교육방송은 방송계의 오물인가?

정확한 근거가 있는 것은 아니지만, 교육방송은 여러 방송 채널 중에서도 시청자에겐 늘 찬밥신세와 같다. 방통대생이나, 과외생들이 할 수 없이 봐주어야 하는 그런 방송으로 치부되고 있다. 사회교육방송이라기보다는 사회로부터 냉대나 받는 그런 몰골을 하고 있는 것처럼 느껴진다. 손님들이 늘 단골로 찾아가는 술집이라기보다는, 마치 길을 가다가 우연히 들어가게 되는 길거리 포장마차 같은 인상을 풍기는 것이 바로 교육방송이다. 교육방송에 대한 이런 시각의 편향은, 포장마차집에서 그 무슨 커다란 요리를 기대하지 않는 것처럼 EBS로부터는 그 무슨 커다란 프로그램을 기대하지 않는다는 것을 의미한다. 그래서 EBS의 위상이 방송계에서 더욱 어려워지고 있는 것 같다는 느낌을 준다. 왜냐하면, 시청자들 스스로 교육방송을 보면 바가지를 쓰거나, 혹여 시간이나 낭비하는 것은 아닌가 하는 심정으로 채널을 잽싸게 바꾸어버리기 때문에, 그런 시청자들의 정글을 교육 방송 스스로 조심스럽게 헤쳐나가야 하기 때문이다. 바로 이 순간에도 호랑이 같은 시청자, 원숭이 같은 시청자, 코브라 같은 시청자, 거머리 같은 시청자들이 교육방송 곁을 이리저리 노닐면서, 교육방송 프로듀서의 능력을 잣대질하고 있다.

사람들이 교육방송에서 그 무슨 교육적인 것을 기대하는 것이 잘못일 수는 없다. 교육방송의 형편이 어떤지를 뻔히 알면서 교육방송만큼은 엄청나게 교육적이어야한다는 요구는 요즘 시청자들의 공짜심리로부터 연유하는 것일 수도 있다. 현재 시중의 공중을 유린하고 있는 일반 유흥(遊興)방송들이 시청자들의 눈을 너무 버려 놓은 탓일 수도 있다. 재미없는 광고들을 매 시간마다 열 개 정도는 의무적으로 보아주어야만 한 프로를 볼 수 있기는 하지만, 사실은 그것도 시청자들이 세값을 다 치렀다고 할 수는 없다. 실찬 프로그램을 방영하기 위해서는 매 시간이 아니라, 반 시간마다 열개 정도의 기업광고를 시청자들이 볼 수 있는 아량이 있어야 할지도 모른다. 좋은 프로그램은 그 정도로 제작비가 많이 들 뿐만 아니라 튼튼한 스폰서가 뒷받침해주어야 하기 때문이다.

이런 저런 재정적 형편을 생각해본다면, 교육방송은 설립될 그 당시부터 이미 방송계에서는 구박덩어리 신세였던 것 같다. 지금과 같은 제작비 수준으로는 품격높은 프로그램을 제대로 만들어낼 수 없음을 뻔히 알면서도 교육방송만큼은 교육적이어야 한다는 억지에 시달려온 그런 방송이었다. 그래서 이제는 교육이라는 말 자체가 지겹게 들릴 것이고, 교육적이어야 한다는 말 자체에도 구역질이 나겠지만, 그런 것을 꾹꾹 눌러가며 지금 같은 정도라도 꾸려가는 교육방송은 그 자체로 장한 일일 수 있다.

그러나 한 가지 해두어야 할 말은 있다. 교육방송 제작들이 제발 붕어빵 장사 심리는 갖지 말아야 한다. 밀가루 물 95%에 단팥이 5%가량 섞인 붕어빵은 구워놓은 지 2분만 지나도 퍼렇게 색이 변하게 마련이다. 풀죽은 붕어빵과 케익을 비교하는 사람들에게 욕을 해대는 붕어빵 장수가 되어서는 안 된다. 달디단 케익에 익숙해진 소비자들에게 구수하게 갓 구워낸 붕어빵을 줄 수 있는 그런 사람이 되어야 한다. 다행히 최근 교육방송에서도 이런 방송이 있어 나를 기쁘게 만들어주었다. 교육방송을 통해 방영된 프로그램 중 올리버 뉴톤 존의 '휴먼 네이쳐(Human Nature)' 같은 프로그램은 노동으로 찌들린 사람들이라도 어떻게 자연을 사랑해야 하는지를 배우도록 안내해주는 아름다운 자연보호 안내 프로그램이었다. 외국방송이 큰 돈을 들여 제작한 것이라, 교육방송으로서는 별 비용도 안들었으리라 믿어, 이런 질 좋은 방송 프로그램은 그 얼마든 방영될 수 있을성 싶다. 그렇기에 이런 질 좋은 방송을 쇼핑해내는 국제화 능력이 교육방송관계자들에게 더욱 필요할 것 같았다.

물론, 교육방송은 이미 교육이라는 말 그 자체에 지겨워할 수도 있다. 교육적이어야 한다는 말 자체가 하나의 강박감으로 그들을 괴롭히겠지만, 그래도 교육방송만큼은 그야말로 길거리 교육방송이 될 각오가 되어 있어야 한다. 호텔방송이나, 백화점방송이 아니라 시장터방송이 되어야 한다면, 교육방송은 돈 많이 드는 프로그램을 자체적으로 제작해서 방영하는 그런 방송프로그램 못지 않게, 세계 구석구석에서 품격높은 프로그램을 뒤져내어 우리에게 소개해주는 노력도 과감하게 시도해볼 필요가 있다. 이런 일은 교육방송이 코흘리개용 과외방송이라는 딱지를 떼어내는 데 도움이 될 것이다.

　진정 "교육"방송이 되기 위해서는 방송제작가 스스로 보는 것, 보여주는 것 그 자체에 만족해 하거나, 그런 수준에 머물러 있으면 곤란하다. 그 어떤 식으로든 보이는 것을 통해 사청자 스스로 지혜와 통찰력을 길러내게 해주는, 다시 말해서 'From sight to insight' 해주는 그런 사회교육적인 프로그램을 만들어내야 한다. 돈없음만을 타령해서는 평생 방송가의 주정뱅이로 주저앉을지도 모른다. 아니면, 차라리 이것저것 심각하게 생각하지 말고 차라리 철두철미 과외방송에 전념하여, "교육방송은 이렇다, 그래 어쩔래, 교육방송은 과외방송이다"라고 교육방송이 태어났을 때 바로 그 가치를 선명하게 드러내보이는 게 차라리 시중의 유흥방송과 확실히 차별화하는 지름길이 될 것이다. "문화"방송입네 하고 이것 저것 포함해서, 그 아무것도 얻어내는 것이 없는 것보다는 차라리 분명하게 시청가능 집단을 확보하는 길이 교육방송의 특성화를 위해 도움이 될 것이다. 교육방송은 어차피 기성 유흥방송이나, 각종 케이블 방송에 비해 그 상업성이나 전문성이 떨어지고 있는 것이 사실인 이상, 앞으로의 진로를 분명하게 할 필요가 있다. 케이블방송이 아직은 여러 가지 조건의 취약으로 인해 그 위력을 발휘하고 있지 못하지만, 앞으로 케이블방송이 교육방송을 잠식해 들어갈 가능성은 엄청나다. 따라서, 그들과의 경쟁을 위해서라도 시청자 그룹을 확실히 묶어둘 필요가 있다. 그 가능성은 역시 사회교육층으로부터 찾아내야 할 것이다. 즉, 사회교육계에서조차 교육기회를 제한당하고 있는 계층인 청소년, 주부, 노인 중 그 어느 한 집단을 분명하게 택하든가, 아니면 세 집단의 사회교육적 욕구를 집약적으로 수렴하여 강인하게 밀고 나가는 것이 차라리 교육방송의 사회교육적 기능을 선명하게 돋아나게 만들어주는 대안이 될 것이다.

향토인재를 육성하기 위한 사회교육개혁이 필요하다

금년은 우리 나라가 국제화와 세계화를 위해 구체적인 전략을 짜고, 그에 따라 구체적인 활동을 더욱 더 강화해나갈 것이다. 교육도 예외일 수 없다. 그러나 실제로 한국교육이 국제경쟁력을 갖기 위해서는 인재육성을 향토화하지 않으면 안 될 것이다. 물론 1980년대 후반부터 교육학계에서는 지방자치제의 도입과 더불어 국립대학이 각 지역사회의 발전을 위한 지역산업의 육성과 직결되는 고등교육의 특성화에 노력해왔지만, 아직도 그런 방안으로는 향토인재육성의 향토화와는 거리가 멀 뿐이다.

향토인재를 위한 혁신적인 정책이 당장 실시될 수 없다면, 그 대안으로 농민들에게 공연히 상대적 박탈감이나 불어넣는 그런 교육정책은 과감히 폐기해버려야 한다. 동시에 한국교육의 전반을 손질해버릴 수 있는 큰 덩어리의 교육정책들이 과감하게 채택되어야 한다. 현실적으로 이런 정책들은 한두 사람의 비교육전문가들의 평론이나 이해관계에 매달린 쇼맨십보다는 교육전문가를 중심으로 한 결단이 필요하다.

이런 맥락에서 농촌 공동체 회복과 정상화를 위한 교육정책은 최소한 다음과 같이 제시될 수 있다. 첫째로, 농촌과 같은 지역사회로 도시인구를 유입하는 과감한 교육정책이 세워져야 한다. 그렇게 하기 위해서는 농촌 지역에 교육연구 단지, 농공 단지, 기타 연구 단지를 세워 농촌을 '교육도시'로 전환시켜야 한다. 이를 위해서는 5개 군단위를 하나의 교육 특별구로 삼아 지방중심 일류 국립특수인문고를 설치, 운영해야 하고, 농촌지역 근무교사에게 승진 가산점을 주어 우수 교사를 농촌으로 유치한다. 농촌 공동체 의식을 복돋아줄 수 있는 교육정책을 강화해야 한다.

둘째로, 지역별 향토교과를 개발하여 학교교재로 활용해야 한다. 지방대학의 경우 대학시험 과목으로 지역별 향토 교과목을 대학입시 과목으로 지정 실시할 필요가 있다. 즉, 폐교된 학교나 분교 등을 농촌 사회교육의 활성화를 위한 공립 사회교육시설, 말하자면 도서관이 겸비된 사회교육관 등으로 활용함으로써 전원생활중심교육 공동체를 형성해야 한다. 교육방송이나 매체를 통한 원격교육으로 초·중등교육도 실시해야 한다.

셋째로, 농촌 지도자를 양성해내기 위해 교육재정정책도 강화해야 한다. 영농후계자 지원 기금에 자녀 교육비를 포함하여 지원해야 한다. 즉, 화훼, 과수, 특작, 채소 등의 사업기반조성을 위한 시설 자금으로 지원하는 농민 후계자 육성용 농어촌 발전기금 속에 자녀 교육비를 포함시켜 농민 후계자 1인당 연 50,000만원 이내로 대출해주어야 한다. 농민 자녀가 대학 졸업 때까지 동시에 농민들의 사회교육을 활성화하기 위해 '농민 교육장학 금고'를 설치, 운영해야 한다. 그런 농민교육 장학금고의 재원은 농협, 농산물 수입업체, 농약·농기구업체 등의 수입금 그리고 국가 보조금으로 충당하면 된다. 이렇게 되면 연간 약 600억에서 1천억의 기금까지도 무난히 조성할 수 있다.

넷째로, 농촌 지역에 설치된 농업게 고교를 5년제 농민 전문대학 체제로 개편하고 그 운영은 기업체가 전담하도록 한다. 5년제 농민 전문대는 전원 기술가제로서 특수 농업 기업사원 초급 고등교육기관으로 전환시킨다. 농민 자녀가 대학 진학시 가점제를 적용하고 이런 혜택을 받은 학생에게 대학졸업시 일정기간 동안 농촌지역 기업체 및 행정기관 근무를 의무화한다.

다섯째로, 농촌지역 고교출신 학생의 대학 선발은 고교내신제로만 실시하여 농촌 학생들에게 입시교육의 피해를 예방한다. 즉, 농촌 지역의 인재 개발을 위해 국·공립 지방대학 정원의 일정수를 특별 전형으로 선발한다.

여섯째로, 국영 기업체 및 지방공무원 중 일정 비율은 지방대학 출신자로 할당하여 채용하도록 한다. 동시에 이를 위해, 지역재정 활성화 대책도 동시에 추진해야 한다. 말하자면, 대도시에 밀집된 주요 기업의 세무신고지를 농촌지역으로 과감하게 이전시켜줌으로써 지역재정의 안정적인 기반을 마련해줄 필요가 있다.

이런 교육정책과 사회복지정책을 강력하게 실시하면, 그동안 피폐해 있던 농촌 공동체는 활기를 되찾게 되고, 동시에 농촌공동체의 중요성이 되살아날 것이다. 지역자치는 이런 기간 사회정책이 없이는 제대로 실시될 수 없기 때문에, 과감한 농촌사회복지책을 도입할 필요가 있다.

열린 학습사회를 위한 대학사회교육의 개혁과제

　제7차 교육개혁의 방향은 평생교육과 사회교육의 활성화로 집약된다. 이 점은 교육개혁위원회가 표방한 열린 교육사회, 평생학습사회 기반의 구축에 잘 나타난다. 누구나, 언제, 어디서, 무엇이든 개인이 원하는 교육을 받을 수 있는 교육사회를 만든다는 것이 교육개혁의 기본방향이다. 이런 열린 평생학습사회를 위해서는 가정, 초·중등학교교육 그리고 대학교육의 개혁방향이 새로 설정되어야 한다. 이중에서도, 열린 평생학습사회를 위한 대학교육의 개혁이 절실하다. 그렇지만, 현실적으로 우리 나라 대학교육은 평생학습사회를 위해 대학 스스로 무엇을 어떻게 해야 히는지에 내해 살피를 잡고 있지 못하나. 그런 이유 중의 하나는 대학교수 스스로 학습환경의 변화에 대해 거의 무지하기 때문이다. 또 다른 하나는 평생학습과 열린 학습사회에 대한 비뚤어진 해석과 응용으로서, 이 모두가 열린 사회교육의 실현을 방해하고 있다.

　대학은 지금과 같이 각 대학에 열고 있는 각양각색의 사회교육활동을 정비할 필요가 있다. 돈벌이를 위해 이런 저런 명목의 대학사회교육을 열어 놓고 있다는 사회적인 비판에 민감하게 반응해야 한다. 돈벌이를 위해, 대학교육의 확장이라는 명목으로, 각종 사회교육을 행하고 있다는 비판만큼은 피해야 한다. 예를 들어, 각 대학들이 무분별하게 설치하고 있는 각종 최고교육과정이나 혹은 독학사 학위과정들이 바로 이런 범주에 속할 것이다. 특수대학원 교육 하나 제대로 꾸려가지도 못하는 현실을 그대로 방치해 놓고, 특수대학원의 교육도 아니고, 그렇다고 학원교육도 아닌 그런 어

정쩡한 단기 교육과정을 일부 교육소비자들에게 팔아넘기는 것은 아무래도
잘하는 일은 아닌 것 같다.

대학은 두 가지 점에 유념하면서 이런 사회교육과정을 개발해야 할 것이
다. 첫째, '돈 있는 곳에 사회교육이 있다'는 점을 불식시켜야 한다. 원래
대학의 확장교육, 말하자면 대학의 사회교육활동은 지역사회봉사를 위한
것이었다. 지역사회주민의 교육적 욕구와 지역사회발전을 위해 대학이 당
연히 해야 할 봉사활동이다. 둘째, 대학 스스로 사회교육기회의 불평등을
조장해서는 안 될 것이다. 대학은 사회교육의 불평등과 지식의 불평등을
완화시키는 일에 앞서야 할 것이다. 현재와 같이 돈과 사회적 지위가 있는
곳에 대학의 사회교육이 있다는 풍조가 만연된다면, 대학은 국민들에게 사
회교육으로부터 얻어낼 수 있는 지식의 불평등현상을 유발해내는 교육기관
으로 지탄받게 될 것이다.

대학 스스로 지식의 불평등을 완화시키고, 열린 사회교육을 위한 견인차
가 되기 위해서는 대학 스스로 다른 대학들과 학점을 교환하는 제도를 확
대해야 한다. 동시에 대학 스스로 대학교육의 확장적인 발전을 위해 대안
대학운동(代案大學運動)을 전개해야 한다. 대안대학운동은 지금과 같은 전
통적인 대학교육과는 전혀 다르거나 아니면 새로운 대학교육 프로그램을
개발하는 것이다. 이미 이야기했듯이, 하이퍼학습을 활용한 재택 대학교육
이나, 혹은 가상대학교육(Virtual university)과 같은 것으로서, 대학, 캠
퍼스, 교수와 학생, 강의실과 같은 전통적인 19세기 대학의 구조를 21세기
정보사회의 대학교육구조로 완전히 바꾸어 놓는 실험사회대학 교육운동이
일어나야 한다.

이와 아울러 대학이 열린 평생학습 사회교육을 위해 대학 스스로 취하는

대학간 학점인정제도는 대학으로 하여금 열린 학습사회에 앞장 서 있다는 모습을 보여주게 되는 좋은 사례가 될 것이다. 이런 대학간 학점인정제도는 재정적 불이익이나, 대학의 위신을 깎아내릴 것 같은 느낌을 주는 것 같아 대학 스스로 꺼리게 만든다. 그러나 외국대학의 경우, 대학간 학점인정제도의 실상은 정반대이다. 학점교환제도가 실시됨으로써 대학의 재정은 오히려 늘어났으며, 동시에 교육 프로그램의 질이 전국적으로 알려지는 효과도 얻게 되어, 교육의 경쟁력을 높여준 것으로 평가되었다. 대학의 이해관계와 관계없이, 이런 대학간 학점교환은 평생학습사회의 길을 깔아 놓는 것이다.

이를 위해서는 첫째, 기존의 고등교육기관간의 교육이수 결과의 상호인정 및 교육 프로그램 개방과 교류가 확대되어야 한다. 이제까지 폐쇄적이고 경직되어 운영되던 고등교육기관의 운영에 있어서 탄력성, 개방성, 협력성이 강화되어야 한다. 각종의 대학과 대학원 간, 학부와 대학원 간, 일반대학원과 전문대학원 간, 방송(개방)대학과 4년제 대학 간 그리고 4년제 대학과 전문대학 간에도 소정의 기준과 절차에 따라 학점교류 및 학점이수에 있어 개방과 탄력적인 교류가 이루어질 수 있어야 한다.

둘째, 각종 사회교육 이수결과의 누적적인 관리와 평가를 통한 인정체제가 구축되어야 한다. 이를 위해서는 학교교육뿐 아니라 사회교육 부문의 교육 이수결과를 평가하여 제도적으로 인정하는 것이 필요하다. 이때 원칙적으로는 모든 유형의 사회교육 결과를 엄격한 사회교육 평가인정체제를 통해서 제도적으로 학점이나 학위 그리고 공식적인 자격으로 연계하여 인정하는 종합적인 제도를 구축하는 것이 바람직하나, 단기적으로는 기존의 사회교육 부분 중 조직화되고 정형화되어 있고, 사회적으로 인정도가 있는 부문들을 우선적으로 학점은행제와 연결시키도록 하는 방안을 수립하도록 하는 것이 우선되어야 할 것이다. 따라서 장기적으로는 모든 종류의 사회교육기관과 이들의 프로그램을 학점은행제의 대상으로 하되 일차적으로는 대학의 평생(사회)교육원이나 기업의 인력개발원, 연수원, 사내대학, 전문직업훈련원, 전문학원 등의 교육이수 결과에 한해 우선적으로 학점은행제의 평가인정 대상에 포함시켜 기준에 상응할 경우 이를 제도적으로 학점이나 학위로 인정해주는 사회교육 이수결과의 인정체제를 확보하는 일이 필요하다.

셋째, 고등교육기관과 사회교육기관 간의 연계를 통한 이수결과를 인정할 수 있는 체제를 구축해야 한다. 고등교육기관이 각종 사회교육기관과 연계하여 교육프로그램을 제공하거나, 또는 다양한 사회교육 이수결과를 학점은행제의 학점인정 기준에 의거하거나, 또는 대학 자체의 학점은행제 관리 운영 위원회 심의를 통해 부분 학점이나 완전한 학점 또는 학위로까지 연결하여 인정할 수 있도록 한다.

마지막으로 열린 학습사회를 위한 학점은행제 실시가 대학사회에서도 효율적으로 이루어지고 성공적으로 정착되기 위해서는 학점은행제에 대한 정확한 정보를 제공하고 학습자와 관련 기관들에게 정확한 정보를 제공해주는 홍보체제와 참여·유인체제가 구축되어야 한다. 이러한 기반을 전제로 열린 학습사회의 실현과 이를 위한 학점은행제 실시에 대한 전 국민적 공감대가 형성되도록 해야 한다. 특히 학점은행제의 주 대상이자 일차적인 활용대상이 될 직업 성인들이 학점은행제의 적극적인 동참자가 될 수 있도록 대학과 사회교육단체들의 적극적인 학습마인드 형성 노력과 협력이 요청된다. 현재, 한국 경영자 총연합회와 한국노동조합 총연맹, 중소기업 중앙협의회, 산업인력관리공단, 대한상공회의소, 한국능률협회, 한국생산성본부 등 각 업종별 단체, 혹은 각기업의 인력개발원 등이 있다. 이들 기관 및 단체들이 학점은행제에 적극 협조하고 동참하는 주도적 역할을 담당하고 직업 성인 대상의 계속학습 성취동기 함양을 위한 교육 프로그램을 개발하여 학습마인드를 형성할 수 있도록 홍보활동을 강화해야 한다.

미래사회의 변화와 원격교육

21세기를 바라보는 오늘의 세계는 지금과는 전혀 다른 문명적인 대전환을 맞이하게 될 것이 분명하다. 그것의 문명적 실체를 가르쳐 우리는 포스트모던한 사회라고 일컫는다. 포스트모던한 사회는 일정한 형식이나 규격을 거부한 채, 다양성을 추구하는 사회이다. 그런 문명사적 전환기 속에서 우리 나라 역시 그런 변화에 대해 빠르게 대응할 것이 분명하다. 물론,우리의 대응은 공간귀속성을 탈피하는 식으로 전개될 것이다. 이것은 공산주의의 몰락으로 이념갈등의 요소가 약화되고 경제적 풍요에 의해 세계간의 경제적 부의 격차가 줄어듦에 따라 더욱더 분명하게 드러나 보일 것이다.

그런 '벽허물기'를 다른 말로 말해, 세계화라고 부를 수도 있다. 즉 지금까지 늘 해왔던 식의 국경에 기초한 총뿌리 대결이나 갈등을 뛰어넘어 국가끼리 이웃공동체로 서로서로 협동하는 사회를 이루어나갈 것을 의미한다. 사람들이 그렇게 세계화를 겨냥하기는 하지만, 우리는 우리 스스로 우리 고유의 전통과 문화보존이라는 구조적인 특수성을 포기하지 않은 채, 그런 변화에 재빠르게 대응해야 할 것이다. 왜냐하면, 유럽의 여러 나라들이 그들의 국가적인 이해관계나 우월성을 포기하고 있는 것은 아니기 때문이다. 예를 들어, 영국 보수당 의장을 지냈던 크리스토퍼 페른과 같은 정치가들은 유럽을 '지는 해'로 보는 일반적 시각을 거부한다. 그대신 언제나 유럽은 여전히 다른 지역보다 앞서 있을 것이라고 주장하고 있다. 다니엘 부어스틴과 같은 지식인 역시, 미국은 일반적인 생각과는 달리 정의와 양심을 병적으로 내세우는 평등을 앞세우는 나라로 남아 있을 것이라고 진단하기도 한다.

이런 식의 새로운 사회조류 속에서도 우리 사회가 지양해나갈 한국적인 변화는 여러 가지이다. 즉 어느 사회학자가 지적했듯이 우리 나라는 첫째 노인인구와 유아인구의 증가와 더불어 총 부양비가 늘어나는 분위기 속에서, 둘째, 이혼이나 노인과 관련된 사회문제와 더불어 가족해체현상과 더불어, 셋째, 급격한 도시화 현상에 떠밀려서, 넷째, 중류의식을 갖는 계층이 주류계층으로 자리잡는 풍조가 일반화될 수도 있다. 그러나 이렇게 변화될 사회에서도 여전히 사회문제는 그대로 남아 있을 것이다.

그래서, 우리 모두는 그런 변화에 대해 더욱 더 적절한 대응책을 모색해내야 한다. 말하자면, 첫째, 정치적으로는 참여민주주의를 구현해야 하며, 둘째, 경제적으로는 경쟁력있는 경제구조를 갖추어나가야 하며, 셋째, 문화적으로는 자기개발적이어야 한다. 동시에, 윤리적으로는 한국적 공동체를 회복해야 하고, 마지막으로 교육적으로는 그런 사회적 요구에 합당한 평생학습적인 인간들을 길러내야 한다. 평생학습은 새로운 원격학습을 요구하고 있다.

어느 종합연구소의 최신 연구결과에 의하면, 2000년대 우리 사회에서 곧 드러날 주요 사회문화적인 사회조류는 세 가지이다. 첫째로, 생활의 풍요, 둘째로, 정신적 성숙 그리고 마지막으로 시간적 여유를 들고 있다. 이런 류의 보고는 새로운 사회 속에서 평생교육의 역할을 다시 한번 더 제고시키는 하나의 징표이다.

이런 입장에서 한국의 원격교육의 역할을 논의한다면, 두 가지 제언이 필요하다. 첫째로, 현재 우리 나라에서 활용되는 원격교육은 방송통신고교나 방송통신대에 해당되는 그런 협소한 의미로 쓰이고 있는 것은 잘못이기 때문에, 원격교육에 대한 그런 협소한 의미파악은 바로잡아야 한다. 정신적으로 성숙하고, 시간적으로 여유가 있으며 그리고 생활에 있어서는 풍요로운 사회에 대응할 수 있는 원격교육이 되기 위해서는, 원격교육 그 자체가 '모든 이를 위한 평생학습의 학습매체'로 활용되어야 한다. 그래야 우리나라의 '국민력'(國民力), 즉 국민의 실력이 사회변화에 합당하게 배양될 것이다.

둘째로, 우리 나라 원격교육은, 그 의미가 지금까지 협소하게 사용되어 왔음에도 불구하고, 현실적으로 20만명에 이르는 졸업생을 배출시킨 실적을 갖고 있다. 원격교육을 통해 향학열에 불타는 젊은이들이 교육기회를 최대한 활용했다는 점과 그것의 사회교육적 역할을 부인할 수가 없다. 이런 현실을 감안하면서, 정부는 모든 이를 위한 '교육기회 제공'을 위해 더욱더 노력해야 한다. 이제는 '배우지 못한 사람'이라는 용어는 이 사회에서 추방되어야 한다. 그대신 필요하다면, '문화적 기회를 박탈당한 사람'이라는 용어를 써야 할 것이다. 왜냐하면, 그들은 마땅히 성숙한 사회인들로서 누려야 할 교육기회나 문화적인 혜택을 제도적으로 제한받은 사람들이기 때문이다. 한마디로 말해, 국민들의 평생교육권과 그것의 실현을 촉진해줄 원격교육의 활성화를 위해 정부는 예산지원에 인색하지 말아야 할 것이다. 이런 잘못된 관행이 바로 잡혀야만 비로소, 지금까지 잘못되어온 교육불평등현상과 무분별한 학력주의의 관행이 바로 잡힐 수 있기 때문이다.

케이블 TV와 평생학습권

선진국들은 인간이 최적의 행복을 느끼며 살 수 있게 만들어야 한다는 어메니티(Amenity)운동을 전개하고 있다. 어메니티 운동은 인간 삶의 질을 개선하기 위해 도시개발이나 도시환경을 새로운 시각으로 꾸며보려는 도시환경개혁운동이다. 사람이 아침에 눈을 뜨는 순간부터 느끼는 그 기분으로부터, 퇴근하여 잠자리에 들 때까지의 일상생활을 기분좋은 환경 속에서 보내게 만드는 도시환경 가꾸기운동이 어메니티운동이다. 요란한 소음으로부터 깨게 되는 아침 잠자리부터 시작하여, 짜증스런 만원버스와 전철의 교통지옥을 빠져나오자마자 밤낮 마주치는 먼지기 뿐야 그 가로수와 기로등 그리고 음침할대로 음침한 그 건물들의 색깔, 숨이 막히는 탁한 공기와 녹이 벌겋게 쓴 수도물을 마시는 사람들의 삶은 그야말로 죽음의 삶과 비길 만하다.

생명존중을 향한 삶의 질 개선운동의 하나인 어메니티운동은 교육부문에서도 필요하다. 다행히 케이블 TV는 이런 교육의 어메니티운동을 위해 도움을 줄 수 있다. 30여개의 케이블 TV들은 사람들에게 좋은 교육환경을 제공함으로써 사람들에게 평생학습의 기회를 보장해주는 수단으로 활용될 수 있다. 케이블 TV의 등장 이전까지만 해도 기존의 영상매체들이 제공하던 교육환경은 그들 스스로 배움에 대한 굶주림을 느끼게 만들 정도로 질에 있어서나 양에 있어서 허약했다. 사회교육시설뿐만 아니라 사회교육기회 역시 부족했다. 도서관 시설 하나 제대로 마련되어 있지 않아 도서대여점이 번창하게 되었고, 교육언론 매체들이 제기능을 발휘하지 못해, 비디오 대여점 같은 상업시설이 마치 제2의 평생학습시설로 자리잡게 되는 기현상마저 나타났다.

아직은 케이블 TV이용자를 위해 그 교육시설이나 프로그램 내용들이 충분한 것은 아니지만, 그래도 케이블 TV의 출현은 그런 사회교육에 있어서의 불편함을 해소시켜주었다. 케이블 TV을 통해 사람들은 다양하고도 새로운 지식이나, 기술 혹은 새로운 태도나 행동들을 자기 학습속도에 따라 쾌적한 방식으로 취사선택할 수 있게 되었다.

물론 케이블 TV의 출현 그 자체가 평생학습이나 교육의 어메니티운동 그것은 아니다. 케이블 TV가 상업성과 오락성에 편식된 프로그램만을 제공한다면, 그것은 오히려 평생학습을 해칠 수도 있다. 케이블 TV를 사람들이 평생학습자로서 어느 정도로, 어떻게 활용하는가 하는 문제는 사람들이 평생학습을 어느 정도로 실현하는가를 밝히는 잣대가 된다. 따라서 케이블 TV를 평생학습에 맞게 어떻게 길들이는가 하는 것이 보다 더 중요하다.

오락의 홍수 속에서 살고 있는 현대인들은 자기만족을 찾기 위해 점점 더 호모자펜스(Homo Zappens)로 변하고 있기 때문에, TV를 우리 학습 입맛에 맞도록 길들이기가 쉬운 일은 아니다. 사람들은 자기충족을 위해 각종 멀티미디어에 붙어 있는 리모콘을 활용하여 한순간도.쉬지 않고 이리저리 바꿔버리는 그런 호모자펜스들로 이미 변해 있다. 리모콘 중독증에 걸려 있다고 보아야 한다. 그래서 호모자펜스들의 평생학습역량은 보기에 따라서 허구적일 수도 있다. 자기만족을 위해 조금도 기다리지 못하는 현대인의 호모자펜스적인 학습에 있어서의 집시성향은 지속적인 평생학습이 불가능하도록 만들어놓을 수도 있다.

케이블 TV가 학습환경을 보다 안락하게 바꾸어 놓는 교육환경의 어메니티를 위한 결정적인 수단이 되기 위해서는 시청자 스스로 리모콘 중독증에서 벗어나야 한다. 그 스스로 호모자펜스로 남아 있기를 강력하게 거부하는 몸짓이 필요하다. 이것을 위해서 한편으로는 지역별로 미디어 교육운동이 활성화되어야 한다. 그러나 그것 못지 않게 시청자인 학습자 스스로 케이블 TV를 냉혹하게 다룰 수 있는 그런 재판관이 되어야 한다. 평생학습에 도움이 되지 않는 프로그램을 방영하는 그런 방송에는 아예 눈길조차 주지 않고 가혹하게 스위치를 꺼버리는 결단도 필요하다. 호모자펜스는 그런 결단보다는 무슨 내용의 방송이든 자기의 쾌락을 위해 활용 가능한 모든 채널을 무차별적으로 혹사하는 그런 사람들이다. 그래서 TV를 끌 수 있는 결단보다는 TV에 끌려다니는 쾌락추구자들이라 그런 일이 손쉽지 않을 수도 있다. 정보홍수 속에서의 평생학습은 의미있는 선택과 징당한 셜단으로부터 시직되기 때문에, 평생학습에로의 길잡이를 익용하는 케이블 TV에는 시청의 눈길을 꺼버려야 한다. 그런 과감한 TV시청 사형선고만이 그들의 고질화된 고약한 버릇을 바로 잡을 수 있을 것이다. 이런 결단은 학습자 스스로 케이블 TV의 교육공해로부터 자신을 지키는 자구책일 뿐이다.

문해력과 인간성의 회복

학습에 있어서 그리고 교육에 있어서 교육적 실존의 의미를 경험하며 그로부터 학습하는 존재들의 휴매니티를 확인하기 위해서는 인간과 사회정치적인 조건이나 교육적인 상황의 새로운 관계맺기가 필요하다. 이것을 위한 방법론이 바로 비판의식의 회복이다. 그가 처한 현실에 대한 문제제기와 문제에 대한 바른 설명, 자신감의 고취, 그 문제의 과감한 수용을 시도하는 비판의식이 필요하다. 비판의식으로 무장된 사람들은 자기 자신의 사고를 직시하고, 인간관계와 사회정치적 상황, 조건에 대한 성찰적 이해를 시도한다. 비인간화를 야기시키는 구조를 지탱해주는 이데올로기에 대한 합리적인 비판도 격렬하게 전개한다. 비판적 의식은 지적 노력만으로는 불가능하다. 비판적 의식은 실천과 성찰의 결합에 의해 완성된다. 결국, 열린 학습사회에서의 인간성 회복을 위한 교육철학적 과제는 비판적 의식을 길러내는 데 있다.

비판적 의식은 교육과 학습의 관점에서 보면, 문맹을 극복하는 것으로부터 가능해진다. 다시 말해서 인간의 실존성을 확인해줄 수 있는 문해력이 개인에게 확보되었을 때, 인간 본연의 인간성을 드러내 보이게 된다. 문해력이란 문자를 읽을 수 있고, 쓸 수 있고, 셈할 수 있고, 무엇을 생각할 수 있는 그런 능력들, 그 이상을 드러내 보이는 인간의 능력을 의미한다. 문해력이란 의미를 만들어내는 의미생성력을 말하기에, 그 어떤 사람에게 문해력이 결여되어 있다는 것은 그 사람 스스로 매일같이 쏟아지는 의미들의 일상 속에서 그가 겪는 무의미들을 의미있게 수용해야 하는 사람들과 별다른 차이가 없음을 의미한다. 인간의 문해력 증진이 인간성 회복의 도구임을 프레이리는 아주 분명하게 지적하고 있다.

프레이리는 개인들의 의지를 믿었다. 인간들은 자기 스스로 비판적 의식에 도달하는 힘을 가지고 있다고 믿었다. 프레이리가 생각하는 사회교육의 핵심은 교사와 학생 모두 스스로가 그들을 위한 의미창조의 매개자들이라는 것과 둘 다 의미의 구성과 재구성의 과정에 관계한다는 데 있다. 다시 말해서 프레이리는 학습자와 교사 모두가 문해력을 통해 그가 처한 사회상황에 대해 의미를 만들어냄으로써 그들의 실존성을 확인한다고 믿는다. 그래서 프레이리가 브라질, 칠레 혹은 뉴욕 등에서 광범위하게 시행한 문해작업은 인간성회복을 위한 의미찾기작업으로 일관되었다. 이러한 교육과정은 농민들이나 도시 빈민들을 대상으로 한 그들의 실제 삶에 대한 문해교육을 뜻하였다. 이러한 교육방법은 예수를 빙자한 교회의 폭력과 그들을 담보로 삼은 지주들이 제시한 현실을 보는 시각에 대한 직접적인 도전이었다. 지주와 교회는 오랫동안 농민들에게 '의미 만들어내기'를 부정하는 학습의 수동성과 운명론을 가르쳐왔다. 그러므로 프레이리의 문해작업은 헤게모니적 이데올로기에 대한 비판과, 언어(말)와 세계 모두에 대한 비판적 이해를 통한 문화적 반헤게모니의 성립에 그 토대를 두고 있다

결국, 사회현실에 대한 '새로운 이름지어 부르기(naming)'와 '읽기(reading)' 등을 통해 현실을 사유할 수 있는, 그래서 그 현실을 알 수 있는 각 개인의 능력을 인식하는 것으로부터 행위가 선택될 수 있고 현실도 변화할 수 있다고 본 프레이리는 문해력이 인간성 회복을 위한 문화적인 작업이며 동시에 정치적 작업임을 지적하고 있다.

"현실에 대한 비판적 읽기는 문해작업의 과정에서 일어난 것이든 아니든, 또는 그런 모든 것들과 역동적이고 구조적인 매우 명백한 정치적 실천이 서로 관련이 있든 없든 간에, 그것은 반헤게모니의 구도를 구성한다"(Frerie, 1983, 11).

일반적으로 지금까지 인간의 문맹은 교육적인 관점에서 보통 두 가지 종류로 분류되어왔다. 첫째는 '문자적 문맹'이다. 문자적 해독을 하지 못함으로써 자신의 현실에 대한 문자적 이해와 자기표현을 억제당하는 언어적 문맹은 비판의식의 함양을 어렵게 만든다.

두번째 유형의 문맹은 의식의 문맹이다. 언어적 해독, 문자적 문맹을 극복했다 하더라도 의식은 아직도 침묵의 문화에 길들여진 비역사적 의식, 주술적 의식, 대중적 의식상태에 머물러 있을 수도 있다. 문자적 문맹타파 정도와 의식의 문맹타파는 상호 관련되어 있지만, 두 관계가 항상 비례적으로 발전하거나, 변증법적으로 발전된다는 명확한 증거도 없다. 이런 유형의 의식은 인간의식의 준문맹수준이 될 것이다. 의식의 준문맹은 사회현실을 있는 그대로 바라볼 수 있어 자기 나름대로의 문제를 제기할 수 있으나, 언론매체의 상업성에 심리적으로 주눅이 들거나 정치적 조작에 함몰되게 되는 속성이 있다.

문자적 문맹타파와 대중의식의 수준 유지와 같은 의식의 준문맹만으로는 인간 스스로 그의 실존에 의미를 부여함으로써 인간성을 회복하는, 말하자면 비인간화의 굴레를 벗어날 수 없다. 인간성의 회복을 위해서는 새로운 문맹으로부터 벗어나야 한다. 그것은 정치적 문맹으로부터의 해방과 정보처리 문맹으로부터의 해방을 의미한다. 정치적 문맹은 인간의 문해수준, 말하자면 그의 문자해독수준과 상관을 갖고 있기는 하지만, 문자적 문해수준 그 자체가 정치적 개안의 필요충분조건은 아니다. 이 점을 프레이리는 단호하게 정리한다. 이론과 실천을 분리한 지식, 역사적이고도 사회적인 조건을 배제한 지식의 보편성을 주장하는 일, 갈등 덩어리인 이 세계를 상식적으로만 이해하겠다는 식의 보편주의적인 세계관, 지식은 어디까지나 추상적이어야 하며, 그런 지식만을 진리로 가르쳐야 한다는 식의 교육적 강변 모두가 정치적 문맹이라고 단언한다.

프레이리에 의하면, 정치적 문맹자, 말하자면 인간성을 억압당한 사람들의 속성은 무엇보다 첫째로, 사회현실에 대해 나약하기 그지없는 인식으로 가득차 있다. 사회현실에 대한 고지식한 이해 그리고 사회현실의 변화와 그 변혁적 가능성을 부정하기까지 한다. 둘째, 그런 사람일수록 현실을 거부하는 방식의 하나로 추상적인 세계관에 몰두하면서 그의 삶에서 구체적으로 드러나는 사회현실을 회피한다. 동시에 미래를 이미 설정하고 하나의 기정사실로 수용함으로써 그것에 맹목적으로 교화되어버리는 미래관을 갖게 된다. 마지막으로, 정치적 문맹자는 현실의 비합리성과 사회변화에 대한 무력감을 경험한 나머지, 자기 스스로 설정한 편견이나 잘못된 주관주의 속으로 끊임없이 피신하려고 한다.

정보처리능력에 있어서의 문맹은, 현대사회에 있어서는 문자적 문맹과 비견된다. 문자를 해독할 수 없는 비문해자(非文解者)를 문맹으로 분류하듯이, 정보처리능력이나 컴퓨터활용능력이 결여된 사람들을 컴맹이라고 부를 수 있다. 현대사회를 바르게 이해하는 데 결정적인 역할을 감당하는 정보해독이나 컴퓨터를 조작할 수 있는 능력을 갖추지 못함으로써 자기의 현실에 대한 정보이해와 그에 터한 자기표현과 자기이해를 억제당하는 정보처리 문맹은 사업적이거나 정치조작적인 정보들에 의해 뒤틀린 사회감각을 갖게 만들기 때문에 비판적 의식의 함양이 어렵다.

정치적 문맹상태와 정보처리문맹이 이 세계와 교육현실에 만연되도록 방치하는 한, 열린 학습사회가 제도적으로 허용된다고 하더라도, 학습과 교육에 있어서 실존적인 존재인 인간성의 회복은 불가능하다.

열린 학습사회교육을 위한 학점은행제

교육개혁위원회가 제시한 열린 사회교육과 평생학습사회 실현을 위해 제시한 주요한 사회교육개혁방안은 두 가지로 집약된다. 그 첫째가 학점은행제이다. 다른 하나는 학점은행제를 최종적으로 완성하는 국민 교육구좌제이다. 이 두 가지 열린 사회교육방안은 현재의 대학교육이나 학교교육의 방향과 교육실천을 바꾸도록 강요하고 있어 만만치 않은 저항을 받고 있다.

교육개혁위원회가 야심적으로 도입해보려고 하는 학점은행제란 모든 사회구성원이 원하는 교육을 학교라는 제도화된 교육기관을 통해서만이 아니라 사회교육기관이나 개인의 자기주도적 학습경험 등을 통해 폭넓게 취할 수 있도록 독려하기 위해 다양한 학습의 결과를 학점이나 학위 또는 자격 등과 연계하여 제도적으로 인정하려는 제도이다. 이때 제도적인 평가인정의 방식에는 다양한 방식이 있을 수 있다. 학점은행제를 본격적으로 실시하고자 할 경우, 일차적으로는 중앙에 별도의 학점은행제 전담 관리기구를 두어 개인이 취득한 모든 종류의 학습경험과 그 결과를 엄격히 공정하게 평가하여 학점이나 학위 또는 자격 등으로 인정하는 방식이 있다. 이러한 경우에는 총체적으로 국가적 차원의 '학점은행 관리망'을 통해 모든 개인들의 학습경험과 그 이수결과가 개인별 '평생학습 계좌번호'에 의해 누적 관리하게 된다. 이러한 누적된 학습의 결과들은 엄격한 학점 및 학위 인정 기준에 기초한 평가인정 시스템을 통해 평가됨으로써 소정의 기준에 부합될 경우 제도적으로 학점이나 학위 또는 공신력있는 국가 기술자격으로,

전체가 인정되거나 또는 부분적인 인정을 받게 된다.

이와는 달리 대학이 학점은행제의 실시 주체가 되어 별도의 국가적 수준의 전담기구 없이 대학 단위로 학점은행제가 실시될 경우, 즉 대학에서 학점은행제를 실시하여 대학교육과정에 의거하지 않은 학습경험을 학점이나 학위로 인정하고자 할 경우에는 개인들의 다양한 학습경험을 학점으로 평가 인정하기 위한 각 대학 단위의 '대학 학점은행 심의 위원회(가칭)'를 구성하여 자율적으로 소정의 기준에 의거하여 인정, 관리하도록 하는 방안이 있을 수 있다. 이와 같은 학점은행제의 성격과 개념을 보다 구체화하여 제시해보면 다음과 같이 정리될 수 있을 것이다.

첫째, 학점은행제란, 광의적 의미에서 볼 때, 모든 국민에게 평생학습 학점계좌번호(주민등록번호로 대체 가능)를 부여함으로써 지금까지 공인된 대학교육과정을 통해서만 취득할 수 있었던 학점이나 학위를, 객관적인 일정 기준에 부합될 경우 대학 이외의 다양한 학습경험을 통해서도 취득 가능할 수 있도록 확대, 허용하는 열린 학습사회 실현을 위한 신 사회교육제도이다. 여기에는 개인들의 다양한 학습경험과 학습이수 결과를 국가 기술자격 등과 같은 공신력있는 자격획득과 연계하여 인정하는 제도가 포함될 수 있다.

둘째, 협의로 볼 때, 학점은행제란 학습자가 객관적으로 평가·인정된 교육과정을 대학이나 제도적으로 인정받을 만하다고 평가되는 전문적인 사회교육기관에서 이수한 경우, 그것을 대학이나 별도의 중앙 학점은행제 관리기구에 의해 학점으로 인정받을 수 있도록 제도적으로 허용하고, 그런 학점이 누적되어 일정 기준을 만족시키면 관련 법규에 의거해서 학위 또는 사회적으로 공신력있는 자격을 취득할 수 있도록 국가가 보장하는 제도이다. 이와 같이 인정의 범위를 협의로 제한하여 적용할 경우에는 학위나 자격 인정으로까지 연결시키지 않고 학점 인정으로만 그칠 수도 있다.

교육구좌제 도입과 활용의 과제

학점인정제와는 조금 다른 맥락에서 제기되어온 교육구좌제는 스웨덴과 같은 나라에서 보다 적극적으로 추진되고 있다. 교육구좌제는 국민 각자가 정규 학교교육 이후 얻은 모든 개인적인 교육과 훈련에 관련된 모든 정보를 수록한 자료를 수집해서, 그것에 따라 개인의 계속교육이나 훈련을 위한 각종 혜택을 부여하려는 제도이다. 이 교육구좌제는 궁극적으로 국민의 평생교육경험이나, 근로자의 취업과 훈련을 촉진시키기 위한 제도로서 개인이 취득한 학력이나, 하위, 지격 등 공인된 학습경험과 생활학습경험 등을 종합적으로 기록, 관리함으로써 한 개인의 학습경험을 국가적으로 인증해주는 제도로서, 이 제도가 교육계에 공식적으로 채택되면, 모든 국민은 교육복지의 혜택을 누리게 될 것이다. 교육구좌제가 채택되면, 지금과 같은 소수중심의 대학교육은 더이상 큰 의미를 갖지 못하게 될 것이다. 동시에, 대학입학시험이나, 과외 같은 불필요한 사교육비 지출의 낭비도 막아줄 수 있다. 동시에, 대학교육이나 공장에서의 현장훈련경험의 중요성을 동일한 값어치로 수용하고 있기 때문에, 대학교육 스스로 다른 교육과 차별화시켜야 할 과제를 갖게 된다.

하이퍼학습의 혁명

학점은행제나 교육구좌제의 도입은 학습방법의 혁신을 전제로 한다. 인류의 교육사가 우리에게 알려주는 교훈 중의 하나가 바로 교육매체가 발전하면, 교육제도와 교육내용이 바뀌는 교육대혁명이 초래된다는 점이다. 예를 들어, 인쇄술의 발전은 대량 공교육제도를 이끌어냈고, 교육공학의 발전은 대량교육을 소인수 개별교육으로 바꾸어 놓았다. 이어 정보공학의 발전은 전통적인 학교교육의 한계를 극복해주는 대안교육을 창출시켰다. 이런 대안학습과 대안교육을 일컬어 하이퍼학습(Hyper-learning)이라고 부르고 있다.

이러한 새로운 기술 물결이 바로 신학습론(新學習論:Hyper-learning:약자로 HL)이다. Hyper-learning은 하나의 고안이나 과정이 아니라 정보를 지배하고 향상시키는 신기술의 총체적 모습을 의미한다. Hyper-learning에서 hyper란 신기술의 속도 및 범위를 의미할 뿐만 아니라 지식, 경험, 매스미디어과 인간의 두뇌간의 효율적으로 연결과 네트워크를 의미한다. Hyper-learning에서는 학습의 의미도 종전의 것과는 성격을 달리한다. 신학습론에서의 학습(learning)은 인간 스스로의 경험을 적극적으로 실천을 통해서 그가 익힌 지식과 행동을 새롭게 변형하는 활동을 의미한다. 따라서 신학습론에서의 학습은 학교교육에의 교육 및 기업에서의 훈련 그 이상의 활동을 의미한다.

이런 신학습론은 결코 학습에 있어서의 우주여행 계획 같은 것이 아니다. 신학습활동으로서의 Hyper-learning은 지금 바로 이 순간에도 일어나고 있다. 이러한 학습의 혁명은 학습과 교육을 완전히 바꿔놓고 있다. 신학습론은 페다고지로서의 교육(pedagogy)과도 그 성격이 다르다. 페다고지는 기본적으로 '이끌다'라는 의미를 갖고 있는 희랍어에서 파생되었으며 이것은 라틴어에서도 같은 의미를 갖고 있다. 페다고지는 피동적인 학생들을 이끄는 지도자의 의미를 내포하고 있다. 다가오는 통합적, 범세계적, 멀티미디어적, 디지탈한 네트워크의 핵심은 발견학습에 있다. 더욱이 21세기 기술은 지하실 같은 교실에서 학습이 폭발하도록 놔두지 않을 것이다. 이 진실은 과거지향적인 교육개혁에 의해 무시되어왔다. 세계경제의 미래를 결정할 가장 중요한 요소는 hyper-learning을 얼마나 빨리 개발하느냐에 따라 그 국가의 운명이 달려 있다. 그러나 경쟁과 혁신을 억누르면서 독점과 관료제도를 강화하고 있는 관습에 얽매인 교육정책들은 이러한 발전을 방해하고 있다. hyper-learning혁명은 정치적 개혁을 요구하고 있으며, 학습의 본질에 대해서 완전히 새로운 사고를 요구하고 있다.

6

아시아의
세 마리 용을
이기려면

新 HRD의 위상과 성과평가제 향상의 과제

우리 나라 기업교육의 역사는 미국이나 일본의 그것에 비해 상당히 짧다. 짧은 역사임에도 불구하고 기업교육의 현장에 소개되고 있는 갖가지 연수활동들은 미국이나 일본에 비해 훨씬 다양하다. 현장에서 활용되고 있는 연수기법들도 다양할 뿐만 아니라, 투입되고 있는 교육 프로그램도 다채롭다. 그러나 한 가지 끝내 아쉽기만 한 점은 그런 기법이나 프로그램들이 너무 유행에 치우친 것들이어서 현장활용에 있어서 그 수명이 매우 짧다는 점이다.

ISD라는 '교수체제개발중심 교수학습모형'에 대한 우리 기업연수 담당자들의 무분별한 인용도 바로 그런 예의 하나이다. 뿐만 아니라 창의력 향상 프로그램이니, 서바이벌 게임, 반나절 놀기 반나절 쉬기 같은 식의 단발형 훈련 프로그램에 대한 집착 역시 우리 연수교육이 유행에 약하다는 또 다른 예이다.

이런 프로그램들이 기업교육 프로그램의 다양화에 어떤 식의 도움을 줄 수 있는지는 모르지만, 그런 것에 대한 체계적인 이해없이 마구잡이로 도입하거나 활용하는 것은 앞서 나가는 기업이나 기업연수팀들이 할 일이 못된다. 그런 것은 형태를 바꾼 또다른 식의 교육적 낭비이다. 혹은 기업교육 담당자들 스스로 기업교육에 대한 교육학적 소양이나 전문성이 결여되어 있음을 드러내 보이는 단적인 증거일 뿐이다.

초일류 선진 기업들의 속성

미국의 기업연수전문가인 콜린즈(Collins)의 조사결과에 의하면, 세계적
으로 앞서나가는 100대 기업들은 다른 기업보다 앞서나갈 수밖에 없는 동
인들을 가지고 있다고 한다. 무엇보다도 첫째로, 그들은 다른 기업보다 더
위대한 아이디어와 차별화된 아이디어를 가진다. 둘째, 기업이 무슨 방향
으로 나아가야 하는지를 분명히 제시하는 그런 카리스마적인 지도자가 존
재한다. 셋째, 철두철미하게 이윤추구를 기업 제일의 목표로 삼고 있다. 넷
째, 기업을 앞으로 나아가게 만들 수밖에 없는 핵심가치를 회사원 모두에
게 전달시키고 있다. 다섯째, 기업을 지탱하게 만드는 유일한 원리는 변화
뿐이다. 여섯째, 기업경영은 안전제일 주의를 추구한다. 일곱째, 근로자 모
두가 기꺼이 일할 수 있는 직장분위기를 갖추고 있다. 여덟째, 발전전략은
복잡하지만, 발랄한 것이다. 아홉째, 늘 경쟁상대를 의식하면서 그 경쟁상
대를 능가하는 전략마련에 초점을 맞춘다. 열번째, 여러 가지 전략 중 우선
순위를 정하되 항상 양자택일식이다. 마지막, 열한번째의 속성은 기업마다
근로자 모두가 학습자로서의 능력을 마음껏 발휘하도록 강건한 학습조직과
탄탄한 성과평가체제를 구축하고 있다.

이런 관점에서 본다면, 앞서 나가는 기업이나 연수팀에게는 연수활동전
략 중의 한 가지인 '교수학습체제개발' 모형은 유치할 뿐이다. 그것은 이미
30년 전에, 교육학계에 효율적인 교수학습모형 중의 한 가지로 소개되었다
가 소멸된 그런 방법 중의 하나이다. 미국의 기업교육현장에서는 기업현장
에 합당한 여러 가지 교수학습모형들이 자유롭게 변형되어 활용되고 있다.
기업교육에 있어서 높은 생산성을 자랑하는 XEROX나 IBM, 혹은 모토로

라, 일본의 도요타, 소니, NEC들의 기업연수에서 활용되고 있는 교수학습모형들 모두가 이미 1960년대에 교육학계에 소개되었던 갖가지 교수학습모형을 '성인학습'의 토대 위에서 변형시킨 것들이다. 이것들은 학교에서 활용하는 일반 교수학습모형에 비해 학습자들의 '요구사정(Need assessment)'과 '성과평가'를 보다 더 체계적으로 강조하고 있다.

결국, 외국으로부터 혹은 누군가로부터 상업적인 계산 아래 그 무슨 연수모형을 소개받았다고 해서, 그런 것에 기업연수당당자들이 현혹되는 것은 그들 스스로 기업교육의 학문적 소양이 부족할 뿐만 아니라 산업교육에 대한 전문적 재훈련이 부족했기 때문에 발생되는 개인적으로 우울한 일일 것이다. 동시에, 기업연수를 전담하는 조직 자체가 '학습조직(learn-ing organization:LO)의 성격을 갖추고 있지 않거나 아니면 그런 학습조직으로 재구조화되지 않았기에 생길 수밖에 없는 불상사이다.

이런 것은 외국이라고 해서 예외는 아니다. 미국 산업교육협회는 40여만 명의 회원을 가지고 있다. 이들 기업교육담당자들 중 산업교육, 말하자면 HRD나 성인교육, 혹은 사회교육분야의 자격증을 가진 사람들은 16%미만 정도이다. 그로 인해 기업교육활동의 생산성이 낮아진다는 것이 밝혀지자, 미국의 기업들은 서로 앞을 다투어 기업연수팀뿐만 아니라 기업조직의 문화를 하나의 정교한 학습조직으로 재구조화시키기 위해 상당한 재정을 투자하고 있다. 상당한 돈을 투자하는 이유는 아주 분명하다. 그것은 기업교육의 생산성을 향상하기 위해서이다. HRD는 훈련과 개발이라는 두 축을 중심으로 기업이 필요로 하는 지식이나, 기술 혹은 대도나 행동들을 가르침으로써 기업의 생산성을 향상하려고 노력하는 사회교육활동이다.

학습조직 구성의 과제

"첼로 줄이 자주 끊어져 속상해요." 천재적인 첼리스트인 장한나양이 연주회가 있을 때마다 늘 내뱉는 걱정의 신음소리이다. 연주 때마다 첼로 줄이 끊어질까봐 얼마나 속을 졸였으면 그런 말을 늘 되뇌일까 하고 생각해본다. 첼로연주에 대한 열정이 없으면 첼로 줄에 대한 근심도 없을 것이다. 물론 상황과 조건은 기본적으로 다르지만, 장양의 말은 우리 기업교육현장에서 연수담당자들이 한번 음미해볼 만한 그런 말이다. 'HRD에 있어서 교육학적 지식이 부족해서 늘 속이 상해요'라고 되뇌이는 기업교육 담당자가 단 몇 명이라도 있다면 우리의 기업교육현장이 오늘의 우리처럼 엉망으로 흘러가지는 않을 것이다.

우리는 장한나양이 보여준 그 정도로 기업교육에 대한 자기의 전문성과 기업교육에 대한 애착을 갖고 있는 기업연수 담당자를 만나보기 어렵다. 기업에서 학습조직의 문제는 궁극적으로는 연수담당자들의 기업교육에 대한 전문성 발휘문제로 집약되기에, 연수담당자들이 기업교육훈련에 대해 어떠한 생각을 하고 있는가는 그 조직의 학습전략이 어떻게 발전될 것인가를 점치게 만드는 기준과 같다.

학습조직의 교육적 측면
학습조직은 교육학적인 입장에서 정리한다면, 그것은 기업연수활동의 성과를 극대화시키기 위해 '기업연수에 관련된 수많은 단편적인 사실이나 경험들을 모아 기업연수를 위한 효율적인 정보로 전환시키고, 그런 정보를 단순한 정보덩어리로 두지 않고, 보다 적극적으로 기업연수의 발전을 위한 발전적인 지식으로 변환시키는 지식산업 조직이다'라고 정리된다. 이런 정의에서 기억해두어야 할 중요 개념은, 지식산업이라는 용어이다. 이 용어가 구체적으로 무엇을 의미하는가를 따지는 일은 다음에 별도로 한다고 해도, 학습조직을 지식산업조직으로 보는 관점만큼은 새롭기 그지없다. 지식산업조직의 성격을 갖게 되는 기업연수조직은 기업 안에서는 하나의 학습 네트워크로 활동할 수밖에 없다.

원래 학습조직에 대한 논의는 MIT대학에서 체제사고론과 학습조직을 가르치는 셍게(Senge)교수로부터 비롯되었다. 학습조직론에 대한 그의 주장은 좀 거칠기는 해도 상당히 경청할 만한 것이 많다. 그는 무한경쟁의 사회조류 속에서 기업연수조직이 생존하기 위해서는 산업교육활동에서 지금까지 일상적으로 애용되어 왔던 돌팔이식 경험이나 잡화상식의 교육하적 상식을 정리하라고 잘라 말한다. 그렇게 하지 않는 연수조직은 끝내 기업조직 전체에 폐나 끼치는 그런 더부살이 기생조직에 지나지 않을 것이라고 서슴없이 비판한다. 그에 의하면, 기업연수조직인 학습조직으로 변화하기 위해서는 다섯 가지 점을 진지하게 고려해야 한다.

첫째, 교육공동체 형성을 위한 기업교육철학을 세워야 한다. 기업교육의 철학은 국지적으로는 직장이 갖는 기업문화와 밀접한 연관성을 말한다. 그러나 일반적인 의미에서 요구되는 기업교육의 철학은 근로자 모두에게 교정, 보안, 계속학습을 도모하는 기업교육의 문화로 정립된다. 반면 국지적인 입장에서 각 기업별로 요구되는 기업교육철학은 각 훈련부서가 왜 직장에서 교육공동체를 만들어야 하는지, 그들이 무엇을 해야 하는지에 대한 사상적 근거와 교육실천의 근거를 제공하게 된다. 교육훈련부서의 요원들이나 경영자들이 그들 스스로 교육공동체의 당위성과 존재에 대한 의식의 변화, 즉 기업교육철학과 정신상태(mental model)를 변화시키지 않는 한 그 어떤 기업교육의 변화도 손쉽게 일어나지 않기에 기업교육의 철학은 매우 중요하다.

교육공동체가 교육훈련의 학문체계를 갖추기 위해 필요한 두번째 요소는 기업교육의 비전을 모두가 공유하는 일이다. 기업교육의 비전은 기업교육 철학이 정립되어지는 순간부터 구체화된다. 이것은 왜 그들이 교육공동체의 구성원이 되는지, 어떻게 그 비전을 현실화시켜야 하는지를 알려주고, 교육공동체 구성원 서로 서로를 학습주체가 되도록 묶어주는 역할을 담당한다. 기업교육의 비전은 마치 기업교육이라는 커다란 바위덩어리를 하나의 기업교육상으로 다듬어내는 조각술과도 흡사하다.

셋째로 기업교육 구성원들은 교육현장에서 체제사고(system thinking)의 틀을 갖추고 그것을 교육훈련현장에 늘 적용해야 한다. 체제사고는 문제해결을 위해 문제가 일어난 현상 그 자체의 한 부분에만 초점을 맞추어 생각하는 협소한 국지적인 인식의 틀이 아니다. 문제 전체를 조명하는 대국적이고도 거시적인 인식의 틀이며, 문제현장 그 자체보다는 문제의 전체 흐름을 파악하는 문제의 근원에 대한 문제파악 인식의 틀이다. 교육조직에서 일어나는 문제들을 전체적으로 동시에 다른 조직과의 상호관계 속에서 나타나는 전체적인 문제의 흐름을 꿰뚫어보지 못하기 때문에, 교육훈련이 갖는 특수한 국지적 문제를 제대로 풀어내지 못하게 된다. 예를 들어 의학계나 환경생태계에서 나타나는 대부분의 문제들은 한 가지 원인에 의해 단순히 야기되고 있는 것이 아니라 수많은 요인들에 의해 서로 복잡하게 얽혀 있게 마련이다. 따라서 이런 성격의 문제를 풀어내기 위해서는 부분적

이거나 국지적인 사고보다는 문제간의 상호관계와 전체를 꿰뚫어보는 인식
이 필요하다.

교육훈련부서가 네번째로 지녀야 할 학문적 토대는 교육훈련 담당자들이
그 스스로 교육전문가이어야 한다는 점이다. 그들이 스스로 상당한 정도로
기업교육에 관한 지식, 기술 그리고 태도를 지녀야 한다. 기업연수에 대한
전문적 소양(personal mastery)은 교육훈련 부서원들에게 교육공동체 형
성을 위한 헌신감을 다지게 해준다. 교육훈련 부서원들에게 기업문화의 현
실과 기업교육의 이상 간에 벌어져 있는 교육적 간극을 메울 수 있는 교육
적 헌신감과 교육의 사명감을 갖게 만든다. 이를 위해서는 무엇보다도 직
장의 기업교육훈련 담당자들은 기업교육의 교육체계와 교육과정에 대한 지
식, 기술, 태도의 증진을 위한 재교육을 끊임없이 받아야 한다

미지막으로 필요한 요소는 팀학습(Team learning)을 늘 실행하는 일이
다. 이것은 집단의 능력을 결징해주는 요소가 된다. 교육훈련요원이 갖는
전문적 소양과 전문지식이 개인의 능력과 아이큐를 향상시킬 수 있다면 팀
학습은 집단의 능력과 '집단의 지능(group intelligence)'를 향상시키는
요소가 된다. 팀학습은 조직구성원간에 대화와 인간관계를 개선시켜줄 뿐
만 아니라, 집단논리를 향상시켜주기 때문에 팀의 학습능력이 미약하면 기
업에서의 학습공동체 구성은 늘 미약하게 마련이다.

팀의 학습능력은 첫째로 조직원들이 조직의 학습에 관해 어느 정도로 자
유롭게 대화할 수 있으며, 실제로 대화하고 있느냐 하는 대화의 정도, 둘째
로 어느 정도로 서로 공동협의(group thinking)를 하느냐 하는 집단협의
능력, 셋째로 각 개인이 갖고 있는 지식과 기술 등을 어느 정도로 동료와
공유하느냐 하는 상호학습 증진의 정도에 의해 결정된다. 한마디로, 팀의

학습력은 대화, 공동협의, 상호학습에 의해 결정되기 때문에 팀의 학습능력＝f(대화×공동협의×상호학습)아래 결정된다.

학습조직의 경영적 측면

이런 학습조직이 구축되면, 학습조직의 경영적인 효과는 엄청나다. 왜냐하면, 경영학적인 입장에서의 학습조직은 학습과 훈련의 반복적인 습관화를 통해 기업조직이 그 어떤 위기의 상황을 맞더라도 그전에 익혀둔 학습행위가 반사적으로 유발되어 그 위기상황에 대처할 수 있는 지식이나, 기술 그리고 기능을 갖추고 있는 하나의 기업문화를 끊임없이 생성해낼 수 있기 때문이다. 물론, 기업이 학습조직의 문화를 지니기 위해서는 몇 가지 원칙과 전략이 필요하다. 첫째로 기업의 사회적 환경, 둘째로 기업의 업무

〈표 1〉 학습조직의 경영적 측면

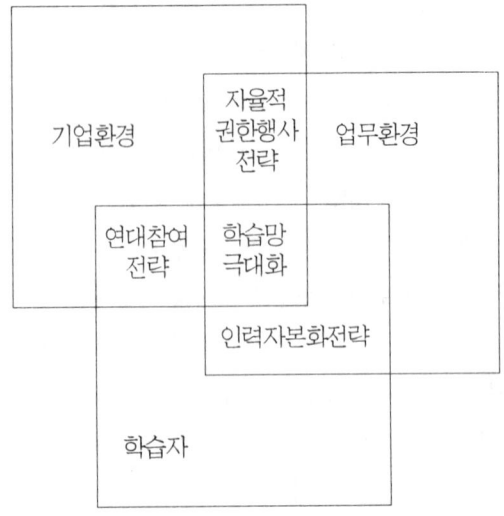

현장, 그리고 마지막으로 근로자의 학습력이라는 세 가지 부문에서 서로 다른 세 가지 전략이 하나의 기업문화로 자리를 잡도록 기업연수팀이 각 부문들과 연계해야 한다(참고: 표 1).

첫째, 기업은 기업의 이윤을 보장해주는 고객들이나 혹은 그런 조건을 제공해주는 여러 가지 사회환경에 과감하게 참여해야 한다. 소비자 단체나 각종 이해관계 단체, 혹은 전문단체들과 과감하게 제휴하거나, 그런 연대를 위해 벤치마킹 프로젝트라도 실행해야 한다. 필요하다면, 연수담당자들 모두는 관련 전공학회나 모임에 가입하여 회원으로서의 전문성을 발휘해야 한다. 한마디로 말해, 기업은 기업의 성장을 촉진시켜주는 사회환경이나 소비자환경과 지역공동체 행사에 적극적으로 참여하고 연대(Connect:連帶)하는 전략을 수립하고 실행해야 한다.

둘째, 업무현장은 근로자들의 실험활동이 권징되고 조장될 수 있는 도전과 응전의 장이 되어야 한다. 아이디어가 충만한 사람들이 그들의 생각을 펼칠 수 있는 제안제도와 자율업무제도도 정착되어야 한다. 괴짜들이 냉대받지 않도록, 새로운 것을 향해 과감하게 외칠 수 있도록 근로자 모두에게 자기 목소리에 대해 책임질 그런 권한도 과감하게 위임(Empowerment)되어야 한다.

셋째, 근로자들의 학습력이 제대로 발휘되도록 만들기 위해서는 근로자들을 인간자본으로 간주하는 인간자본화의 전략이 필요하다. 지금까지 이야기한 세 가지 전략들, 즉 1) 연대참여전략, 2) 자율적 권한 행사 전략, 그리고 3) 인력자본화 전략들이 서로 연계되기 위해서는 기업연수팀이 단위 학습조직으로서 세 부분을 이이주고 연결하는 학습망(Learning Network)으로 기능해야 한다.

학습망이며 학습조직의 핵심인 기업연수부서는 학습에 관해서는 완벽한 연수팀으로 기능해야 한다. 완벽한 연수팀이 되기 위해서는 연수팀 스스로 팀단위의 경영과 학습에 익숙해져 있어야 한다. 즉, 연수담당자들이 연수 팀의 연수능력을 믿으며, 각자에게 권한을 부여하고, 항상 연수팀의 연수 목적와 목적에 연수계획을 집중시키고, 항상 연수팀의 능력과 업적을 평가 하면서, 각자의 연수능력과 업무추진력을 지원하는 식의 팀정신에 익숙해 져야 한다(참고: 표 2). 이러한 연수팀의 학습 팀 운영전략은 연수팀들간 의 냉담과 소외의 원인제거에 도움이 된다.

〈표 2〉 연수팀을 성공시키는 5가지 지표

1	팀을 믿어라	(Trust team)	훈련 전과 후에,
2	팀에게 권한을 부여하라	(Empower teams)	광범위하게,
3	팀을 집중시켜라	(Aim teams)	목표에 맞게,
4	팀을 측정하라	(Measure teams)	비교를 하며,
5	팀을 지원하라	(Support teams)	지원으로.

성과평가의 극대화 과제

학습조직망의 역할을 강조하는 새로운 기업훈련에 있어서도 개발과 훈련 에 대한 이해는 변함이 없다. 개발은 기업의 목표에 합당하게 기업인력을 조정하고 계획하는 활동이며, 훈련은 기업이 필요로 하는 지식이나 기능, 혹은 태도를 일정한 시간에 걸쳐 반복적으로 연습시켜 그것을 조직의 목표 에 맞게 습득시키는 활동이다. 이 모두는 기업 나름대로의 생산력 향상과 그에 터한 이윤창출을 염두에 둘 수밖에 없다. 그래서 기업은 기본적으로 투자에 따른 성과를 면밀히 계산할 수밖에 없고, 그 때문에 학습보다는 성 과, 다시 말해서 학습을 통해 그 무엇인가가 기업의 생산성 향상에 도움이 되는 그런 성과평가를 강조한다.

 학습에 따른 업무성과가 미약하고 그런 것을 위한 성과평가(Performance evaluation)가 결여된 기업연수는 연수를 볼모로 삼은 낭비이다. 이 문제가 각 기업마다 심각하기 때문에, 교육훈련의 생산성이 뛰어난 IBM이나 실리콘 벨리에 있는 전자분야의 첨단 기업들은 성과평가작업이나 성과평가의 결과가 기대 이하인 연수팀을 과감하게 해체시켜 재구조화하고 있다.

 기본적으로 성과평가는 학습평가와는 질적으로 구별된다. 학습평가는 연수생들이 연수를 통해 무슨 지식이나 기능, 혹은 태도들을 어느 정도 익혔느냐를 측정하는 것, 말하자면 성취평가(Achievement evaluation)인데 반해, 성과평가는 연수의 학습을 통해 익힌 지식이나 기술, 혹은 태도를 업무현장에 어느 정도로 반영시켜, 기업의 생산성이나 생산력 향상에 어느 정도로 기여했는가를 측정하는 방법이다. 성공하는 기업들이 기업연수팀에게 최종적으로 요구하는 것은 기업연수의 책무성(責務性:Accountability)인데, 이런 기업연수의 책무성 향상 여부에 관한 판정은 연수활동에 관한 성과평가의 결과로 나타나게 된다.

 성과평가는 연수활동을 단순하게 개인의 지적 성장을 위한 단순한 학습활동으로 간주하지 않고 기업발전을 위한 투자로 간주하는 평가활동이다. 따라서 성과평가의 초점은 교육투자에 따른 교육의 효과로 따지는 객관적인 평가활동으로 연수를 실시한 결과로 기업이윤, 소비자만족도, 생산성 등을 객관적으로 측정하는 것이 목표이다.

 교육훈련에서 강조하는 효과지향성은 목표성취성, 가시성, 신뢰성의 요소가 필요하다. 즉 교육훈련이 처음부터 학습목표로 삼았던 것을 최대한

성취하여 그 결과를 다음 단계에 적용할 수 있어야 하며 성과들이 타인에
의해 믿을만 해야 한다. 이 요소들이 바로 기업경영에서는 매우 중요하다.
성과평가의 초점은 교육투자로 최대한 이익을 얻어내는지 아닌지를 알아내
는 데 있기 때문에 성과평가를 대표하는 공식은 산출(Return)/투자
(Investment)＝훈련업적/훈련경비＝교육성과로 집약된다.

　　교육성과율 ROI는 이런 공식으로 계산된다.

$$ROI = \frac{효과\ (Return)}{투자(Investment)} = \frac{결과}{경비} = X$$

　　X가 1보다 클 때 훈련성과는 인정된다. 이런 것을 염두에 둔 각 기업들
은 기안용지 한 장을 쓸 적에도 그 기안단가를 따진다. 강사에게 물 한 잔
을 제공했을 때도 그것을 위해 소모되는 경비를 따진다. 수량화될 수 있는
것은 모조리 수량화시킨 후, 그것을 기업이윤이나, 고객만족 혹은 생산성
향상과 관련시켜 논리적으로 해석하고 응용한다. 새로운 기업연수는 이런
성과평가를 연수담당자의 근무자세로 체질화시키기를 기대하고 있다.

성공하는 기업의 조건

2000년대는 정보화 시대가 도래한다. 어느 기업도 피할 수 없는 현실이다. 정보화의 물결은 우리의 일상생활의 한 부분이 되었다. 이런 21세기적인 정보화 현상을 사회학자들은 후기 산업사회의 특징으로 묘사했고, 철학자들은 포스트모더니즘의 속성으로 이해했다. 미래학자적인 감각을 갖고 있는 네이스빗트(Naisbitts) 같은 경영평론가는 21세기적인 정보화 성향을 신세기의 대변혁, 즉 메가트랜드(Megatrends)로 소개했다. 토플러(Toffler)는 정보화 시대를 제4의 물결의 시대로 규정했다. 네그로폰테 교수는 정보화 시대를 가리켜 컴퓨터지배의 시대라고 단정한다. 이것은 앞으로의 신세기는 비트가 지배하는 시대라는 것이다. 그는 앞으로의 시대는 물질의 최소 단위인 아톰이 지배하는 시대가 아니라 정보의 최소단위인 비트가 지배하는 시대라고 단정한다. 말하자면 0과 1이 무한대로 반복해가며 쪼개 놓음으로써 그 모든 것을 0과 1과 같은 비트형식의 디지털정보가 지배하는 시대라고 말하고 있다. 이런 디지털 시대에는 디지털 기술을 기초로 한 컴퓨터 네크워크에 의해 시간과 공간간의 제약이 좁아지고, 국가간의 간극이나 국경의 의미가 희미해져 각국간의 문화교류가 일상화되는 시대가 된다는 것이 네그로폰테가 그의 저서 『Being Digital』에서 강력하게 주장하고 있는 내용이다. 이런 학자들의 미래예측적인 주장들에는 약간의 황당한 감이 있지만, 이들의 주장이 완전히 '뻥'만은 아니다. 왜냐하면, 우리들의 일상생활이 이미 정보의 그물망 속에서 커가고 있기 때문이다. 이동통신이나, 전송복사, 각종 뉴로퍼지 시스템들이 바로 그런 것을 가능하게 만드는 도구이며, 화상중역회의나 컴퓨터결제가 바로 그런 현실을 증거한다.

물론, 이런 논평가들의 주장하는 방향대로 우리의 문명이 움직여나가는 것은 아니다. 지구 모두가 정보화의 물결의 결과로 인해, 지구 한가족주의 이념이 강하게 요구될수록, 다른 한편에서는 지역주의가 극성을 부리고 있는 것을 외면할 수 없다. 무역의 자유화가 강요될수록 그 이면에서는 자국 보호주의가 강하게 자리잡혀가고있는 것도 사실이다. 이런 상황 속에서 우리 모두에게 요구되는 세계화와 정보화라는 두 가지 세기적인 과제가 우리 기업에 주는 경영학적인 시사점은 경영의 마인드는 생각은 모든 세계를 향해하고, 이윤의 극대화만큼은 지역적으로 하라(Think globally, Profit-making regionally)는 명제이다.

생각의 세계화와 이윤의 지역화라는 경영학적인 요구를 기업현장에서 충족시키는 기업은 성공하는 기업이다. 포춘(The Fortune)지는 이런 예를 그 얼마든지 우리에게 소개하고 있다. 손쉽게는 맥도널드 햄버거와 코카콜라 음료산업을 들 수 있다. 전세계에 퍼져 있는 맥도널드를 미국인은 미국의 영사관보다 더 훌륭한 외교관으로 간주하고 있다. 그런 햄버거 외교관들이 이윤만큼은 각 지역으로부터 철저히 챙기고 있다. 빌게이츠의 컴퓨터 관련 정보화 산업들 역시 기본적으로 이 원칙에 충실하고 있다.

전사적 품질경영 체제 구축

이런 명제에 따라 성공하는 기업이 되기 위해서는 세 가지 조건을 충족시켜야 한다.

첫째, 이 세상에서는 최고라고 평가받는 제품을 만들어내야 한다. 이런 새로운 제품으로 인해 자기 기업이 기존에 만들어 놓은 제품이 죽는 한이 있더라도, 그런 최고의 제품을 만들어내야 한다.

그런 제품을 당장은 만들어내지 못한다 하더라도, 최고의 제품을 만들어야 한다는 생각과 노력만큼은 게을리하지 말아야 한다. 둘째, 다른 기업과 경쟁하는 한이 있더라도, 같은 질의 제품을 가장 저렴한 가격에 판매해야 한다. 같은 값이면 다홍치마라는 말의 정반대 경우를 생각해야 한다. 같은 다홍치마라면 저렴한 가격이어야 한다. 매일같이 어떻게 가격을 내릴 것인가를 생각하는 기업은 성공하는 기업의 필요조건이다. 마지막으로, 최고의 서비스를 제공하는 기업만이 살아남을 수 있다. 최고의 서비스를 제공한다는 말은 지역의 실정과 지역문화에 합당한 최고의 서비스를 제공한다는 것을 의미한다. 이 과제는 제품공정과정과 판매서비스에 있어서 다른 문화에 대한 이해와 경험을 최대한 존중한다는 의미를 담고 있다.

정보화 시대와 세계화 경영의 시대에 있어서 성공하는 기업이 되기 위해서는 기업 스스로 전사적 품질경영(TQM:Total Quality Management: 全社的品質經營)을 체질화시켜야 한다. 전사적 품질경영이란, 한 기업의 회장으로부터 사원에게 이르기까지 모든이가 고객의 기대에 부응하기 위한 좋은 질의 상품과 서비스를 만들어내기 위한 조직적이고도 계속적인 향상 과정을 의미한다. 고객의 요구에 부응하기 위해 경영자들과 조직전체의 적극적인 참여를 요구하는 TQM이 성공하기 위해서는 네 가지 과제를 필요로 한다. 첫째, 개방적 조직문화, 둘째, 고객중심사고, 셋째, 최고경영자의 지도력, 넷째, 전사적 참여를 필요로 한다. 이 네 기지를 어떻게 날성하느냐 하는 것이 바로 교육훈련이 감당해야 할 과제이며 동시에 교육전략이 된다.

TQM 교육전략의 과제

　전사적 품질경영이 확립되기 위해서는 TQM(Total Quality Management)의 실천에서 요구되는 4가지 과제에 대한 개별적인 교육전략이 수립되어야 한다. 전사적 품질경영은 몇 달 안으로 이루어지는 그런 경영이 아니다. 전사적 품질경영은 끊임없는 수정, 변화 그리고 지속적인 평가를 거쳐 완성된다. 전사적 품질경영이 하나의 경영틀로 자리잡는 데는 빠른 기업은 약 3년, 느린 기업은 약 7년까지도 걸린다는 외국기업의 보고가 있다. 말하자면, 빌 게이츠가 세운 정보산업기업은 전사적 경영의 틀을 잡는 데 약 3년 반이 걸린 것으로 보고되었다. 따라서 전사적 품질경영을 실천하기 위한 교육전략이나 프로그램 역시 단기, 중기 그리고 장기과제로 나누어 계획해야 한다.

조직의 열린문화 훈련과제

　전통적인 기업구조는 부서간 경쟁, 계급조직의 강화를 강조한다. 정보화시대의 기업은 계속되는 변화와 학습, 계급조직 축소, 수평관계, 공동의 의사결정과정, 인간자원개발을 강조한다. 당연히 기업의 새로운 조직형태를 요구한다. 조직문화는 구성원에게 업무에 관한 동기부여를 제공하는 가장 중요한 요인이다. 조직문화는 사람들이 어떻게 변화를 수용하고 목적을 성취하고 공동협력하는지를 설명하고 정의하는 규범, 신념, 가치를 의미한다. 이런 열린 문화가 조직에서 활성화되기 위해 정보나누기, 부서와 종업원 간의 장애줄이기, 개혁정신, 조직구성원의 만족도를 높이는 일이 필요하다.

열린 조직문화가 활성화되기 위해서는 조직이 당면하고 있는 장애물이 제거되어야 한다. 첫째, 품질개선과 무관한 할당량 초과를 위한 업무할당 제도는 개선되어야 한다. 둘째, 조직원간의 상호교류를 개선하기 위해 팀워크가 강화되어야 한다. 셋째, 품질향상과정에서 책임감있는 의사결정을 할 수 있도록 종업원들에게 권한이 주어져야 한다. 넷째, 최고경영자의 일방적인 명령하달방법은 시정되어야 한다. 다섯째, 불공정한 분위기를 제거하여 조직구성원간의 안정성을 확보해야 한다. 여섯째, 결과에 대한 보상에 있어서 공정성이 이루어져야 한다. 결론적으로 구성원들에게 책임감이 주어져야 하고, 품질향상에 대한 보상이 주어져야 하며, 부서와 개인 간에 협력체계가 활발하게 이루어져야 한다. 이런 열린 조지문회를 위한 징신교육 프로그램이 개발되어야 한다.

조직구성원의 훈련과제

기업은 경쟁보다는 팀워크를 통해서 생산성과 품질을 향상시킬 수 있다. 팀워크는 공동목표를 성취하기 위한 통합적 시스템 접근방법이다. 각 구성원들이 공동목표를 성취하기 위해 서로 협력할 때 비로소 팀워크가 형성된다. 각 조직 구성원은 각기 다른 아이디어, 의견, 요구를 가지고 있기 때문에 팀 내에서 또는 팀 사이에 갈등이 있을 수 있다. 성공적인 팀은 이러한 갈등을 자연스럽게 받아들임으로써 각 구성원간의 갈등이 인식되게 한다. 갈등은 서로 협력함으로써 해결하려고 할 때 생산적인 결과를 창출한다.

조직구성원의 잠여와 팀워크를 통해 TQM 실행전략을 지원하기 위해 직무수행에 대한 보상이나 재정적인 후원, 비금전적인 보상이 활용되어야한다. 휴가, 주당 직무시간 단축, 보너스, 현금지급, 주식배당, 새로운 장비 구입 등으로 종업원들의 업무를 개편하고 효율적으로 만들어줄 때 팀워크는 향상된다. 개인적으로 주어지는 동기부여는 때로 조직구성원의 팀워크에 긍정적인 효과를 가져오지 못하기 때문에, 보상체제는 팀단위로 주어지는 것이 좋다. 팀단위 동기부여는 팀이 같이 일하게 하고 문제를 집단별로 해결하기 때문에 구성원간의 참여를 보다 활발하게 할 수 있다.

생산적인 팀워크는 몇 가지 특성을 가진다.

(1) 팀 구성원끼리 개인적인 책임감과 우선순위를 결정하게 한다.

(2) 다른 구성원과의 관련성을 고려하여 중복되는 노력을 피하게 만든다.

(3) 긴장감이 주어지지 않는 작업분위기를 조성하게 해준다.

(4) 팀의 사기와 생산성을 높인다.

(5) 구성원끼리 업무에 대한 자신감을 갖고 서로 신뢰하게 만든다.

(6) 실현 불가능한 기대를 설정하지 않고도 높은 수준에 도달하도록 서로 격려한다.

(7) 직무에 적당한 '작업토의'를 활발하게 해준다.

(8) 모든 구성원들의 아이디어와 의견을 자유롭게 표현할 수 있게 해준다.

(9) 갈등을 자연스럽게 받아들이게 만든다.

(10) 팀 내에서의 결정이 구성원의 동의에 따라 이루어지게 만든다.

(11) 팀 구성원들끼리 규칙적인 평가를 하게 만든다.

(12) 문제해결점이 모색될 때까지 문제에 대해 자유롭게 토의하도록 한다.

경영자 리더십 개발 훈련과제

TQM은 품질과 생산성 향상의 성취를 위해 최고경영자의 결정적인 역할을 강조한다. 최고 경영자는 종합품질 전략과 목표를 가지고 TQM을 주도해야 한다. 동시에 그는 품질향상 시도를 후원할 수 있는 구체적인 행동을 취해야 한다. 최고경영자는 종업원들에게 학습분위기를 조성해주며, 품질향상 창출에 대한 자부심을 갖도록 보상이나 지원을 제공해야 한다. 훌륭한 경영자는 종업원을 팀구성원 중의 한 부분으로 인정하고 각 팀구성원에게 직무수행을 위해 필요한 훈련, 자원 등 다양한 보조적인 도움을 제공하는 사람이다. 나아가 정보, 격려, 성공적인 직무수행에 대한 보상을 통하여 팀의 사기를 고양시킨다.

최고 경영자의 열의가 TQM의 성공을 좌우한다. 최고경영자는 조직구성원의 적극적인 참여를 유도하기 위하여 시간과 노력을 투자해야 한다. 조직 전체를 통한 원활한 의사소통에도 주력해야 한다. TQM이 성공적으로 실행되기 위해서 최고경영자는 TQM이 행동으로 옮겨지도록 해야 한다.

최고 경영자나 중간 관리자들의 역할은 다음과 같다

(1) 훌륭한 전략계획을 개발,

(2) 팀워크 신장,

(3) 품질문제를 강조하기 위한 원활한 의사소통,

(4) 종업원을 선도하고 후원하는 지원적인 경영관리 스타일 표출,

(5) 품질중심적인 명확한 목적 정립,

(6) 조직구성원의 능력개발 격려,

(7) 고객만족을 위한 지속적인 품질개선중심적 사고,

(8) 품질에 대한 책임감 인식,

(9) 품질을 주제로 하는 형식적 또는 비형식적 모임에의 적극적인 참석 등이 요구된다.

고객만족 대응훈련과제

고객의 목소리를 진지하게 청취할 때부터 TQM이 시작된다. 품질중심적 사고를 강조하는 조직은 고객의 요구에 따라 끊임없이 변화한다. 품질은 고객에 의해 결정된다. 고객의 필요와 기대를 충족시키는 것이 TQM의 목적이다. 과거의 기업은 고객만족보다는 대량생산을 통한 가격인하 같은 것을 강조함으로써 고객이 원하는 요구에 민감하게 대응하지 못했다.

고객은 외부 고객과 내부고객으로 분류된다. 내부 고객은 생산과정에 완제품이나 서비스를 배달하는 조직 내 종업원이다. 예를 들어, 기계 수리공은 자동차부품 판매원의 내부고객이 된다. 내부고객은 TQM 실행과정에서 효율적인 역할을 하기 위한 정보를 공유한다. 대부분의 기업은 작업과정 중에 있는 내부고객에는 관심을 두지 않는다. 그러나 한 조직 내에 있는 종업원들이 자기가 만든 산출물에 만족하지 못하면 외부고객의 필요를 충족시킬 수 없다. 내부고객 스스로 일정한 서비스에 대해 만족하지 못한다면 외부고객으로부터도 만족할 만한 기대를 받기 어렵다. 긍정적인 내부고객의 관계가 존재하지 않는 한 그들의 서비스가 외부 사람에게 호감이 갈 리없다. 고객만족은 외부 고객과 내부 고객 모두를 포함한다. 고객 중심적인 조직을 재구성하는 중요한 단계는 모든 구성원들이 스스로 하고 있는 일이 일련의 고객만족 작업과정이라는 생각이 필요하다.

고객만족은 작업과정, 제품전달, 고객 서비스 등이 결정한다. 이 세 요인의 중복된 부분이 고객만족의 성취된 정도이다. 고객의 요구와 기대를 결정하기 위해서 기업은 그들의 고객을 파악해야 한다. 그러기 위해서 기업은 고객과 끊임없이 대화해야 한다. 고객만족을 성취하기 위한 가장 명백한 방법은 고객에게 직접 물어보는 것이다. 이를 위해 다음과 같은 6가지 질문에 대답할 수 있어야 한다. 첫째, 고객의 만족도는 어느 정도인가? 둘째, 고객의 생각은 어떠한가? 셋째, 고객이 서비스를 만족하고 있는가? 넷째, 고객이 선호하지 않는 것은 무엇인가? 다섯째, 고객의 일반적인 불평은 무엇인가? 여섯째, 서비스를 향상시키기 위한 고객의 제안은 무엇인가? 이런 질문에 대답하기 위해 기업은 무엇보다도 먼저,

(1) 고객을 방문하여 직접 대화하며 친밀한 관계를 유지해야 한다.

(2) 고객을 초청해서 그들의 취향과 의견에 경청해야 한다.

(3) 전화, 우편, 방문을 통한 고객봉사 설문을 해야 한다.

(4) 내부고객이나 외부고객이 모이는 장수에 의견함을 마련한다.

(5) 고객의 목소리를 청취하고 고객의 요구에 반응하고 있다는 기업 홍보를 강화해야 한다.

(6) 최고경영자는 고객의 불평을 사내경청 제1호로 정한다.

(7) 고객의 모든 불평과 요구에 신속하게 대처한다.

(8) 환불, 교환, 불평이 해결되는 과정부터 고객에게 감사를 표한다.

(9) 관리자들이 고객의 요구에 얼마나 실용적으로 접근하는지를 측정하고 평가한다.

(10) 기업신조의 제1조를 '고객의 말은 무조건 옳다'로 삼고 만약 이 말이 틀렸을 때는 '다시 1조로 돌아가 실천하다'를 기업신조 제2조로 삼는다.

실업계 교육제도, 이렇게 달라져야 한다

우리 나라 실업계 교육은 산업인력양성에 관한 철학을 갖고 있지 못하다. 실업교육의 철학부재는 실업계 교육의 교육현장에서 두 가지 문제점을 드러내 보인다. 그 첫번째 문제점으로서 우리 나라 실업계 교육의 사회적 부적절성 문제를 들 수 있다. 이 문제는 우리 나라 실업계 교육이 강조하는 실업계 교육이 과연 사회적으로 타당하며, 현실적으로 적절한가를 묻게 만드는 질문이다. 이 문제는 우리 나라 실업교육철학의 한계와, 우리 나라 실업교육이 한국교육의 세계화를 위해 실제로 지향하는 직업교육의 철학이 무엇인지가 불분명함을 구체적으로 꼬집어보는 문제제기이다.

현실적으로 우리 나라 학교교육을 통해 가르쳐지는 교육내용은, 인문계 교육이든 실업계 교육이든 그 어느 하나에 국한됨이 없이, 현실적인 직업세계가 요구사항들을 반영하고 있지 못한 형편이다. 학교교육을 통해 교육되는 직업교육의 내용은 현재 직업세계나 노동시장에서 엄청나게 새로운 방식으로 전개되고 있는 새로운 직종의 분화현상(예: 컴퓨터나 영상산업)이나 혹은 새로운 노동조건(예: 재택근무)에 대한 현실적인 이해가 결여되어 있을 뿐만 아니라 그런 새로운 노동현실에 대해 피상적이다. 따라서, 학생들로 하여금 직업이나 노동세계가 요구하고 있는 근로정신이나 노동가치를 거부하게 만들 뿐만 아니라, 한 인간이 평생 동안 닦아야 할 '장인정신'이나, 한 직종에서 전문성을 쌓아야 할 '생애개발 혹은 커리어 개발'에 대한 의욕을 상실하게 만들어 놓는다. 그 대신 학생들에게 아직까지도 판검사로 대표되는 특정 직종중심의 출세획일주의를 만연시킨다. 이것은 끝내 학생들에게 직업세계나 노동세계로부터 '소외'나 노동정신의 결여를 경험하도록 만든다. 이런 것의 대표적인 예가 바로 입시교육이 강요하고 있는 직업교육에 대한 학생들의 무관심이나 경시현상에서 잘 드러나고 있다.

우리 나라의 입시는 졸업생의 2/3를 학업성취에 있어서 무능한 그래서 사회적으로는 아무짝에도 쓸모없는 그런 사람들이라고 낙인을 찍어 놓는 낙오생 제조기계와 비슷한 일을 하고 있다. 지금은 각 나라에서 그들의 자원을 최대한 아껴 쓰려고 노력하고 있다. 심지어는 한때 폐기물이라고 처분되던 쓰레기마저 자원으로 재활용하려 하고 있다. 그런 의미에서 쓰레기는 없는 형편이다. 쓰레기마저 아껴 그것을 에너지로 삼자는 구호를 외국에서는 "Don't waste wastes"라고 부르며 쓰레기 절약운동을 펴고 있는 실정이다. 물론 비유가 잘못되어 있기는 하지만, 한해에도 마치 인간 쓰레기저럼, 낙방생으로 양산되는 고교 졸업생들의 70%를 제대로 새가놓시키는 교육적 장치가 없는 한, 우리의 산업생산력은 밤낮 제자리를 맴돌 것이 분명하다. 그들은 인간 쓰레기가 아니다. 그들은 다른 나라의 인력의 질에 비하면 아주 우수한 산업인력이다. 우리 나라에서 진짜 폐기처분되어야 할 쓰레기제도는 전국에 널리 퍼져 있는 영재를 모아다가 고작해서 둔재급 산업인력으로 키우거나 혹은 아주 일찌감치 고등학교 때부터 쓰레기라고 그들을 처분해버리는 교육제도와 입시제도이다. 이들 교육제도는 인간분류능력이 엉성한 그래서 밤낮 사회적으로 물의나 빚어내는 고장난 제도이다. 이런 제도를 이제는 완전히 폐기처분하고, 새로운 산업인력 양성제도로 대체시키려는 획기적인 노력이 있어야 할 것이다.

우리 나라 실업계 교육에 나타나는 또다른 문제점은 노동시장이나 직업세계에 대한 학생들의 부적응 문제이다. 이 문제는 근본적으로 우리 나라에서 추진되고 있는 인재양성정책이나 산업인력 양성정책의 비현실성을 들추어내는 문제제기이다. 실업계 교육은 학생들로 하여금 그들이 졸업하면 직업현장에 성공적으로 적응할 수 있도록 직업사회화를 구체적으로 실행하는 교육이다. 그러나 현실은 정반대로 나타난다. 다시 말해서 실업계 교육을 마치고 직업전선에 들어가야 할 학생들과 직업세계 간의 연결이 제대로 되어 있지 않는 것으로 나타난다. 실업교육을 받고 있는 학생일수록, 직업세계 현실에 대한 환멸과 직업인으로서의 자긍심을 잃기 쉽다. 예를 들어, 서구에서는 성공했다는 '2+1' 실업교육, 2년은 학교에서 인간교육을 그리고 나머지 1년은 직업현장에서 실습훈련을 강조하는 실업교육이 우리 나라에서는 실패하고 있는 대표적인 원인 중의 하나가 바로 직업인으로서의 자긍심 상실 문제임으로 밝혀졌다.

이 문제는 실업학교현장뿐만 아니라 실습현장마저도 고교실습생을 단순히 마력(馬力;Horse power)으로서의 인력(Man power)으로 간주하는, 말하자면 인간능력에 대한 몰이해와 훈련에 대한 무지의 결과이다. 동시에 이것은 우리 나라 산업인력 양성정책이 노동시장의 비인간적인 현실과 직업훈련현실의 허상을 냉혹하게 이해하고 있지 않은 상태에서 추진되었기 때문에 나타날 수 있는 것이다. 그러나 교육의 세계화와 경제의 세계화를 위해서 우리가 필요로 하는 것은 말과 같은 노동력만이 아니라, 지력(智力;Brain power)을 갖춘 인력을 더 필요로 한다. 쓰레기마저 에너지로 활용하는 우리의 경쟁대상국이 있는 마당에, 고교생의 1/3만을 위한 입시교육을 위해서, 다른 어느 나라 학생 못지 않게 우수한 2/3의 인력들을 마치 불필요한 인간낙오자로 취급되는 교육은 아무리 생각해도 잘못된 교육, 말하자면 직업교육에 있어서의 불평등 현상을 초래하는 잘못된 교육일 수밖에 없다.

우리 나라 실업계 교육과 산업기술인력 양성과정에 만연되어 있는 그러한 '교육불평등' 현상은 첫째로, 산업기술 인력양성의 흐름을 왜곡시키고 있다. 이 점은 실업계 대학교육에서도 여실히 나타나고 있다. 매년마다 이공계 대학 신입생의 90% 이상이 인문계 고교 졸업자로 충원되고 있으며, 실제로 이들은 산업기술과 기능경험이 없기 때문에 졸업 후 산업현장으로 진출하는 것을 두려워하고 있다.

둘째로, 실업교육에 관련된 교육체계는 중등 보통교육기관인 공고, 초급고등 교육기관인 공전, 고급고등 교육기관인 공대나 대학원 등등 계열적으로 분화되고 있으나, 실제로는 산업기술인력 양성을 위한 각 교육체계간의 연계성이 단절되어 있다. 기술교육의 양성과 체계는 공고, 공전, 공대 등이 3단계로 체계화되니, 긱 단세마다 교육적 연계성이 결여되어 있고 교육과정의 30% 정도가 각 단계마다 불필요하게 중복되고 있다.

셋째로, 실업계 학교로부터 일반 이공계 대학의 교육에 이르기까지 학교교육중심의 산업기술교육은 근본적으로 산업현장의 변화와 요구에 제대로 부응하지도 못하고 있다. 또한 국가경쟁력과 산업경쟁력을 키울 수 있는 산업체의 기술혁신과 요구에 대해 '공학적 지체현상'을 드러내고 있다. 산업체의 산업공학적 발전이나 요구에 민첩하게 대응하지도 못할 뿐 아니라, 그 변화를 제대로 따라가지도 못하고 있는 실정이다. 일본의 명문대인 도쿄대학의 실험실을 둘러보고, "일본대학의 공학실험실은 미국의 삼류대학의 실습실보다 더 형편없다"고 일본 산업기술교육의 낙후성을 꼬집은 미국의 노벨상 수상자들에게 우리 한국은 아직도 갈길이 먼 그런 국가로 비칠 것이다.

실업계 교육의 개혁을 위한 제언

실업계 교육의 문제점을 바로 잡으면서 동시에, 산업기술부문에서 국제
경쟁력을 갖춘 우수한 인력을 양성해낼 수 있는 실업교육과 산업인력양성
교육정책이 되기 위해서는 이렇게 바뀌어야 한다.

첫째, 실업교육의 철학은 지금까지 유지해왔던 노동집약적인 인력양성
위주로부터 벗어나 '지력(智力:Brain Power)양성'을 위한 '실업교육의
생활화'로 바뀌어야 한다. 실업교육이나 직업교육은 대학에 진학하지 못하
거나 진학할 수 없는 학생들을 위한 사회적 구제교육이 아니라, 모든 이를
위한 생활교육으로서 그 성격을 바꾸는 교육과정이 실업계 교육뿐만 아니
라 인문계 교육에서도 활성화되어야 한다. 이를 위해, 실업계 고교를 시 ·
도 단위 별로 1개 고교씩 '실업계 목적고교'로 설립하고 그런 실업계 고교
를 국가나 지방자치기구가 특별관리하도록 한다. 이렇게 하면, 우수한 학
생들이 실업계 고교로 집중지원하게 될 것이다.

둘째, 직종별, 학력별 그리고 행정관리직 대 생산직 간의 임금격차가 거
의 1:1이 되도록 최대한 축소시켜야 할 뿐만 아니라, 산업부문에 따라서는
노동강도에 따라 기능직의 임금이 행정직보다 더 높게 책정되도록 '임금역
차별정책'을 채택하도록 유도한다.

셋째, 산업기술인력 양성뿐만 아니라, 한국사회에 만연되고 있는 입시문
제로 인한 교육불평등 현상을 바로잡기 위해, 현재의 단선형(單線) 학제를
'다선형(多線) 학제'로 바꾸어야 한다. 다선형 학제는 현재처럼 잘못된 실
업교육 양성체제처럼, 초등학교, 중학교, 고등학교, 대학, 대학원교육을 하
나의 계열로 꿰뚫는 기간학제와 각종 기술학교 같은 방계학제로 구성되는

형식적인 단선형이 아니다. 이것은 초등보통교육, 중등보통교육의 초등교육의 토대 위에 시대적 흐름과 변화에 상응하는 여러 가지 목적고등학교와 각종 고등교육기관들의 교육적 능력과 권위, 선발에 있어서의 자율권 행사 그리고 특색있는 교육과정과 훈련체제를 통해 취득할 수 있는 자격증과 학위수여의 권한을 인정하는 제도이다. 이런 다선형 학제의 도입은 현재와 같은 교육불평등현상을 해결해줄 수 있는 학제이기 때문에, 교육의 질과 산업인력양성의 질을 높이기 위해 각급 교육기관간의 경쟁과 조정을 촉진시켜주는 효과가 있다.

다선형 제도를 채택하는 첫번째 시도로서, 산업기술인력 양성의 자격을 갖춘 산업체나 기업에게 '기술학사' 학위를 수여할 수 있는 '사내대학'이나 '산업기술대학'을 설치하여 기업현장에서도 산업인녁을 양성하도록 해야 한다. 산업기술인력 양성을 위한 다선형 학제가 기능을 발휘하기 위해서는 무엇보다도 첫째 실업계 고교졸업생이 산업대학이나 전문대학, 기술대학등에 진학할 때, 가산점을 주어 기술계 대학에의 수요를 높이고, 둘째 하위교육기관과 상위교육기관간, 동시에 이공계 대학과 산업대학, 전문대학 그리고 언젠가는 세워질 사내대학, 혹은 성인사회교육 고등교육기관인 주민대학간의 '편입과 전학이 자유롭도록 학교간 연계방안과 계속교육기회가 제도화'되어야 한다. 셋째 산업기술인력양성을 위한 우수한 교사를 확보하도록, 교사자격증 소지자로서 산업체 현장에서 일정기간 동안 봉사한 사람들을 실업계 고교교사로 우대·특채할 수 있도록 '실업계 교사 양성제도'를 바꾸어야 한다.

새로운 직종을 창출하라

정부가 발표한 新경제활성화를 위한 '인력개발부문계획'에서 눈여겨볼 만한 것은 무엇보다도 고교수준의 직업교육을 기초기능인력 양성원칙에 맞게 각 고교에 진로교육센터를 설치하고 진로담당 교사를 배치시킬 뿐만 아니라, 필요에 따라 현장근로자를 교사로 채용하며, 교사가 될 사범계 대학생에게는 산업체 현장실습을 의무화한다는 점이다. 또한 중소기업의 3D 직종에 일정기간 동안 종사하는 젊은이들에게는 징집을 면제해줌으로써 기능인력을 사회적으로 우대하는 일은 3D 직업현장의 고용기회 확대를 위해서도 혁신적이다. 동시에 실업계 고교생들의 수업년한인 3년 중, 2년 간은 학교에서 정상적으로 공부하게 하고, 나머지 1년은 산업현장에서 체계적으로 실습하도록 하는 '위탁교육체제' 실시를 위해 매년 20억원을 지원하는 계획은 실업교육을 현장중심교육으로 개혁시키기 위해서도 바람직하다.

인력개발계획에 거는 기대 크다

우수한 산업인력 양성시설을 갖춘 훈련원을 기능대학으로 개편해주고, 기업마다 훈련원을 설치하도록 약 6천억원을 연차적으로 장기융자해주며, 최첨단기술분야나 대외경쟁력이 있는 산업분야의 기업에게는 자체의 전문인력양성을 위해 학위를 수여하는 '사내대학'을 설치 운영케 한다는 방침 역시 환영할 만하다. 그러나 종래의 인력개발정책이 인력양성과 개발부문쪽에 무게중심을 실어, 학교교육의 역할에 대해서 과다한 채찍을 가하면서도 고학력 인력채용과 취업관리를 다루는 정책개발이나 개혁에는 상대적으로 소극적이었던 것과 비슷하게, 현정부의 인력개발계획안 역시 기초인력양성 쪽으로만 기울고 있는 것 같은 느낌을 준다.

고학력자 취업대책이 필요하다

新경제의 활성화를 위해 기초인력개발계획이 실제로 작동되게 하려면, 매년 약 15만명씩 쏟아져 나오는 고학력 대졸자 그리고 석·박사학위 소지자와 같은 전문인력에 대한 취업대책부터 혁신하고, 아울러 잘못된 고용관행을 바로 잡아야 한다. 또한 지방대 출신 졸업자에 대한 세심한 고용정책도 필요하다. 지방대 졸업자들은 금년의 대기업 공채과정에 있어서도 예외없이 불이익을 당하고 있다. 주요 기업은 신입사원 선발시 채용인원의 일정비율 이상을 지방대 출신에게 할애하고 있으나, 실제로 재용되는 비율은 전체 지방대 졸업생 중의 1% 이상을 넘지 못한다. 지방대 졸업자를 '향토 엘리트'로 지역화시키는 방안없이 산업인력을 개발하려는 계획은 경제발전을 위해 그 언제나 부분적인 효과만을 얻게 될 것이다.

이미 우리의 실업자와 실업률은 1990년대를 넘어서면서 계속 증가하고 있다. 1990년에는 약 45만명이었던 실업자들이 1991년에는 46만명으로, 1992년에는 49만명의 실업자에 2. 8%의 실업률을 나타내고 있는데, 이 중에서도 4년제 대학졸업자들의 실업자 비중은 무려 15%나 되고 있다. 실업자의 주류가 한참 일할 젊은 나이의 노동력들인데, 그들을 이대로 거리에 방치해놓고서 국가생산력이 향상되기를 기대하기는 어려운 일이다.

현장에서 즉시 활용할 수 있는 몇 가지 기술을 덜 익혔다고 해서, 기업이

이들 고학력자들을 방치하는 것은 기업이 대학교육을 너무 홀대하는 것이다. 경쟁이 치열한 국제시장에서 기업 스스로 살아남기 위해서는 기업 스스로의 자구책이 필요하다. 대졸자들이 '잘못' 익혔거나, '덜' 배운 것이 있다면 이를 비난만 하지 말고 오히려, 기업이 그것을 기업의 조건에 맞게 '교정', '보완' 해줄 수 있는 기업훈련과, 새롭게 요구되는 최신기술이나 지식을 체계적으로 '훈련' 시키는 기업내 연수교육을 보다 강화해야 한다.

새로운 직종을 창출하라

기초기능인력개발 계획이 성공하기 위해서는, 무엇보다도 新직종을 창출하는 작업에 매진해야 한다. 서구산업사회의 직업은, 약 4~5만여개로서, 우리의 상상을 초월할 정도로 엄청나게 분화되어 있다. 직종수에 상응할 만큼 일거리의 가지수가 다양해서 웬만하면 누구나 일할 수 있는 기회를 갖게 된다. 서구에 비해, 우리 노동시장은 아직도 약 1600개 직종에 2만여개 미만의 직업으로 구성되어 있어서 절대적으로 일거리가 부족한 형편에 있다.

이것은 1960년대의 직종수에 비하면 상당히 분화된 모습이기는 하지만, 이런 직업의 분화는 제조업 전문직종이 체계적으로 세분화되어 발전된 결과라기보다는, 1960년대식 산업화에 편승된 서비스 직종의 급작스런 분화로 인해 야기된 부산물이기에 그것으로부터 대외경쟁력의 향상을 기대할 수는 없다. 국가생산력을 높이기 위해서는 高부가가치를 생산해낼 수 있는 기술과학기술 분야에 있어서의 직종분화를 시도하고, 그에 따른 새로운 직종을 창출하는 전략이 세워져야 한다. 새로운 직종이 창출될 때마다 생기

는 고용의 파급효과는 엄청나기에, 국가는 기업과 더불어 고용증대 효과를
극대화시켜줄 '新직종 창출'에 온 힘을 쏟아야 한다.

아시아의 세 마리 용을 이기려면

우울한 한국경제소식

문민정부가 들어선 이래 新한국 경제활동에 관한 국내외적인 진단은 꽤나 비관적이다. 그 어떤 경제전문가들의 진단은 우리들의 자존심을 깡그리 짓밟아 놓기까지 한다. 우리 나라의 경제사정을 여러 가지 방식으로 저울질하는 외국의 평가자료들을 절제되지 않은 방식으로 거론해가며, 우리 경제를 땡볕 아래서 죽어가는 지렁이 쯤으로 질타할 때는, 우리의 무딘 신경조차도 꿈틀거리게 된다.

몇 년 전만 하더라도 120억달러의 무역 흑자를 기록했다던 한국이라고는 하지만, 이런 상황 속에서는 아무리 발버둥쳐도 아시아 닉스(Nics)의 세 마리 용들인 대만, 싱가폴, 홍콩과 같은 나라들을 물리치고 앞으로 더나아갈 수가 없을 것이라는 결론에는 아예 질려버리게 된다. 이런 류의 보도나 평가는 우리로 하여금 잘나가는 닉스의 세 마리 용에 대한 심리적 모멸감으로 시달리게 만들어 놓는다.

닉스발전의 한계

괴연 그들의 야유와 조롱대로 우리는 지금 재기가 불가능한 新한국을 만들고 있단 말인가. 이 질문에 대해 경제인뿐만 아니라, 보통사람들도 심각하게 대답해야 한다. 이를 위해서는 한국경제의 토대가 되는 인간자본활용의 문제, 말하자면, 세계은행의 보고서도 격찬하고 있다는 우리의 우수한 인적 자원 활용에 대해서 새롭게 생각해보아야 한다. 국가경쟁력이나, 경제성장의 논리도 여기에서 나오며, 생산력 향상도 우수한 인간자본활용 정도에 달려 있기 때문에 신 한국의 경제활력을 위해서는 우리 인간자본에 대해 새로운 의미부터 부여해야 한다.

물론, 각 나라마다 인간자본을 활용하는 산업발전 전략상의 차이도 크다. 싱가폴의 경제 기적은 시민복지를 위한 독재정치권력 때문에 가능했고, 홍콩은 자유무역정책 때문에 자립할 수가 있었다. 대만의 경제부흥은 강력한 관주도의 경제정책에 의해 가능했지만, 이들의 경제성장 모두는 소수의 인간자본을 활용한 제한된 경제성장정책이었을 뿐이었다. 그러나 이런 식의 제한된 소수 인간자본중심의 경제발전전략을 계속 밀고 나가다가는 그들 스스로 영원히 아시아권에서만 뽐내는 닉스형 경제발전국으로 남세 널지도 모른다.

인간자본에 새로운 눈을

우리마저 그들처럼 닉스형 경제발전국가로 남아 있어야 할 필요는 없다. 일반적으로 경제발전을 위한 주요 문화적인 요소로 꼽는 몇 가지가 있는데 그것은 첫째로, 국민 문화의 동질성 확보, 둘째, 국민의 근면성유지, 셋째, 국민의 교육수준 향상, 넷째, 국민의 타협능력 배양, 마지막으로 민주시민의식 등이다. 이런 요소들은 시대가 변하더라도 경제발전의 품격을 결정하는 기준이 된다.

경제발전에 필요한 이런 다섯 가지 사회문화적인 요소를 우리 경제상황에 진지하게 적용하고 검토해보면, 우리의 인간자본의 품질이나 여건이 여타 아시아 세 마리 용보다 훨씬 더 강력하게 경제성장의 밑거름이 될 수 있도록 양호함을 알 수 있다. 싱가폴이나, 홍콩은 우리 국토와는 비교도 안 되는 조그만 도시국가이다. 대만 역시 우리 나라 인구의 절반도 안 되는 섬 나라이다. 우리 나라가 약 10만여명의 고급 과학자와 기술자를 확보하고 있는데 반해, 싱가폴이나 대만의 기술자는 1만여명도 채 못된다. 게다가 우리의 국민 평균학력은 고교 1년 정도로 노동력의 질도 양호하다. 싱가폴이나 홍콩의 시민은 우리처럼 단일문화권 속에 살고 있는 것도 아니기에 민족간의 문화적인 갈등도 의외로 심하다. 90년대 이래 우리의 근로자들이 노동을 기피한다고는 하지만, 그래도 우리의 근면성만큼은 대만인의 근면성 이상이다.

그러나 모든 조건이 다 양호함에도 불구하고 우리가 그들에 비해 크게 뒤지고 있는 것이 있다면, 그것은 국민들의 타협능력 부족과 민주시민의식의 결여이다. 아직도 불씨를 안고 있는 한·약계분쟁, 이에 편승된 대학생의 수업거부, 전교조 해직교사 문제와 같이 각종 이해관계 사건들로 대표되는 소집단 갈등이나, 조그만 대의명분에 집착한 정서싸움들 그 모두는 우리 스스로 화해정신이나 타협능력이 얼마나 부족한지를 잘 보여주는 사례들이다. 이런 것들 모두는 안팎으로 국가신뢰도나 민주문화의 성숙도를 떨어뜨리는 국제사회적인 지표들로 작용한다.

우리가 필요로 하는 타협이나 화해능력은 경제논리로서 길러지는 것들이 아니라, 민주문화를 토착화시키기 위한 교육의 논리가 제대로 서야 비로소 가꾸어지는 것들이다. 문민정부가 세 마리의 용을 제치고 앞서가려는 新한국 경제를 완성하려고 한다면, 금융실명제 같은 경제개혁방안 못지 않게 새로운 민주시민교육 개혁방안을 마련해내야 한다. 시간이 걸리더라도 민주시민질서를 길러내기 위한 학교교육, 민주시민문화를 위한 사회교육, 민주시민경제를 위한 가정교육의 개혁책을 만들어내야 한다. 이런 新한국의 교육적 토대를 튼튼하게 쌓는 일이야 말로 교육대통령이 해내야 할 신바람 나는 교육개혁과제가 된다.

조직경영의 딜버트법칙

가장 무능한 사람일수록 가장 안전한 곳에서 기생한다

미국에서 경영자들이 잘 사가는 만화책이 한 권 있다. 아담스 씨가 그린 『딜버트법칙』이라는 만화책이다. 사실 이 책은 만화책이라기보다는 경영서적이다. 딜버트라는 인물을 내세워 기업의 각 장면에서 일어나는 여러 가지 사건들을 비판적인 안목으로 해부해 놓은 책이다. 이 책에서 다루는 여러 가지 원리들을 가리켜 딜버트법칙이라고 부른다. 그 중의 한 가지, 웬만한 사람들이 다 알만한 한 가지 법칙을 소개하면 이렇다. 가장 무능한 사람들일수록 가장 안전한 곳에서 일한다. 이 말은 어느 조직이든 한 조직에는 두 부류의 사람들이 함께 공존한다. 한 부류는 그 조직이 절대로 필요로 하는 사람들이고 다른 부류는 없어도 좋을 그런 비능률적인 사람들이다. 상황은 그런데도 기업현장 실제에 있어서 위험에 가장 잘 놓이게 되거나 해고대상깜들은 무능한 사람들이 아니라, 오히려 가장 유능한 사람들로 평가받는 사람들이라는 것이다. 이유는 간단하다. 비능률적인 사람일수록 조직에서는 신변보장이 가장 잘 되어 있는 부서나 직책에 앉아 있기 때문이라는 것이다.

이런 사람들은 대체로 몇 가지 속성을 지니고있다. 첫째로, 자신에 대한 믿음도 부족하고 남을 탓하기 잘한다. 게다가 새로운 상황에 대해 일단은 부정적인 반응을 보인다. 둘째로, 발등에 떨어진 불이나 끄는 식으로 매사에 준비가 처진다. 셋째로, 실패 아니면 성공. 이 두 단어로서 모든 상황을 진단하기 좋아한다. 마지막으로 이들이 즐기는 관점이 있다. 그것은 이길 수 없으면 타협하라는 관점이다. 책임을 남에게 전가하면서 타협을 주무기로 삼고 있는 사람들일수록 좋은 자리를 차지하고 있기 때문에, 이런 조직의 최고 경영층 근처일수록 이런 부류의 사람들이 무리를 지어 있게 마련이다.

딜버트 잡아내는 게 바로 다운사이징이다

이런 사람들은 최고경영층에게 질 나쁜 삼류 정보를 쏟아붓게 마련이다. 기업의 조직도 인간의 모임들이기에, 인간이 가진 모순들이 있는 그대로 나타나게 된다. 그래서 가장 가까운 거리에 있는 사람일수록 최고경영층에게는 가장 상처를 많이 주는 사람일 수밖에 없다. 가정을 비유해보면 이 말이 무엇인지를 손쉽게 이해할 수 있다. 사랑과 온정이 칠철 넘쳐흐르는 관계가 유지되는 한 그 어떤 문제도 적당히 넘어가게 되지만, 관계가 일단 악화되기 시작하면 가장 힘들고 가장 처절한 고통을 주는 사람들은 바로 어제까지도 살과 마음을 맞대고 있었던, 그렇게 가까운 거리에 있었던 바로 그 사람들이다. 이 점은 인류의 역사가 말해주고 있다.

그래서 세계에서 가장 뛰어난 경영을 한다는 대기업의 총수들이 지키는 원칙 중의 하나가 바로 자기 주변사람 제대로 정리하기이다. 총수에게 가장 뛰어난 서비스를 한다는 비서실이나, 기획실 부서 사람들을 분기별로 한번씩 정리해나가는 기법을 활용하고 있다. 왜냐하면, 딜버트들이 주변에 많으면 편하기는 하지만, 그틈에 조직의 생명이 단축되어가기 때문이다. 조직원간에 신뢰라는 사회적 자본이 빈약한 조직일수록, 온정이니 가족적

분위기니 하는 감정으로 사람들을 얽어매는 경향이 강하다. 그런 조직에는 예외없이 조직을 축내는 딜버트들이 기생하기 마련이다. 강력한 리더십을 발휘하고 싶어하는 총수일수록 이런 딜버트를 잘 제거해야 한다. 조직혁신을 위한 다운사이징은 이런 딜버트를 제거하고자 하는 조직문화 활성화 운동의 한 가지 전략으로 채택된 것이다.

7

산은 내릴 때,
제맛이난다

신촌 창조적인 문화의 새터가 되어야 한다/ 인생을 성공하려는 젊은이들에
게/ 자녀가 긍정적인 자아를 갖게 하라/ 산은 내릴 때, 제맛이 더난다/ 분
노는 짧게, 관용은 크게 해야 삶이 즐겁다/ '만약'의 결단과 '인 것처럼'
의 자신있는 삶 살기/ 말과 인생의 춤을/ 떠벌이 이론을 버리자

신촌, 창조적인 문화의 새터가 되어야 한다

신촌(新村), 우리 말로는 새터라고 한다. 신촌은 그 뜻과는 달리 역사가 생각보다는 오래되었다. 14세기 태조 이성계가 조선을 창건할 때 명당으로 천거되기도 했던 곳이 신촌이다. 신촌이라는 이곳의 지명은 조선말부터 쓰이기 시작하였다. 옛날에는 신촌 로터리를 중심으로 개천도 있었지만, 신촌은 학교가 많기로 유명하다. 가깝게는 연세대, 이화여대, 서강대, 명지대, 홍익대 멀게는 경기대, 서경대, 항공대, 추계예술대, 배화여전 등 총 열개 대학교가 운집해 있다. 이곳에는 새로운 학문의 열기가 매일처럼 용솟음치고 있기로 유명하다.

지하철 2호선과, 그 옛날 낭만을 잔뜩 품고 갑갑한 도시로부터의 탈출구 역할을 하였던 신촌역이 있는 '교통의 요충지'인 신촌은 그래서 자연스럽게 전형적인 젊은이들만의 거리문화가 일찍이 형성되었다. 통기타를 치며 노래를 부를 수 있던 카페, 수많은 소극장, 분식점, 학사주점, 노점상, 포장마차들이 학생들을 상대로 한 장사가 시작된 이래 신촌은 이상스레 변모되기 시작했다. 70년대부터 서울대 입구 녹두거리와 함께 저항문화가 꿈틀거리던 곳도 신촌이다. 그래서 설령 패배주의적 낭만은 있어도, 통속적인 그런 냄새는 적었던 곳이 신촌이었다. 그 신촌이 90년대를 정점으로 하여 다시 새롭게 새터로 변화되었다. 이제는 멋쟁이 거리가 되었고 소비의 거리가 되었다. 저녁 7시부터 새벽 1시까지 50만의 유동인구가 들어가고 나오는 거리가 되었다.

얼마 전까지만 해도, 신촌에는 대학문화적 빛깔을 지닌 공간이 존재했다. 학생운동이 가열되기 전에는 낭만적이고 엘리트적인 젊은이 문화의 빛깔도 띠고 있었다. 그리고 학생운동이 치열했던 80년대에는 동아리중심의 토론과 유흥공간이 나름대로 분명한 빛깔로 대학생 문화도 만들었던 곳이다. 고뇌와 번민에 밤을 새는 일군의 학생들. 열 명 스무 명씩 들어가서 '죽치고' 앉아서 토론하고 노래를 부를 수 있는 공간을 만나기도 어렵지 않았다. 그런데 지금 그 뒤풀이 공간은 사라지고, 화려한 할로겐등과 폭발적인 음향을 전달하는 고성능 스피커로 장식된 록카페, 소주마시기에는 너무 밝은 듯한 카페식 소주방, 개방적이던 노래문화를 1평 남짓한 룸에서 소화시키도록 되어버린 노래문화의 공간으로 변신해가고 있다.

신촌은 크게 두 지역으로 나뉘어져 두 가지 새로운 문화형태를 띠고 있다. 신촌로타리에서 연세대로 뻗어 있는 4차선 도로를 중심으로 동과 서로 분할된다. 한때 '가자 장미여관으로'로 유명했지만 지금은 없어진 그 장미여관쪽 록카페 골목을 중심으로 일군의 상권이 형성되어 있다. 이쪽은 직장인과 청소년들이 모이는 곳이다. 주로 직장인을 상대로 하는 식당가와 룸살롱 등이 있고 청소년들을 상대로 하는 밝은 분위기의 패스트푸드점과 호프집. 카페 그리고 록카페 등도 있다. 반면에 그레이스 백화점과 인근 신촌시장을 중심으로 또 다른 상권을 형성하고 있는 서쪽은 근처의 대학생들이 즐겨 찾는 곳이다. 대학생 취향에 어울리는 분위기가 눈에 두드러지게 드러난다. 여기에는 먹자판 장소로 널리 알려진 갈비집이나 뒤풀이 장소로 적합한 호프집. 소주방, 노래방 등이 밀집해 있다. 여기서 신촌 지역이 이곳에 운집하는 사람들의 수가 다른 지역에 비해 상대적으로 많고 그 계층이 넓다는 것을 알 수 있다. 모이는 계층이 한정된 다른 유흥지역과는 달리. 이곳은 매우 다양한 계층이 그들의 다양한 기호를 충족시킬 수 있는 시설과 업소들이 분포되어 있다.

지금 신촌에서 가장 발달된 놀이문화는 먹고 마시는 먹거리 문화이다. 대량 소비가 이루어지는 소비문화의 중심지이다. 신촌의 유흥문화를 이끌고 있는 주도적인 계층은 일반적으로 청소년과 대학생들로서 특히 고액의 과외로 인해 돈을 많이 버는 대학생들은 이 지역을 이용하는 직장인과 함께 고가의 유흥문화를 창출하는 계층이다.

그러나 신촌은 이런 유흥만으로 더 이상 커질 수 없다. 신촌은 말 그대로 늘 새터가 되어야 하지만, 신촌과 유흥가는 아무래도 새터라는 말과 어울리는 한쌍의 단어는 아니다. 새터의 문화는 늘 새로워야 한다. 이제부터는 신세대들의 유흥문화보다는 신세대들을 위한 교양문화가 새롭게 커나가는 곳이 될 준비를 갖추어야 한다. 술집보다는 책가게들이 즐비하게 들어서야 한다. 간간히 아름다운 커피점도, 맥주집도 한두 곳씩 있어야 하겠지만 그것은 어디까지나 양념이 되어야 한다. 신촌은 책들이 즐비한 거리로 뒤덮여야 격이 맞는다. 책들은 무슨 책이든 찾으려면 신촌으로 가야 한다는 그런 책의 명물거리로 새터가 바뀌어야 한다. 그래서 새터가 책터로 새롭게 태어나야, 새터는 늘 새터가 될 것이다.

인생을 성공하려는 젊은이들에게

인생을 성공하려는 사람들이라면 인생의 목표를 어디에 두어야 할 것인가. 결론부터 이야기하자면, 그 목표는 세 가지다. 그 첫째는 사랑맺기이며, 그 둘째는 친구사귀기이고, 마지막은 일하기이다. 이 모두가 다 중요하기는 하지만, 한국 사회의 여자라면 사랑맺기가 더 급할 것이고, 남자라면 일생을 걸고 일하기가 보다 중요할 것이다.

누구나 다 겪는 일이지만, 보통 사람들은 살아가다 보면 해야 할 일이 많이 있다. 그러나 그중에서도 세 가지 일이 무엇보다 인생살이에서 중요한 것임을 알게 된다. 이미 이야기했지만, 그 첫째는 험한 세상살이 속에서도 서로가 서로를 이해해줄 수 있는 좋은 친구를 사귀는 일이다. 자기처럼 자기의 어려운 처지를 격려하며 서로가 서로에게 도와줄 바람직한 인간관계를 맺는다는 것은 인생살이에서 30%는 성공한 것이다. 좋은 친구를 사귀며 그들과 바람직한 인간관계를 맺어나가는 일은 인생살이에 있어서 소홀히 결코 할 수 없는 부분이다. 그래서 아메리카의 인디언들은 친구를 가리켜 '나의 슬픔을 자기 등에 업고 가는 사람'이라고 부른다.

인생살이에서 두번째로 중요한 일은 자기와 삶을 같이 할 이상적인 배우자를 찾는 일이다. 자기의 처지에 비추어보아 기가 막히게 이상적일 수는 없다손 치더라도, 그래도 어느 정도는 자기와의 삶에서 행복을 나눌 수 있을 정도의 비슷함이 있는 사람을 배우자로 만나기만 한다면 그것은 인생에 있어서 엄청난 낙이 될 것이 분명하다. 사람은 배우자와의 만남을 통해 사랑의 중요성을 배우고, 그것을 통해 새로운 가족관계를 맺어나가게 된다.

그런 가족관계는 뗄래야 뗄 수 없는 피의 연결과 정의 끈끈함 그리고 그런 감정의 흐름 속에서 사랑의 부대낌을 확산해나가게 된다. 이 일을 잘 해내는 것은 인생에 있어서 또다른 30%를 성공하는 것이다.

마지막으로 인생의 30%를 더 성공하기 위해서는 자기의 삶을 지탱하게 만들어주는 동시에 자기 삶의 질을 높일 수 있는 바람직한 직업을 찾아내는 일이며, 그것을 찾아냈다는 확신을 갖는 일이다. 직업은 노동의 현장이며, 노동은 신과의 약속을 의미한다. 인간은 노동을 통해 동물이 본능적으로 행하는 본능적인 작업과는 다르게 인간의 존재를 찾게 된다. 그래서 노동은 즐거움을 수반하게 된다. 미래를 아름답게 조각해내려는 사람이라면 당연히 인생의 30%를 성공으로 보장해줄 수 있는 일자리를 찾아야 한다. 그런 일자리를 찾았다고 해도 그런 일자리에 제대로 적응하지 못하면, 인생의 질반을 훼손시키는 것과 별 차이가 없게 된다. 왜냐하면, 일지리를 통해 새로운 인산관계를 맺기도 하고, 또는 자기의 이상에 맞는 배우자를 택할 수 있는 기회를 갖기도 하기 때문이다.

유능한 사람은 일에 쫓기지도 않고, 일에 불평하지도 않는다. 미국 산업교육계에서 자기관리에 관해 일가견을 갖고 있는·코비박사는 일에 성공하는 사람, 인생에 성공하는 사람의 특성 일곱 가지를 조목조목 지적한 바 있다. 그의 경험에 의하면, 일에 유능한 사람은 자신의 능력이 부족하다고 자포자기하기보다는 일에 인생을 걸고 근로의 즐거움을 찾아나서려는 의지가 투철하다. 이런 사람일수록 첫째, 그들은 항상 전향적인 태도로 그들의 일에 임한다. 과거를 회상하거나 그것에 매달리지는 않는다. 둘째로 그런 사람들은 항상 그 어떤 일이든지 최후를 생각하며 그들에게 맡겨진 일을 수행한다. 끝날 장면을 생각하면서 처음을 시작하기 때문에 그들이 하는 일은 신중할 수밖에 없다. 셋째, 그 어떤 일이든 우선순위를 두어 일을 시작하기 때문에 일의 순서에 조리가 있다. 넷째로, 그들은 자기들이 하는 일이 상호 득이 되지 않으면 더 이상 일을 전개하지 않는다. 왜냐하면, 한두 개의 이득 때문에 여러 사람을 해칠 수는 없기 때문이다. 그래서 그들이 다섯 번째로, 일에 있어서 중요하게 여기는 것이 바로 상대를 이해하며 일을 추진하는 습관을 들이는 것이다. 여섯째, 그들은 항상 서로의 의견과 노력을 존중함으로써 그들이 하는 일에 상승효과를 창출해내려고 한다. 마지막으로 일에 충실한 사람들은 자신을 늘 바르게 관리한다. 왜냐하면, 사람들은 남을 속일 수는 있어도 자기 자신만큼은 속일 수 없기 때문이다.

우리가 맞이할 21세기는 신기술의 시대가 될 것이고, 정보중심의 사회가 될 것이다. 이런 사회에서 살아남으려면, 더욱더 우수한 젊은이들이 직업현장에서 노동과 일에 자신을 가져야 한다. 세계시장에서 떳떳하게 외국의 제품과 경쟁할 수 있는 제품과 기술을 만들어내고 그것을 익히려면 오히려 우수한 학생들이 직업훈련현장에서 교육받아야 한다. 적당히 해도 된다는 천박한 사내교육의 철학과 경망스런 출세욕만으로는 우리의 사내교육이나 자기관리는 천박스럽기만 할 것이다. 똑똑하던 신입사원이 입사한지 3-4년이 지나면 멍청이로 변하는 것은 우리 직장 스스로가 일에 대한 바른 철학과 자기관리에 대한 자기학습을 포기했기 때문이다. 외국에서 무작정 받아들인 인력개발정책이나 직장에서의 자기개발정책부터 고쳐야 한다.

젊은이에게 희망을 주려면, 우리 어른들이 갖고 있는 케케묵은 입신양명과 부귀공명중심의 노동관부터 고쳐야 한다. 21세기의 새로운 노동시장에서 살아가려면, 직업기술에 대한 새로운 인식이 필요하다. 컴퓨터가 무엇인지, 설령 컴퓨터가 무엇인지 알았다 하더라도, 컴퓨터를 조작할 수 있는 기술 하나 제대로 갖추지 못한 오늘의 고급관리자들은 한마디로 컴퓨터 문맹자들이다. 그들이 신세대에게 컴퓨터가 무엇인지를 가르치려는 무모함이 오늘날의 직업세계에서도 그대로 나타나고 있다. 이것부터 스스로 깨버려야 새내기 신입사원들이 그들의 충고에 귀를 기울이게 될 것이다.

자녀가 긍정적인 자아를 갖게 하라

아버지의 꾸중은 싫었지만, 아버지의 재산만큼은 탐이 났다. 그래서 아버지를 남모르게 죽이기로 작정했다. 재산을 자연스럽게 상속받을 수 있을 것 같아서였다. 이러한 생각 끝에, 박 아무개라는 이가 부모를 살해한 사건이 있었다. 세상이 발칵 뒤집힌 사건이었다. 이런 세기말적인 패륜행동과 엽기적인 부모살해행동을 본 어버이들의 충격은 말로 하기 어려울 정도였다. 저마다 느낀 것도 달랐다. 그것은 내자식 역시 예외가 될 수는 없다는 이상야릇한 그런 것이었다. 그런 보장을 그 아무도 해줄 수 없다는 자괴감 같은 것은 아직도 우리를 괴롭히고 있다. '만약, 내 자식이 커서 그렇게 될 것 같다는 이상한 감이라도 보인다면 당장에라도 내다 버리리라' 같은 각오들로 뒤범벅되었던 것도 부인하기는 어렵다.

그러나 만약 이런 생각 속에 묻혀 지낼수록, 이런 생각은 부모, 특히 아버지와 자식 간의 문제를 더욱 더 크게 만드는 잠재적인 원인이 될 것이다. 왜냐하면 아버지는 자식을 늘 그런 눈으로 볼 것이고 그로부터 의심과 불신의 싹이 틀 것이고, 반대로 자식은 그런 의심의 눈을 가진 아버지를 향해 분노의 눈길을 보낼 것이 분명하기 때문이다. 이 모두는 불행의 근원으로 자리잡게 될 것이며 불신의 시작이 될 것이다. 그렇게 의심과 질책의 악순환을 반복하기보다는 차라리 아버지 스스로 떳떳이 자식에게 나서서 그들의 잘못을 당당히 꾸짖을 수 있는 용기가 필요하다. 그러나 그들이 아버지의 꾸중을 심각하게 들을 수 있는 여유를 갖게 하기 위해서라도 아버지가 먼저 해야 될 일이 있다. 그것은 아버지의 꾸중을 자신있게 귀담아들을 수 있는 자식을 먼저 만들어내는 일이다. 그런 일의 시작은 자식이 긍정적인 자아를 갖게 하는 일, 그것부터 시작해야 한다.

긍정적인 자아를 갖게 하는 원리

집안에 있는 자녀들의 머리가 크든, 작든 간에 관계없이, 그들 스스로 긍정적인 자아를 갖기 위해서는 그들 스스로 어버이로부터 받아야 할 몇 가지 일들이 있다. 부모 스스로 자녀를 위해 열심히 일하고 있다는 그것만으로는 자녀들에겐 부족하다. 아버지가 자식에게 늠름하게 보여줄 수 있는 근로정신 이외로 그들의 마음을 키워내는 데 필요한 영양소 같은 것들이 제대로 공급되어야 자식들의 자아 역시 무럭무럭 잘 자라나게 된다.

첫째, 아버지 스스로 자식에게 사랑의 표현을 마음껏 해보여야 한다. 자식을 대할 때에는 차가운 단어보다는 뜨거운 단어를 자주써야 한다. 예를 들어, '너 누구 닮아서 그 꼴이니?!' 하는 말이나, '잘 해봐라, 잘 해봐' 같은, 뒤틀림과 비아냥이 섞인 단어들은 자녀들에게 부정적인 자아를 갖게 만들 뿐이다. 잘 자라는 아이에게 필요한 것은 뜨거운 격려 그리고 사랑뿐이다.

둘째, 자녀가 이야기 하는 것을 열심히 들어주어야 한다. 설령 말도 안 되는 소리에 불과하더라도, 논리가 서걱서걱 맞지 못하더라도 그들에게 귀를 내주어야 한다. 귀를 기울이기 시작만 하면, '신(新)세대'인 자녀들과 당신 같은 '쉰세대' 간에는 신뢰가 싹트기 시작할 것이다. 신뢰는 사람과 사람 간의 수용과 존중을 싹틔우는 지름길이다. 우리는 사람과 사람 간의 믿음을 중국어로 信자라고 쓴다. 이 글자는 사람 인(人)변에, 말씀 언(言)으로 구성되어 있다. 이 말은 사람간에 믿음이 있으려면, 우선 사람들간의 말을 잘 들어야 한다는 뜻이다. 그러나 우리는 먼 사람끼리는 서로 서로가 말을 잘 주고 받다가도, 가까운 사람끼리는 말을 닫아버린다. 자식과 부모 간에는 오히려 사람간의 말보다는 돼지와 사람, 혹은 개와 사람 간의 소리교환 같은 이상한 것을 주고 받는다. 그래서 서로간에 믿음을 찾아보기 힘든 것이다.

셋째, 가능하다면, 아버지와 자식 간에는 신체적 접촉을 아끼지 말아야 한다. 어머니와 딸, 아버지와 아들들이 보여주는 포옹이나 입맞춤 같은 것은 서로가 서로를 자신있게 그리고 애정으로 대하고 있음을 알리는 징표이다. 스킨십(skinship)은 자식이 어렸을 때에만 필요한 것이 아니다. 오히려 아이들이 장성했을 때 더 필요한 사랑의 표현인 것이다. 또 가능하다면, 아버지는 아들을 공중 목욕탕에 자주 데리고 가서 등도 밀어줘보고, 이사람 저사람의 서로 다른 모습을 보여주는 기회도 주라. 아파트생활의 특징인 샤워중심의 목욕문화는 자연스런 성교육기회를 앗아버리고 있다. 자기의 신체구조와는 성숙하게 차이가 나는 아버지의 신체적 구조를 아들에게 자연스럽게 보여주는 것은 아들로 하여금 아버지 세계를 다시 한번 더 이해하게 만든다.

넷째, 자녀들에게 즐거움을 주기 위해서라도 선물을 하라. 선물은 아버지 말이나 잘 들으라는 뇌물이나 사탕발림의 징표가 아니다. 선물은 사랑의 표현이며 인정의 표현이다. 기왕 일년에 한번쯤 하는 선물이라면, 되도록 아이들이 깜짝 놀랄 그런 선물을 하는 것이 좋다. 선물을 통해 아버지의 넓은 마음을 자식들에게 넉넉하게 보여주면, 그들 스스로 어버이 곁에 서 있게 된다.

청소년에게 실수할 수 있는 기회를 주라

자녀들이 긍정적인 자아상을 갖게 만들기 위해서는 자녀들 스스로 혼자 있는 시간에 익숙해지도록 도와야 한다. 그리고 무엇인가 자기 스스로 되돌아보고 크게 반성할 수 있는 그런 실수라면, 그 얼마든지 실수할 수 있게 하라. 인생에 실패하지 않기 위해서라도 아이들은 어릴 적에 실수를 해보아야 한다. 그런 실수들을 곱씹어볼 자신만의 시간들이 필요하다. 아이들 역시 어른 못지 않게 혼자있는 시간이 필요하다. 그 혼자있는 시간을 통해 아이들은 무럭무럭 자란다. 그런데도 어른들은 자녀들이 혼자있게 내버려 두지 않는다. 아이들이 혼자있는 것이 불안해서 그런 것이 아니다. 아이들이 무엇을 하고 있는지 감시하고자 하는 어버이들의 버릇 때문인 것이다. 무엇인가 자식들로부디 눈을 떼고 있으면 좀이 쑤시는 부모 밑에서 성장한 아이들일수록 부정적인 자아상을 갖게 된다. 왜냐하면 그들은 늘 불안했을 뿐만 아니라, 누군가가 그들을 감시하는 것 같아 늘 소심하게 지냈기 때문이다. 게다가 무엇인가 잘못하기만 하면 늘 꾸중을 들었기 때문이다. 소심한 버릇부터 버려야 아이들은 제 홀로 서서 무럭무럭 자라게 된다.

이 모두를 어버이 스스로 지켜내기는 쉽지 않을 것이다. 그러나 이중에서 한 가지라도 한번 해내려는 그 의지를 갖는 일은 무엇보다 중요하다. 그런 의지를 갖는다면 이내 아이들은 어버이의 뜻을 읽어낼 것이다. 그때부터, 아이들은 그 스스로 자기들의 자랑스런 어버이들을 그들의 작은 가슴에 깊이 간직하며 멋있게 커나갈 것이다.

산은 내릴 때, 제맛이 더 난다

사람이 살아가는 것은 길을 닦는 것과 흡사하다. 마치 산길을 닦는 것과 같다. 산에 자주 오르는 사람은 산길의 습성을 곧 알게 된다. 오르막 길이 있으면, 틀림없이 그곳에 이어 내리막길이 있다. 오르막이 가파르면 가파를수록, 내리막은 미끄럼길로 이어져 있다. 높은 산 정상에서는 시원함을 맛보지만, 그 맛은 오래가지 않는다. 정상에 다다르면 빠르게 내려와야 한다. 높은 산일수록 더욱 그렇다. 사실 산에는 길이 없다. 어느 곳도 길이고, 어느 곳도 길이 아닌 것이 바로 산길이다. 산길은 만들어가는 것이다. 아무리 잘 닦여진 길이라도 산길은 제 스스로 다시 닦아가며 제 스스로 가는 길이다.

산길 같이 삶은 만들어가는 길이다

인생을 길에 비유하면, 인생길은 제 스스로 만들어가는 산길과 흡사하다. 산길을 만들어가는 데도 지켜야 할 것이 있고, 편한 산길에도 걷는 법칙이 있다. 산에 오르는 사람들은 이런 것쯤은 모두가 다 잘 안다. 그러나 산길이 우리에게 주는 교훈만큼은 잘들 잊어버린다. 제아무리 높은 산이라도 꼭대기, 정상이 있다. 그곳에 오르면 이내 곧 산을 내려와야 한다. 나이를 먹는다는 것은 어찌보면 인생의 꼭대기를 향해 오르는 것과 흡사하다. 산에는 다다를 정상이 보이기에 누구나 안도의 숨을 쉰다. 그러나 인생의 삶살이에는 이런 끝이 보이지 않는다. 그래서 모두들 욕심을 낸다. 그래서 모두가 걱정으로 살아간다. 내가 해 놓은 것은 아직도 멀었다고 불안해 하며 조바심을 낸다. 그러다가 너무 가파르게 올라가다 산 밑으로 굴러 떨어지기도 한다. 이렇게 되면, 제아무리 제 스스로 저를 위한 산길을 닦아 놓았다고 해도, 그 산길은 삶을 만들어가는 산길이 아니라 죽음을 약속한 죽음의 길이 된다. 나이를 먹어간다는 것은 어찌보면 자기 스스로 자기 편한 대로 닦아간 산길과 흡사하다. 젊을수록 더 높게 올라가려는 욕심이 그득하다. 노년이라고 예외는 아닐성 싶다. 그러나 현명한 사람은 오르는 기쁨보다 내려가는 기쁨을 헤아릴 줄 아는 사람이다. 산길을 걸을 때는 산길을 즐기는 법을 배워야 한다. 이것이 없으면, 산길은 고생길일 뿐이다. 삶살이 역시 한치도 다르지 않다.

내리막에도 가는 길이 있다

산길을 걷다보면, 내리막 길을 뛰어가는 사람도 마주치게 된다. 큰일 낼 사람 같아 걱정이 앞선다. 편한 내리막길을 가더라도 지킬 것은 지켜야 제 맛이 난다. 그런 것을 지켜갈 때 비로소 산 길은 모두에게 아름다운 길이 되는 것이다. 내려가는 길은 오르는 길보다 더 조심스럽다. 산길을 오르면서 넘어지는 사람은 적다. 오르면서 미끄러지는 사람도 적다. 그러나 내려가면서는 넘어지는 사람도 많고, 미끄러지는 사람도 많다. 그래서 조심스럽고. 더욱더 몸 한 곳에 힘을 집중하며 몸의 균형을 잡아야 한다.

오르는 길이 힘이 든 만큼 내려가는 길은 즐기는 길이다. 올라온 길 이곳 저곳 오르며, 힘이 들어 지나쳐버린 풍경 이것 저것, 밑으로 뻗어 있는 아름다운 이곳 저곳을 음미하며, 즐기는 길이 바로 내리막 길이다. 산길 내려오다 느끼게 되는 것이 있다면, 나즈막히 신음이라도 질러보는 길이 내리막 길이다. 탄식의 신음이 아니라, 기쁨의 영탄이어야 한다. 왜 내가 아직까지 이런 아름다움을 지나쳐왔던가 하는 후회와 더불어 새로 끌어당기는 아름다움에 제 스스로 놀랄 수 있어야 한다.

인생의 아름다움은 계속 가꿔야 빛이 난다

모두들 대접을 받기 원한다. 나이를 먹어가면 먹어갈수록 이런 생각이 더욱 간절해진다. 그러나 나이를 먹었다고, 그런 대접이 공짜로 생기는 것은 아니다. 장사에 공짜가 없듯이, 인생에도 공짜는 없다. 인생은 주는 만큼 받아먹는 주고 받기의 교환과정이다. 인생은 그 스스로에게 주어진 주고 받기를 잘관리 했을 때 비로소 빛이 난다.

최근, 해외토픽 뉴스감이 우리를 재미있게 만들고 있다. 뚱뚱이 미스 유니버스 이야기에 관한 것이다. 금년도 미스 유니버스로 뽑힌 사람은 중남미 베네수엘라의 마차도 양이었다. 마차도는 굉장히 아름다운 몸매를 지녔다. 미스 유니버스로 뽑힌 후 마차도양은 몸관리를 제대로 하지 않았다. 그래서 보통 주부처럼 몸무게가 늘었다. 최근 찍은 그녀의 사진을 보면 전에 비해 몸이 불긴 불었다. 그렇다고 아주 흉물스런 모습은 아니었건만, 미스 유니버스 조직위원회는 꽤나 불안했나 보다. 내년 미스 유니버스 행사 때가 걱정이 되었나 보다. 왜냐하면, 뚱뚱해질대로 뚱뚱해진 마차도 양이 내년 미스 유니버스 선발현장에서 후배 미스 유니버스에게 여왕관을 씌워주는 그런 불상사를 원하지 않았기 때문이다. 그래서 미스 유니버스 조직위원회는 마차도양에게 경고를 내렸다. 만약 비대해진 살을 살을 단시일 내에 빼지 않으면 미스 유니버스 자격을 박탈하겠다고 엄포를 놓았다.

진짜로 비만이 미스 유니버스 자격박탈 사유가 되느냐에 대한 범세계적인 논란이 일어나자, 미스 유니버스 조직위원회는 당황한 나머지 말꼬리를 돌렸다. 미스 유니버스 마차도양에게 직접적으로 그녀의 몸무게 문제로 미스 유니버스 자격여부에 대해 경고를 한 적은 없지만, 그녀의 몸무게에 문제가 있는 것만은 사실이라고 말을 바꿔버림으로써 마차도양에게 또다른 경고를 내려버렸다.

우리의 관심은 뚱뚱이 미스 유니버스에 있지 않다. 우리의 관심은 미스 유니버스의 몸매관리 태도에 쏠리게 된다. 미스 유니버스로 뽑힌 사람은 미스 유니버스로서 그녀가 갖추어야 될 것이 있다. 그것은 미스 유니버스에게 부여한 정신적이고도 신체적인 아름다움에 관한 것일 것이다. 그런 아름다움을 그녀 스스로 포기했을 때, 미스 유니버스에게 남는 것은 추함 바로 그것일 것이다.

느긋하게 벗어나는 길을 닦아야 한다

지금까지 올라간 길이 설령 추한 길이었다고 해도, 그리 미안해 할 것은 없다. 이제부터 내려가는 산길부터 조심하며, 이것 저것 즐기며 가면 된다. 남보다 지치지 않게, 남보다 느리지 않게 조심조심 걸으면 된다. 보폭을 늘릴 필요는 없다. 남보다 서두를 필요도 없다. 그저 그렇게, 남과 더불어 쉬엄쉬엄, 앉을 곳 걸터앉아, 남들과도 이야기하고, 이 부끄러움, 저 부끄러움 툭툭 털어내며 천천히 걸으면 된다. 내리막길에서 뛰면 다치게 된다. 10분 먼저 가려나가 평생 고생하는 병을 얻게 된다. 느긋하게 산길 다 내려가면 그것이 마지막이려니 하고, 편하게 산길을 내려오는 그것부터 편하게 연습해봐야 한다. 그게 인생을 만들어 올라가며 내려오는 모든 사람의 인생 길이다.

분노는 짧게, 관용은 크게 해야 삶이 즐겁다

사람마다 따지고 보면, 산다는 것이 뭐 그리 유별나지는 않을 것이다. 그러나 제아무리 시금털털한 삶을 이리놓고 보면 아름답기 그지없고, 저리놓고 보면 가련하기 그지없는 것일지도 모른다. 사람마다 아프고 쓰리고, 기쁘고 황홀했던 한두 가지의 추억들은 있게 마련이다. 나이를 먹었다는 것은 어찌보면 이런 영상들의 파편이 하나의 훈장처럼 주렁거리는 삶이라고도 볼 수 있다. 이 세상에서 잘못 없는 사람이란 하나도 없듯이, 제각기 남다른 삶 살이에서 훈장이 없는 사람은 하나도 없다. 그래서 분노할 것도, 서러워할 것도 없게 마련이다. 그러나 삶이 어디 그러랴.

삶의 훈장이 많을수록 고되다

삶의 훈장이 많을수록, 갈 길을 빨리 내달아온 것이다. 자기가 지나쳐온 길이 어떤 길인지도 모르고 그냥 지나쳐온 것이다. 인생의 길은 고속도로처럼 시원하게 아래 위가 꺾인 그런 길이 아니다. 인생의 길은 꾸불꾸불, 오솔오솔, 이리 꺾이고 저리 꺾인 굽은 길과도 같다. 황토 모래도 날아들고, 하루살이 떼도 날아드는 그런 길이다. 성가시더라도 이리참고 저리참으며 가던 길 멈출 수 없는 길이다. 이정표 하나 제대로 분명하지 않은 그런 길이다. 그래서 한번 들어서면 나갈 때까지 토닥거리며 기어서라도 더 나아가야 될 그런 길이다.

한번 온 길은 어느 누구든 되돌아갈 수 없다. 이런 길에도 속도가 있다.

제한 속도가 있다면 시간당 30km 쯤 되리라. 이런 인생의 길에서는 천천
히 가는 것이 상책이다. 이것도 쳐다보고, 저것도 쳐다보며 즐기며 달려야
제맛이 난다. 정황은 그런데도, 인생이란 달리면 달릴수록 저도 모르게 속
도가 붙는 자동차와 같다. 인생을 싣고 달리는 자동차란 다 그런 것이다.

인생의 속도는 나이와 비례한다

20대보다 60대에 시간이 빨리 지나가는 것 같은 이유를 그 어떤 사람들
은 인간 삶살이의 속도감각에서 찾아내기도 한다. 20대는 인생의 속도가
인생 시간당 20Km쯤 되고, 60대는 그들 삶살이 속도가 인생 시간당
60Km쯤 된다고 한다. 무엇을 기준으로 삼아 이야기하는지는 몰라도, 인생
의 도로에서 안전운행의 속도는 3~40Km 정도라고 한다. 그러니까 50대
는 이미 인생의 길에서 과속을 하고 있는 셈이다. 30Km 제한속도로 굽이
진 길을 50Km로 달리고 있으니, 위험하기 짝이 없는 것이다. 나이를 먹는
다는 것은 인생에서 과속을 하고 있는 것으로 보아도 괜찮다. 지금 달리고
있는 속도보다 더 과속을 하면, 아예 인생은 끝이 나게 된다. 과속을 하면
할수록 인생의 주변에서 눈여겨 보아야 하는 그런 것들은 스쳐 지나가게
된다. 그렇다고 20대 청소년들이 인생의 길에서 50대보다 많은 사물을 본
다는 뜻은 아니다. 그들 삶의 속도가 사물을 보기에는 적당하지만, 삶의 숲
을 이리저리 제대로 다 보기에는 아직도 힘겹기 마련이다. 물론 과속을 하
게 만드는 것은 연령뿐이 아니다. 이것 저것 모두가 문제가 된다.

그런 것 중에서도 삶의 속도를 빠르게, 어쩌면 과속으로 몰아가는 것이
바로 사람들간에 빚어지는 갈등이나 긴장 혹은 그로부터 야기된 분노 같은

것이다. 분노가 쌓이면 쌓일수록, 그 누구를 증오하면 할수록 생기는 것은 한 가지다. 삶을 불필요하게 불태워버리게 만드는 바로 그것뿐이다. 나이를 먹어갈수록, 남에게 고까워하는 것도 바로 이 분노가 쌓이고 있다는 증거이다. 이런 것들이 바로 즐겨야 할 인생의 속도계에 속도를 더하게 만든다.

인생의 속도를 조절하는 방법을 배워야 한다

쌓이는 분노를 조절하는 것은 인생의 속도를 조절하는 것과 같다. 사람들 간의 비뚤어진 여러 가지 이상한 관계로부터 쌓이는 분함과 억울함을 조절하기 위해서는 여러 가지 노력이 필요하게 될 것이다. 그렇지만, 당장 굽이진 인생의 길을 정신없이 달려나가는 인생의 속도를 조절하는 데 도움을 줄 수 있는 방법이 아주 없는 것도 아니다. 그 첫째는 이유여하를 막론하고 용서하는 것이다. 용서하는 삶은 삶의 속도를 조절하는 삶이다. 미워할 수밖에 없는 사람을 용서하는 그 마음이야말로, 아름다운 삶 중에서도 가장 아름다운 삶인 것이다. 두번째 방법은 잊어버리는 것이다. 이 세상에서 잊어버릴 수 없는 것은 아무것도 없다. 무엇이든 고까운 것, 화나는 것, 분노하는 것을 모두 다 잊어버릴 때, 새로운 삶의 빛이 보이게 된다. 삶의 속도가 저절로 조절된다. 마지막으로, 서로가 서로에게 주고받았던 아픔과 괴로움 그리고 증오의 관계들을 꿰매주고, 수선해주는 화해를 얻어낼 때, 비로소 마음에 평화가 찾아온다. 인생의 속도가 주변의 아름다움을 넉넉하게 즐길 수 있도록 조절되는 것이다. 50대의 마음으로 20대의 활력을 즐기며, 60대의 몸으로 20대의 여유를 갖게 되는 것이다.

어디 그런 길이 있을까마는……

하나

길, 내가 즐겨걷던 그길은 오솔길이었다. 지금은 흔적조차 없었진 구짓마을 길이었다. 지금은 부천시 중동으로 바뀌었지만, 40년 전에는 소사읍 구지리였다. 내가 잠시나마 다녔던 그 초등학교는 소사읍 남쪽 기슭에 있었다. 이 학교를 다니면서 걷던 길이 바로 오솔길이었다. 책봇짐을 등에 걸쳐멘 채, 이리저리 걸었던 그 길이 바로 오솔길이었다. 아침이나 저녁에는 여지없이 십오리 오솔길을 터벅터벅 걸어야만 했다. 반쯤은 기차길을 따라 걸었고, 반쯤은 논과 논사이를 가로지르는 오솔길을 따라 걸었다. 이곳저곳에서 개울 물 흐르는 소리도 좋았지만, 나에게 언제나 정다웠던 것은 개구리 울음소리였다. 그 자식과 같이 걷던 길이었다. 이름도 잊어버리고 산 그 친구, 아마 종선이라고 했던가, 그 친구하고 걷던 길이었다. 꽤나 조잘대던 친구였다. 그 친구를 잊어버리고 산 지 이미 꽤나 된다. 그 애가 내 옆에 있어도 좋았고, 없어도 좋았지만. 개구리 울음소리에 길 걷는 줄 모르고 길을 걸었다. 그래인지 지금도 개구리가 울어제치는 시골길을 걸을 때 밑도 끝도 없이 눈물부터 내 가슴을 적신다. 종선이 생각으로 이제는 마음마저 약해졌나 보다.

둘

이 길이 끝나면 다시 접어드는 길이 있었다. 짧디짧은 황토길이었다. 할

머니 댁으로 가자면 이 길을 걸어야만 했다. 이길은 철조망이 이렇게 저렇게 걸쳐져 있는 과수원 길이었다. 먼지가 푸석이는 황토길이라 걷는 맛은 없었지만, 집으로 가려면 이 길을 꼭 걸어야만 했다. 비가 땅바닥에 글썽이는 날은 이 길은 황토길이 아니라 진흙탕 길이었다. 빠지고, 또 빠지면서 걷는 그길은 조심조심, 조심스런 길이었다. 바지가랭이에 한 삼태기 흙이나 묻히게 만드는 그런 길이었다. 그렇다가도 개이는 날 밤길은 환상의 길이었다. 달빛 밝은 날, 우수수 떨어지는 봉숭아꽃으로 하얗게 뒤덮이는 이 길은 가슴을 쥐어박는 하얗디 하얀 마음 아픈 길이었다

그랬었구나. 내가 그 애와 헤어졌던 그 길이었구나. 지금은 두서넛 아이들의 어머니가 되었을 그애는 그 과수원집 둘째 딸이었다. 그 애는 부반장이었다. 그래서 그애는 나와 짝이 되었었다. 꼭 내 옆에 앉아, 내가 없을 적에는 내 대신 선생님말을 들어야 했다. 나보나 누 살이 적었던가 그랬있나. 그래서 나를 오빠라고 불렸다. 학교를 파하고 집으로 오기 위해 큰길을 건너갈 적에는 싫으나 좋으나 그애의 손을 잡았었다. 선생님이 시키시는 일이라 어쩔 수 없었다. 길만 건너면, 같이 가지고 칭얼거리는 그 애를 뒤로 남겨두고 나는 꽁지가 빠지게 종선이와 철길을 내질러 갔다. 그애는 언제나 한마장 떨어진 채 조잘대며 우리 뒤를 되밟아왔다. 그애는 내눈에는 꽤나 예쁘게 생겼었다. 종선이 생각은 달랐다. 하기사 교실에서 그 흔해 빠진 줄반장 한번 해보지 못한 종선이 놈의 눈에 그 애의 모습이 제대로 들어올 리 없었다.

사실, 나는 그애가 꽤나 부러웠다. 하기 싫은 말이지만, 그애는 바둑이 가죽가방을 메고 다녔다. 그딩시 일본에 있는 그애의 삼촌이 선물로 보낸 것이었다. 옆에 앉아 공책에 무엇인가 쓸 적에도 그애는 연필심이 잘 부러

지지 않는 낙타표 외제연필을 썼다. 예쁜 운동화도 신고 다녔다. 나, 그리
고 종선이는 달라도 사뭇 달랐다. 그 당시 그 녀석이나 내집 사정은 꽤나
시금털털했다. 그녀석처럼 나는 검정고무신을 신고 다녔다. 이곳저곳 흰실
로 꿰맨 흔적이 많은 바지를 입고 다녔다. 등에는 시커먼 보자기 책보를 둘
러맸다. 지금말로 표현하자면 영구 바로 영구의 모습이었다. 연필도 그 시
절에는 그렇게도 잘 부러지는 것이었다. 내 연필들은 그 모두가 몽당연필
이었다. 아마도 문화연필이라고 불리웠지만, 연필 그자체는 상당히 반문화
적(?)이었다. 그래서 그 애가 싫었던 것도 아니었고, 그 애의 손을 잡는 것
그 자체가 싫었던 것이 아니었다. 내 손은 할아버지 말씀대로 두꺼비 손바
닥 보다도 더 거칠은 손바닥이었다. 내빼버리는 개구리도 잡고, 고구마도
캐먹던 거친 손이었다. 종선이를 시켜 남의 집 무 밭에 들어가 무도 뽑아먹
던 손이었다. 배가 고프면, 콩도 튀겨 먹었던 그런 시커머튀튀한 손바닥이
었다. 그러나 그 애의 손은 아주 예뻤다. 복숭아나 예쁘게 먹을 예쁘디 예
쁜 손마디었다. 새끼 손가락에는 봉숭아 물이 들여진 예쁜 손이었다. 말이
야 바른 말이지만, 그런 손을 잡고 있는 내손이 너무 싫은 거 있지 뭐, 그래
서 사실은 그 애의 손을 빨리 놓아야 했던 것이었다.

셋

1학년 1학기 끝 무렵이었던 것으로 기억된다. 늘 하던 것처럼 종선이와
나는 학교가 파하자마자 철길로 내달려나갔다. 그런데 뒤에서 훌쩍거리는
그애의 울음소리가 들렸다. 되돌아보는 순간 그애가 울고 있었다. 땅위에
돌뿌리를 잘못 건드려 발목을 몹시 삐었나 보다. 나는 그애의 짝이기도 했

지만, 한반을 책임져야 한다는 반장정신 때문에 홀짝거리는 애를 그냥 내
버려둘 수 없었다. 하는 수없이, 투덜거리는 종선이에게 책보를 맡기고, 그
애를 업기도 하면서 걸었다. 힘이 부치면 부축을 받기도 하면서 등허리에
땀이 배도록 십오리 오솔길, 황토길을 걸었다.

　과수원집 그애 부모님은. 고맙다는 말과 함께 먹음직한 복숭아 두 개를
주었다. 그 후부터 한 십오일 가량 그애를 볼 수가 없었다. 발목부상 치료
때문이었을 것이다. 가을학기가 시작되기 얼마 전쯤 나는 어머니 손을 잡
고 버스를 타기 위해 그 오솔길과 그 과수원길을 돌아 구지리 입구의 철길
을 건넜다. 아마 지금의 인천가는 도중에 있는 송내역 철길을 건넜을 때
쯤, 목발을 집고 그애 어머니 손에 이끌리어 그 애가 오고 있었다. 나는 아
버지가 사주신 하얀 교복을 입고 의젓한 모습이었다. 그애는 얼굴이 배꽃
처럼 하야디 하이얀 모습이었다. 어머니끼리 인사가 있었다. 나는 ㄱ낟 서
울에 있는 학교로 전학을 가던 참이었다. 이제 그애는 가을부터는 새짝 새
반장과 한짝이 되어 돼지 열두 마리도 세어야 했고, 소풍도 가야만 했다.
"나 서울 학교 간다." "오빠, 잘가." 처음 듣는 말이었다. 오빠, 잘가라는
말이 끝나기도 전에 그애 두 눈에 눈물이 글썽거리는 것을 나는 보았다. 모
두 슬펐다. 저는 다리, 몸도 마음도 그렇게 아파서 그랬으리라. 그것이 그
애를 본 잊혀지지 않는 길이었다. 그렇게 헤어지고 이어지는 오솔길처럼,
다시 그애를 만나볼 수 있을까. 내 삶살이에 그 어디 이런 오솔길이 남아
있을까마는, 인생이의 길이란 그렇게 될 수가 있을까, 그렇게 내 나이 오십
에 그렇게 긍정해본다.

'만약'의 결단과 '인 것처럼'의 자신있는 삶 살기

나는 매일 같이 나의 직장이 있는 신촌과 경기도의 옛 일산, 정확이 말하자면, 그 옛날 나무꾼들이 장작으로 숯을 만들어 생계를 이어갔던 시골 동네 탄현(炭峴)을 왔다갔다 한다. 신일산에서 철길을 건너 구 일산을 거쳐한참 가면 산 모서리에 탄현이 있다. 이곳에서 나는 기차로 통근하는 것을 가끔이지만 꽤나 즐긴다. 어머님이 새벽 잠 깨어 해 놓는 아침밥 먹고 터벅대고 일산 역에 다다르면, 철도청이 소유한 객차들 가운데에서도 제일 시금털털한 객차들이 나를 기다린다. 폐차하기 아까운 객차들은 모두 이곳 경의선으로 몰려들어 있는 듯하기마저 하다. 이 기차를 이용하는 사람들의 행색도 가지각색이라 이상한 흥미마저 돋아난다. 일산에서 신촌까지는 350원의 차삯을 낸다. 더 이상 더 양보받기 어려운 차삯이다. 그런 이것보다는 덜컹거리는 기차 속의 여유가 나를 차분하게 만든다. 기차가 좋다. 마음껏 나 혼자만의 생각을 하게 만들어주는 여유와 자유를 주는 기차가 좋다. 나에게 끔직이도 소중한 마음의 여백을 만들어주는 기차가 소중하기마저 하다. 자동차를 스스로 몰면 이런 일은 어림도 없다. 그래서 나는 기차 출퇴근에 미련을 버리지 못한다. 이곳에 머무는 한 이런 유혹에 몸을 맡기려 한다.

기차가 덜컹거리는 소음도 두렵지 않다. 온갖 생각들이 소음을 쫓아버린다. 어저께 읽다가 만, 『째즈 속으로』라는 책의 내용도 생각해보고, 그제 듣다가 졸아버린 첼로 연주자인 장 필립이 그렇게 정성을 들려주던 '삶의 항해'라는 아름답기 그지없는 첼로 곡을 다시 흥얼거려보기도 한다. 어떤 때는 음의 섬세함을 깨끗하게 감상해볼 수 있는 고급 오디오가 있었으면 하는 생각도 문득문득 해본다. 신문광고에 실린 모 회사의 대형 텔레비전을 보면서도, TV가 꽤나 엉성할꺼야 하고 또는 잘 안팔리면 판촉담당 임원들 꽤나 속타겠군하고 쓸데없이 내 멋대로 그 회사의 걱정까지도 해본다. 또 어떤 때는 이집트에의 피라미드를 돌아보는 수염 못깎은 여행객의 몰골로 나를 몰아세우기도한다. 친한 동료, 구수한 친구, 가까운 후배들을 얼굴 하나하나 세심히 그려보며 회죽회죽 그들에게 고마움을 보낸다. 오늘 하루 동안 마주치지 말았으면 하는 그런 사람들의 얼굴들도 억지로 지워버린다. 영원히 마주치지 말아야 할 사람들의 얼굴들도 지워버린다

그 어떤 때는 불현듯, 한 해가 다르게 거동에 힘들어 하시는 어머님이 별안간 돌아가시면 어떻게 하나 하는 엉뚱한 생각들 속으로 한없이 빠져들어가 보기도 한다. 가상현실 속에서 나만의 그 엄청나 음모도 꿈꾸어낸다. 100권으로 된 한국교육사를 써보고 싶은 충동도 가져본다. 아이들처럼, 새로운 은하철도 999도 생각해보고, 내가 외국에서 공부한 대학에서 낙제한 스필버그를 쥬라기 공원에서 새삼스레 만나보기도 한다. 멀리 떨어진 곳에서 공부 반 놀아대기 반을 하고 있을 내 아이들 생각에 이르면 신촌 역에 그렇게 슬그머니 도착한다. 기차 속에서 일어나는 이러저러한 것들 중 무엇하나 소중하지 않은 것은 하나도 없다. 그래서 나는 이 세상에서 가장 행복한 사람이 된다.

유용한 오류의 삶 살아가기

속 모르는 사람들은 내가 꽤나 저명한 교수 중의 한 사람이라고 생각한

다. 나의 마음 깊숙하게는 이런 남들의 시선에 선뜻 그렇다고 수긍하기도 뭐하고, 그렇지 않다고 피해버리기도 뭐한 형편이다. 그렇지만 내 곁으로의 삶은 단연코 남들의 평가에 관계없이 나는 저명한 교수인 것처럼 살아간다. 나만이 유일한 교수인 체하고 강의실에 들어선다. 나만이 가장 저명한 학자라고 생각한다. 내가 없으면, 교육학이라는 학문이 성립될 수 없는 것처럼 행세한다. 이런 나에 대한 나의 인식이 현실과 엄청나게 다를지라도 나는 나의 자존을 위해 그렇게 살아간다. 남들에게는 구토를 느끼게 할 수도 있는 이 오만함은 나의 삶을 밀어부치는 데 아주 강력한 자극제가 된다. 나는 나를 그렇게 인정해주는 사람들과 더불어 살기를 좋아한다. 나를 그렇게 대해주는 그 사람도 나에게는 최고의 사람들임이 분명하다.

한스 파이힌거라고 불리는 철학자의 가르침은 우리에게 또 다른 삶을 가르쳐준다. 그는 이렇게 강요한다. 너의 삶에 향기가 나게 하려면 '뭐뭐인 체' 하고 살기를 즐기라고 강권한다. 우리 인간의 삶 속에서 '인 것처럼'의 생각을 빼버리면, 우리의 진정한 삶은 거의 불가능하다. 우리의 삶을 생각할 수도, 살아갈 수가 없다. 이 '인 것처럼'의 관점을 그는 유용한 오류라고 한다. 인간에게는 명명백백한 단순 진리와 답을 간결하게 제시하는 과학으로 인정된 수학(數學)이나 기하학(幾何學) 역시 '인 것 처럼' 유용한 오류없이는 기하학의 학문체계가 불가능해진다. 한번 생각해보라. 점(點)이라는 것은 수학에서 매우 큰 역할을 하고 있다. 그러나 그것은 아무곳에도 존재하지 않는다. 우리는 점을 생각할 수는 있어도, 그려낼 수는 없다.

아주 끝이 뾰족한 연필을 가지고 엄밀하게 수학적인 정의에 맞는 점을 찍어보라. 아무리 그런 점을 찍었다 해도 수학상의 점은 불가능하다. 공간 내에서 '넓이가 없는 위치'를 만들어내지는 못한다. 하나의 평면, 아니 정확하게 말하면, 점을 찍은 것이 아니라 평면도 아닌 하나의 입체를 만들어 놓을 뿐이다. 시험 삼아 현미경을 통해 당신이 찍어놓았다는 그 점을 보라. 그렇게 보면, 그건 하나의 흑연산이다. 그러나 이 사실은 우리에게 조금도 문제가 되지 않는다. 사람들은 정말로 점이라는 것이 존재하는 것처럼 행동한다. 그리고 전혀 거리낌없이 우리의 기하공부는 계속된다. 또 그렇게 되는 것이 바람직한 일이다. 왜냐하면, 만일 우리가 기하를 하지 않는다면 세상에는 아예 과학이나 기술이 없어져 오늘날과 같은 고도로 발달된 문명은 존재하지 않을 것이다. 따라서 생활의 갖가지 편의는 생각할 수도 없을 것이기 때문이다. 그럼에도 '위치'만 있고 '넓이'는 없는, 수학적인 정의에 합당한 점은 이 세상 어디에도 없고 오직 우리의 머리 속에만 존재할 뿐이다. 그것은 생각의 소산이고, 하나의 가정이며, '비현실적인 것'임을 우리는 잘 알고 있다. 이렇듯 우리는 그것이 실재하는 것이 아님을 알면서도 그것 없이는 지낼 수 없다

그러니까 스스로 겸손한 척, 스스로 굉장한 도덕군자인 척, 바보인 척 살아가는 사람도 그 실체는 그 스스로 생존을 위해 유용한 오류를 즐기고 있을 뿐인 것이다. 바보인 척 하는 유용한 오류가 너의 삶에 적절하거든 그렇게 즐기라. 나는 그 반대의 지점에서 너를 즐기고 있을 것이다. 그러나 결단을 결여한 유용한 오류는 결코 유용한 오류로 존재하지 못한다. 그것은 유용한 오류가 아니라 무용한 위선이 될 뿐이다. 척하는 그것을 즐기기 위해서가 아니라 무엇으로부터 도망가기 위해서, 무엇인가 당장 모면해보기 위해서 뭐뭐인 척 행동하는 것은 자신에 대한 즐김이 아니라 그것은 단지 서슷이며 희위로 변질된다. 그래서 유용한 오류의 삶이 성말도 유용하기 위해서는 후회가 배제된 운명적인 결단이 필요하다.

운명적인 결단의 삶 살아가기

사람들은 삶을 살아가는 동안 누구든 예외없이 다른 사람들의 눈을 의식하며 살아간다. 그래서 그들은 자기들만의 개인생활을 무척이나 보호받고 싶어한다. 모든 것을 남들이 모르게 처리하고 싶어하고, 가능한 익명성을 보장받을 수 있는 그런 활동을 좋아한다. 그러나 이 모든 것은 끝내 실패한다. 이유는 별 것도 아니다. 자기들 스스로 남의 시선으로부터 극도로 보호받는다는 것은 처음부터 불가능하다. 그런 것을 그들이 마련해 놓았다는 그들만의 사적인 공간 자체가 애초부터 불가능하다. 그들 스스로 사방이 가려져 있는 그런 안전한 벽 속에서 그들의 생활을 즐기고 있다고 생각하는 순간, 그들이 바라던 사방의 벽은 어느새 사방이 유리로 투명하게 비치는 그런 곳이다.

나 역시 아주 그렇다. 나는 사방이 유리알처럼 투명하게 비치는 그런 곳에서 난 스스로는 남들에게 보이지 않는다는 그런 위안으로 하루를 산다. 이미 그런 일이 불가능하다는 현실을 너무 잘 알고 있으면서도 나는 그렇게 산다. 그래서 나의 삶은 더욱 더 남들이 엄두를 내지 못하는 여러 가지 재미마저 곁들여 있다. 그 중의 하나가 있는 그대로의 삶이다. 예전에는 내 스스로 업보마저 거부하며, 부정하며 거짓을 떨었다. 내가 가진 교수라는 직업 때문에, 사람들은 나로부터 엉뚱하지 않은 것들만 나오기를 기대하는 듯하다. 내가 그 무엇인가를 말할 때는 굉장히 박식한 것만 이야기할 것으로 기대하는듯도 하다. 실용적인 오류의 삶을 이해하기 전에는 그렇게 행동하려고 노력했다. 돌이켜보면 참 구질구질했던 삶이었다.

지금은 전혀 그렇지 않은 삶을 살아간다. 신경질이 날 때에는 무식이 통

통 튀기는 말만 골라서 한다. 도덕군자라고 위선을 떨며 사는 사람을 보아
도 욕지거리를 느끼지 못한다. 술 취하면 욕도 거침없이 하고 화나면 미운
사람을 향해 물 불을 가리지 않고 증오하기도 한다. 한번 서운하면 영원히
잊지 않는 고약한 심보도 버릴 마음이 전혀 없다. 만나기 싫은 사람하고는
두 번 다시 상종하지 않으려고 악착같이 노력한다. 내가 좋아하는 사람, 내
가 말하기 편한 사람, 격려해주고 반겨주는 사람들하고만 차를 마시거나
음식을 먹어야 한다는 고집도 꺾어야 될 이유가 하나도 없다.

그래서 나는 이 모두를 결단하며 생각한다. 편집증 환자처럼 모든 생각
들을 사생결단하며 음미하고 또 음미한다. 이런 저런 생각이 아니라, 나에
게는 유일한 생각이며, 유일한 기쁨의 생각으로 결단한다. 만약, 오늘 이시
간 이후 내가 죽어버린다면, 나는 지금 내가 하는 일을 그렇게 엉성하게 봐
둘 수는 없을 것이다. 친구관계도 그렇고, 내가 벌려 놓은 일도 그렇다. 그
래서 술한잔을 마셔도, 만나기 좋은 사람과 만나는 그 순간도 나는 내 스스
로 이 순간 이후에 죽음을 맞는 것처럼 그런 자세로 결단을 하며, 그들을
하나하나 정성스레 맞이하려고 한다. 나의 삶을 다시는 나에게 돌이킬 수
없다는 그런 생각으로 그들과 호흡하기를 원하며 그것을 결단한다. 그래서
나는 언제나 오만하도록 행복하며 마지막인 것처럼 선택한다. 지금 이 글
을 끝낸 이 순간 역시 나의 마지막 일인 것처럼 결단의 글쓰기로 남겨두고
있다.

말과 인생의 춤을

　나는 말(馬)에 관한 책을 읽기 좋아한다. 그래서 오늘도 한두 쪽을 보기 위해 그림책을 뒤적이기 시작했다. 나는 말이 그냥 좋았다. 주위에 있는 꿀꿀 돼지나 꼬끼오 닭, 음매 소보다는, 이이잉 하고 거부하는 듯 주인을 위해 순응하며 머리 숙이는 말, 그 말이 보여주는 매끈함 그것은 하나의 아름다움이기 때문이다. 내 어린 시절의 문화거리에서 늘 주역이 되어왔던 것들은 바로 말들이었다. 카우보이가 등장하는 영화에서는 어김없이 매끈하게 생긴 말 떼들이 나왔다. 정의의 사도로 인상이 깊었던 검은 마스크의 사나이 '론 레인저'가 등장하는 영화에서 질주하는 말 역시 꽤나 매끈한 준마였다. 오케이 목장의 결투, 하이 눈, 징기스칸, 원탁의 기사, 삼총사, 벤허 같은 영화에 나오는 말들도 꽤나 멋있게 생긴 것들이었다. 물론, 이런 영화에 나오는 말들은 주인공은 아니었다. 단지 영화를 구성해주는 소품에 지나지 않았지만 그들이 빠지면 영화 자체가 매끈해질 수가 없는 것이다.

　나는 말(馬)을 그래서 좋아하기 시작했다. 말이 보여주는 그 강인함과 힘, 바로 그것이 나는 부럽기만 하다. 40여년 전 쯤, 서울 길거리를 나서면 말들이 숱하게 길거리를 지나고 있었다. 덩치 큰 말들이 싸리가지 숯 섬을 가득실은 수레를 끌며 줄이어 거리를 지났다. 힘이 장사였다. 이럇…. 마부들의 호령 소리마저 소리꾼 재주 같았다. 기마순경들도 일품이었다. 말 위의 순경보다도 말들의 늠름함 때문에, 그를 보는 순간 꽁무니 빠지게 뒷걸음쳤다. 시골에서 자유롭게 노니는 말들을 볼 때는 더욱 더 그랬다. 암수 한쌍이 뒤엉켜 노니는 정경은 아름다움 바로 그것이었다. 강인하면서도,

힘차게 달려나가는 말 떼를 보면, 삶을 향한 강한 충동이 일어나곤 했다.

사정이 그렇기는 했어도, 말에 대해 깊은 애정이 스몄던 것은 사사로운 연유로부터 시작된 것이라고 보아야 옳다. 따지자면, 내 이름의 가운데 자가 바로 준마(駿馬) 준(駿)자인데, 준(駿)자에 말마(馬) 변이 있어서, 막연하나마 말에 대한 애착같은 것이 들었었다. 내 나이 먹어서는, 아무짝에도 쓸데 없다는 이름을 갖고 있는 나의 친구인 무용(無用)스님이 말 그림을 한 폭 그려주었기 때문에 말에 대한 애착은 남다른 것이었다. 그의 무서운 술기운이 그려낸 그림이었다. 나의 초상을 빗대어 그 땡초가 그려준 내 타화상격인, 그 말 그림을 사무실에 걸어 놓은 후부터는 아예 말에 대해 편집증(偏執症) 같은 것마저 생겼다. 그 편집증은 예상 밖의 세상으로까지 확대되어 나가곤 했다. 내 한때나마 공부했던 외국 모교대학의 상징 역시, 말과 병사의 용맹 덩어리로 유명한 '트로얀(Trojan)'이었다. 이것도 말에 대한 나의 애정과 무관하지는 않은성 싶다. 이제는 아예 내 스스로 말과 인연이 깊은 곳으로 거처를 옮겨버렸다. 저 시골인 마두(馬頭)동 백마(白馬)마을로 집을 바꿔버렸다.

나는 말(馬)을 그래서 좋아할 수밖에 없었나 보다. 여유가 없을수록 말의 움직임을 가만이 살펴보라. 앞을 향해 내딛는 그 순간 순간을 위해서라도, 말은 말소리(言)를 억제한다. 말은 어찌보면 인내의 덩어리이다. 그들은 나에게 현실을 직시하면서도 생각에 골똘하게 만들어 놓는다. 초속을 가르면서도 그들은 생각에 골똘하는 여유를 갖는다. 그 찰라, 찰라의 뜀박질 속에서도 무엇인가를 생각하며 말갈기를 휘날리는 멋마저 부릴 줄 안다. 그렇다고 그들은 뜀박질만 하는 그런 멍청이는 아니다. 미국 여행 길, 몬타나에서였든가? 나는 감격해버렸다. 초원을 달리다가도 급히 멈추면서 주인에게 안기는 말 떼를 보았을 때, 나는 마치 신라(新羅)시대로 되돌아간 듯 했다. 주인의 뜻을 너무 헤아린 죄로 그의 목숨까지 바친 김유신의 애마를 보는 듯 했다.

물론 나에겐 그렇게 살아 움직이는 말은 없다. 그러나 나를 살아 움직이게 만드는 말쯤은 여럿이 있다. 이곳 저곳에서 모아놓은 말 그림, 말 인형, 말 조각과 목각 같은 것들이다. 한두 해 전쯤, 어느 대학의 바자회에 나갔다가 외국산 말 목각을 사게 되었다. 그것은 젊은 말이었다. 그러나 오랜 풍상 때문에 마디마디에 금이 많이 가 있었다. 말 주둥이며, 말갈기며, 다리 마디마디들이 나무결 따라 떨어져 나갈듯이 강하게 붙어 있었다. 만든 지가 오래된 목각이라, 해가 갈수록 나무가 건조해졌기 때문에 생겨진 균열들이었다. 그렇지만, 형상은 세상을 내리칠듯이 하늘을 향해 두다리를 힘차게 솟구치고 있었다. 그 목각을 보면 볼수록 이상야릇한 삶의 생동감까지 느끼곤 했다. 피곤할 때는 자주 쳐다보게 되었다. 볼 때마다 힘이 생겼다.

그러나 어느날 일하는 아주머니의 실수로, 말 목각이 책상 아래로 떨어져버렸다. 주둥이는 주둥이대로, 다리는 다리마디대로 나무 결따라 떨어져 나가버렸다. 일이 손에 잡히지 않을 정도로 낙심천만이었다. 만사 제치고 말 목각 조각들을 주위모아 가구를 만드는 목공소에 가지고 가 수선을 부탁했다. 시간이 걸린다 했다. 잘 고쳐준다는 말에도 안도의 한숨을 쉴 수가 없었다.

말을 맡기고 온 지 얼마 안 되는 그 어느, 아주 졸리운 오후였었다. 떨어져나간 말 주둥이가 붙어주지를 않았다. 간신히 붙인 다리마저 다시 떨어져 나가버렸다. 부상당한 말 목각은 더 이상 말로 되돌아가기를 강하게 거

부하고 있었다. 조각이 다시모여 하나의 말 목각으로 남아 있기를 용서하
지 않았다. 몇 개의 나무토막으로 해체되어버리는 편이 더 낫다고까지 항
변하고 있었다. 차라리 부분부분이 정리되어 하나의 작은 거문고로 변해버
리려고까지 했다. 떨어져나간 조각 조각을 다시 붙여내려는 목공마저 보기
에도 애처러웠다. 서로 붙여보려고 하면 할수록 조각들은 더욱더 떨어져나
가버렸다. 목공아재는 마침내 나를 증오하는 낯으로 쳐다보았다. 붙지 않
는 연유가 그의 솜씨부족에 있는 것이 아니라고 했다. 그 연유가 내게 있다
고 했다. 내가 말을 너무 혹사만 했지 사랑은 하지 않았기 때문이라고 했
다. 그래서 나는 더 불안한 채 내 운명의 그 어느 부분이 바뀌어나가는 듯
했다. 그러다가도 그 어느 틈엔가 불현듯 내 깊은 마음의 들녁 속에서 말
한 마리가 힘차게 놀고 있었다. 한 마리 말(馬)에 대한 아름다움 그리고 이
상야릇하게 교차되는 애정. 그런 아름다움이 내마음 들녁으로 한 순간씩
모여들고 있었다.

나는 '말(馬)과의 춤을' 이라는 새로운 이름을 얻은 채, 그 긴 꿈의 충동
질에서 깨어나왔다. 아주 짧은 오수거리였었다. 이 한편의 초현실적인 마
몽(馬夢) 속에서 나는 삶을 배우게 되었다. 아름다운 것은 발작적이며 그리
고 편집증(偏執症)적 이라는 것을 뼈저리게 실감하였다. 아, 나도 누군가를
그렇게 처절하게 아껴야 한다는 그 한편의 아름다움을 깊숙히 간직하고 보
던 책을 덮었다.

'떠벌이' 이론을 버리자

식자들이 한때나마 한 마디씩 입에 올렸던 단어가 있었는데 그것이 바로 'W' 이론이라는 단어였다. 이 '더블유(W)' 이론만 기업현장에 알뜰살뜰 적용하면, 적자투성이던 대외무역도 흑자로 돌아서고, 외국에 비해 뒤떨어지기만 하는 기술경쟁력마저 증진될 것 같아 기분마저 흐뭇했다. '더블유' 이론은 한국의 처지에 잘 맞는 한국형 이론으로서, 무엇보다도 한국인의 기질을 생산성 향상에 최대한 활용할 수 있다고도 소개되었다. 이 이론에 의하면, 한국인의 기질은 '신바람'이고, 이 신바람을 어떻게 일으키며, 또 그것을 어떻게 활용하느냐가 한국발전의 성패를 가른다. 이 신바람이라는 단어는 사회개혁도 거뜬히 이뤄낼 수 있는 그런 마법의 단어로까지 곡해되었다. 그래서인지 신바람과 사정분위기 속에서 여러 가지 사회개혁운동, 말하자면 바살협, 교바협, 정사협과 같이 의미있는 크고 작은 소집단별 사회운동이 불같이 일어나고 있다.

해방 후 우리 사회에서 전개되어온 문맹퇴치운동으로부터, 6~70년대 국민재건운동. 새마을운동 그리고 80년대 사회정화운동 등은 그 공과에 관계없이 그 평가는 부정적이다. 모두를 싸잡아 바람운동이었다고 격하시키기까지 했다. 바람은 그 어떤 바람이든 한시적일 뿐만 아니라 감정적이다. 우스갯 소리이긴 하지만, 춤바람, 선거바람, 사정바람 등은 무엇을 이루기 위한 하나의 수단일 뿐. 목적 그 자체가 될 수는 없다

바람운동의 서편제적 흠

이런 사회개혁바람에 모두가 쥐죽은 듯이 움츠리고 있다. 이것은 대개의 사회운동들이 '우리 것은 좋은 것이다' 라는 한국적 정서와 부정부패척결이라는 대의명분 두 가지 모두를 내걸고, 심약한 소시민들의 정서를 마치 시대적 반역이나 되는듯, 잔뜩 겁이나 주고 있기 때문이다. '우리 것은 좋은 것이야' 라는 신파적인 민족주의가 실린 이 신바람나는 말에, 얼치기 정도로 현대화된 사람들은 그 스스로 오금을 박으며, 괜시리 죄스러워 한다. 상해국제영화제도 끝났으니 말이지, 우리 고유의 민족정서를 소재로 했다는 서편제는 영화자체가 갖는 예술성에 관계없이 아주 작은, 보기에 따라서는 클 수도 있는 흠집을 가진 영화였다. 1930년대 시골 사회상을 그린 몇몇 장면에 모 자동차회사의 영어이름이 버젓이 부착된 1980년대식 버스를 등장시킨 후 그것이 마치 1930년대 시골풍경인 양 소개한 것은, 이 영화 스스로 신바람만 나게 만들면 무엇이든 괜찮다는 식의 한국정서, 말하자면 정서와 현실감이 체질적으로 상반되는 의식의 실수를 보여주고 있다.

매초마다 학계, 언론계, 기업계 이곳저곳에서 발견되는 이런 의식적 실수는 우리의 대외경쟁력을 약화시킨다. 동양 최초의 학문적 업적이라든가, 세계 최초로 학술적 사료를 발굴했다는 식의 선전이나, 외국 가전제품을 잔뜩 모방해 놓고서도 독창적이라고 일단 우겨 놓고 보는 식의 의식적 실수들이 국민 모두를 바보로 만들고 있다.

기술경쟁력의 조건

신바람은 서양인, 동양인 모두에게 있지만, 이를 관리하는 방식은 매우 다르다. 서구인의 경영방식과 사회변화의 형식을 잘 설명하는 맥그리거의 X, Y이론은, 사람의 타율성이나 자율성을 과학적으로 관찰하면서 서구사회발전의 초점이 확대지향성에 있음을 설명하고 있다. 세계시장을 지배하는 슈퍼 컴퓨터니, 점보제트기니 하는 것들 모두는 서구인의 확대지향성을 보여주는 발명품이다. 반대로, 오우찌의 Z이론은 조직에 속하려는 인간의 조직귀속성을 잘 드러내 보임으로써, 왜 일본의 성장이 축소지향적인지를 분명하게 설명해내고 있다. 일본인의 기술개발력이 만들어낸, 미니 오디오, 미니 카메라, 미니 벤 등과 같은 축소형 제품들이 서구시장을 석권하고 있는 것을 보면, 일본인의 사회변화와 그들의 신바람이 계획적인 관리로부터 연유됨을 알 수 있다. 신바람은 저절로 생기는 것이 아니라 그것을 제대로 가꾸고 관리할 때 사회발전을 위한 힘을 발휘하게 된다.

　우리 나라의 기술개발력이 미국에 비해서는 25분의 1, 일본의 10분의 1도 채 못되는 이 판국을 직시하고 있으면서도, 마치 한국인은 일본인이나 서구인에 비해 더 신바람내는 국민이기 때문에, 앞으로 그들보다 더 영민해질 것이라고 한다든가, 인공위성은 신바람 때문에 우리 머리 위로 날아다니고 있다고 하는 식으로 우기지는 말아야 한다. 사회개혁이나 기술개발은 막연한 바람이나 신바람에 의해 이루어지는 것이 아니라, 끈질긴 연구와 투자, 체계적인 프로그램개발과 과학적인 응용 그리고 철저한 자기반성과 개선에 의해 완성되는 것이기 때문에, 바람몰이식 논설들은 절제되어야 한다.

약 력

연세대학교 문과대학 교육학과 문학사
Southern California 대학 교육과학 석사 및 철학박사
연암문화재단 해외 파견교수
Washington 대학 교환교수
Stanford 대학 객원교수
교육사회학연구회 회장
현 연세대학교 교육학과 교수

저 서

새로운 교육학: 교육사회학 이론의 전개(1981)
교육사회학 이론과 연구방법론(1985)
학교교육과 사회개혁(1986)
한국교육의 갈등구조(1991)
한국교육의 민주화(1992)
한국교육개혁론(1994)

생각하는 학교 꿈꾸는 아이들

1997년 8월 28일 1판 1쇄 발행
2001년 3월 20일 1판 2쇄 발행

지은이 · 한 준 상
펴낸이 · 김 진 환
펴낸곳 · **학 지 사**

120-193 서울시 서대문구 북아현3동 187-10 혜전빌딩 201호
전화 · 363-1333(대)
팩스 · 365-1333

http://www.hakjisa.co.kr
등록 · 1992년 2월 19일 제2-1329호

ISBN 89-7548-176-X 03370

정가 7,000원

잘못된 책은 바꾸어 드립니다.
인터넷 학술논문원문 서비스 www.eNonmun.com